陇上学人文存

LONGSHANG XUEREN WENCUN

陇上学人文存

唐 祈 卷

唐 祈 著 **郭国昌** 编选

甘肃人民出版社

图书在版编目（ＣＩＰ）数据

陇上学人文存．唐祈卷／范鹏，王福生总主编；唐
祈著；郭国昌编选． -- 兰州：甘肃人民出版社，
2017.11
ISBN 978-7-226-05232-7

Ⅰ．①陇… Ⅱ．①范…②王…③唐…④郭… Ⅲ.
①社会科学－文集②诗歌评论－中国－文集 Ⅳ．①C53
②I207.22-53

中国版本图书馆CIP数据核字(2017)第297610号

出 版 人：王永生
责任编辑：张 菁
封面设计：王林强

陇上学人文存·唐祈卷

范鹏 王福生 总主编

唐祈 著 郭国昌 编选

甘肃人民出版社出版发行

（730030 兰州市读者大道 568 号）

兰州新华印刷厂印刷

开本 890 毫米 × 1240 毫米 1/32 印张 10.25 插页 7 字数 258 千

2017 年 12 月第 1 版 2017 年 12 月第 1 次印刷

印数：1~1000

ISBN 978-7-226-05232-7 定价：60.00 元

《陇上学人文存》第三辑

编辑委员会

《陇上学人文存》 第四辑

编辑委员会

总　序

陇者甘肃，历史悠久，文化醇厚。陇上学人，或生于斯长于斯的本地学者，或外来而其学术成就多产于甘肃者。学人是学术活动的主体，就《陇上学人文存》（以下简称《文存》）的选编范围而言，我们这里所说的学术主要指人文社会科学研究。《文存》精选中华人民共和国成立以来，甘肃人文社会科学领域成就卓著的专家学者的代表性著作，每人辑为一卷，或标时代之识，或为学问之精，或开风气之先，或补学科之白，均编者以为足以存当代而传后世之作。《文存》力求以此丛集荟萃的方式，全面立体地展示新中国为甘肃学术文化发展提供的良好环境和陇上学人不负新时代期望而为我国人文社会科学事业做出的新贡献，也力求呈现陇上学人所接续的先秦以来颇具地域特色的学根文脉。

陇原乃中华文明发祥地之一，人文学脉悠远隆盛，纯朴百姓崇文达理，文化氛围日渐浓厚，学术土壤积久而沃，在科学文化特别是人文学术领域的探索可远溯至伏羲时代，大地湾文化遗存、举世无双的甘肃彩陶、陇东早期周文化对农耕文明的贡献、秦先祖扫六合以统一中国，奠定了甘肃在中国文化史上始源性和奠基性的重要地位；汉唐盛世，甘肃作为中西交通的要道，内承中华主体文化熏陶，外接经中亚而来的异域文明，风云际会，相摩相荡，得天独厚而人才辈出，学术思想繁荣发达，为中华文明做出了重要贡献。

近代以来，甘肃相对于逐渐开放的东南沿海而言成为偏远之地，反而少受战乱影响，学术得以继续繁荣。抗日战争期间作为大后方，接纳了不少内地著名学府和学者，使陇上学术空前活跃。新中国成立之后，人文社会科学领域的专家学者更是为国家民族的新生而欢欣鼓舞，全力投入到祖国新的学术事业之中，取得了一大批重要的研究成果，涌现出众多知名专家，在历史、文献、文学、民族、考古、美学、宗教等领域的研究均居全国前列，影响广泛而深远。新中国成立之后，人文社会科学几次对当代学术具有重大影响的争鸣，不仅都有甘肃学者的声音，而且在美学三大学派（客观派、主观派、关系派）、史学"五朵金花"（史学在新中国成立之后重点研究的历史分期、土地制度史、农民战争史等五个方面的重点问题）等领域，陇上学人成为十分引人注目的代表性人物。改革开放以来，甘肃学者更是如鱼得水，继承并发扬了关陇学人既注重学理求索又崇尚经世致用的优良传统，形成了甘肃学者新的风范。宋代西北学者张载有言："为天地立心，为生民立命，为往圣继绝学，为万世开太平"，此乃中华学人贯通古今、一脉相承的文化使命，其本质正是发源于陇原的《易》之生生不已的刚健精神，《文存》乃此一精神在现代陇上得到了大力弘扬与传承的最佳证明。

《文存》启动于中华人民共和国成立六十周年之际，在选择入编对象时，我们首先注重了两个代表性：一是代表性的学者，二是代表性的成果，欲以此构成一部个案式的甘肃当代学术史，亦以此传先贤学术命脉，为后进立治学标杆。此议为我甘肃省社会科学院首倡，随之得到政界主要领导、学界精英与社会各界广泛认同与政府大力支持，此宏愿因此而得以付诸实施。

为保证选编的权威性，编委会专门成立了由十几位省内人文社会科学领域著名学者组成的专家指导委员会，并通过召开专题会议研讨、发放推荐表格和学术机构、个人举荐等多种方式确定入选者。为使读者对作者的学术成就、治学特色和重要贡献有比较准确和全面的了解，在出版社选配业务精良的责任编辑的同时，编委会为每一卷配备了一位学术编辑，负责选编并撰写前言。由于我院已经完成《甘肃省志·社会科学志》（古代至 1990 年卷，1990 至

2000 年卷）的编辑出版工作，为《文存》的选编提供了坚实的基础和基本依据，加之同行专家对这一时期甘肃人文社会科学发展的研究，使《文存》能够比较充分地反映同期内甘肃人文社会科学的基本状况。

我们的愿望是坚持十年，《文存》年出十卷，到 2019 年中华人民共和国成立七十周年之际达至百卷规模。若经努力此百卷终能完整问世，则从 1949 至 2009 年六十年间陇上学人以"人一之、我十之，人十之、我百之"的甘肃精神献身学术、追求真理的轨迹和脉络或可大体清晰。如此长卷宏图实为新中国六十年间甘肃人文社会科学全部成果的一个缩影，亦为此期间甘肃人文社会科学学术业绩的一次全面检阅，堪作后辈学者学习先贤的范本，是陇上学人献给祖国母亲的一份厚礼。此一理想若能实现，百卷巨著蔚为大观，《文存》和它所承载的学术精神必可存于当代，传之后世，陇上学人和学术亦可因此而无愧于我们所处的伟大时代，并有所报于生养我们的淳厚故土。

因我们眼界和学术水平的局限，选编过程中必定会出现未曾意料的问题，我们衷心期望读者能够及时教正，以使《文存》的后续选编工作日臻完善。

是为序。

2009 年 12 月 26 日

目　录

编选前言

　　唐祈（1920—1990），我国现代著名诗人、诗歌评论家，辞书编纂家，"九叶派"成员之一。原名唐克蕃，笔名唐那、唐吉诃等。1920年出生于江苏苏州。1938年，从江西逃难到父亲工作的兰州。并于当年考入甘肃学院文史系。不久，转考入西北联大历史系。1942年大学毕业后到兰州工专任教，由于从事进步戏剧运动受到国民党当局的抓捕。在中共地下党的帮助下，唐祈于1944年离开兰州到重庆、上海等地继续从事诗歌写作活动和民主运动，并于此时奠定了后来作为"九叶派"诗人的基石。

　　新中国成立后，唐祈进入中国作家协会工作，先任《人民文学》小说散文组组长，后任《诗刊》编辑。在1957的整风运动中，唐祈被错划为"右派"下放到江西，后任赣南地区作协副主席。改革开放后，主动要求到西部工作。1979年调任甘肃师范大学（现西北师范大学）学报副主编、兼任中文系教授，后任西北民族学院汉语系主任、教授。1990年病逝于兰州，系中国作家协会会员、中国当代文学研究会理事。

西部诗学：民族、地域和文化的交融

　　唐祈是一位诗人，也是一位诗歌理论的建构者。他的诗歌理论建构主要集中在对西部诗学的思考上。而这一切又是建立在他的西部生活的现实基础上。1938年，在苏州生活了17年的唐祈由于战乱跟随家人逃离江南来到遥远的大西北。在西北联大求学期间，唐祈多次往返于甘肃、青海一带的游牧民族地区。与蒙古族、藏族、回族等兄弟民族的交往以及陌生的地域、文化给予的惊喜与新鲜，使年轻的诗人唐祈受到激发，写下了大量记录北方少数民族命运际遇和风土人情的诗篇，如《蒙海》《游牧人》《拉伯底》《仓央嘉措的死亡》。这些诗歌以细腻、敏感的笔触记录了辽阔粗犷的西北风情和痛苦无奈的牧民生活，展现出诗人对于当时西部地区独特生命状态和生命体验的心灵认同，真实呈现了一位南方诗人对于北方生活的体验。对于大西北风土人情的深情赞美使唐祈的诗歌独具单纯柔和、清丽新鲜的牧歌意绪。作为一位南方诗人，这种带有陌生和新鲜感的旁观者视角，既细腻敏感，又含蓄深沉，赋予了诗歌一定的张力。唐祈试图通过生活的表象揣摩西北人民的心理，思考西域文化形态对于生命的象征意义，这种抒情主体的投入使诗歌既具有南方诗歌的灵气与含蓄，同时又包含北方文化的深远与开阔，诗人追求自由的艺术主题也在大西北自然的开阔与内在的粗犷中得到恰如其分的提炼和升华。

唐祈对西北有着独特的情感，在《〈唐祈诗选〉跋》中他写道：

西北高原，那是个赋予人以想象力的地方。草原上珍珠般滚动的马群、羊群，褐色的戈壁风暴，金光刺眼的大沙漠，沙漠深处金碧辉煌的庙宇，尤其是在草原的帐幕中，我从来没有度过那样美好的夜晚，也从来没有歌唱和笑得那样欢畅过。从蒙古族、藏族妇女的歌声中，我感到一种粗犷的充满青春的力量，正是这种青春力量，强化了我年轻时的欢乐和哀愁，赋予了我为追猎自己的理想从不知退却的胆量，使我在相隔若干年以后，仍然要在西北十四行诗里抒唱它们。

1979年，怀着"永不会消逝"的记忆和对西北游牧民族的深厚情感，唐祈再次回到西北高原，他一边在高校教授现代文学和新诗课程，一边将自己对历史、对人生的思考熔铸于西部独特的民族、地域和文化中，陆续创作发表了多首"西北十四行"诗。这些诗作依然书写戈壁、沙漠、驼队、猎手和草原姑娘，但早期诗歌中注重抒情、色彩清丽的牧歌式情调已悄然发生变化，更多地被诗人在历史岁月中沉淀的人生经验和对生命的沉思所取代。历经沧桑重回诗坛的唐祈选择了用十四行体诠释自己求索的人生和对西部土地深沉的爱恋，这些体现出更多对历史、对人生、对生命承担和宽容力量的诗歌与他的"早年西北牧歌"共同为中国现代诗史留下了具有浓郁西域色彩的珍贵印记。

诗歌创作之余，重新回到大西北的唐祈开始关注中国西部诗歌理论的建设问题。他先后发表了《西部诗歌：拱起的山脊》和《关于中国西部诗歌》两篇学术性文章讨论西部地域文学的建设。唐祈首先对"西部诗歌"进行了概念界定，他说所谓西部诗歌，这里系专指近年来西北地区诗人的诗作，当然，这一概念的外延，理应包括古往今来一切涉及大西北地区的诗歌，诸如古代所谓边塞诗，或当代诗人有关西北题材的写作。唐祈认为发展社会主义文学中的地域文学，是实现社会主义文艺繁荣局面的重要方面，它是中央开展西部大开发过程中产生的新型的地域性文学，必将以其独特的内容和地区风格特色，出现在社会主义文艺的百花丛中。在详细梳理中国现代新诗发展的历程后，唐祈指出新中国成立前西部诗歌几乎是一片空白，新中国成立后抒唱大西北的诗人取得了一定的实绩。他认为中国的西北除贫瘠落后外还有一个更为崭新的存在，那就是一种更具现代精神的雄伟生活交响，正迅速改变着西北各族人民的生活风貌，塑造着一代开拓者和建设者的个性，更赋予诗人们以倔强灵魂的独特感受去谱写西北开拓之歌。由此,他总结了西部诗歌的三个鲜明的风格特征,一是为大西北社会主义现代化建设的伟大事业放歌,不仅真实反映了大西所发生的历史性变化,更鲜明地体现了诗人们对生活的审美评价;二是诗人的自我与整个民族的命运与开拓事业紧紧联系在一起,以抒情为主体与客观世界的直接融合而激动读者的心灵;三是广阔的历史纵深感和明确的社会使命感紧密结合。作为人的精神现象的浓缩,西部诗歌同时是一部打开西北人心灵的历史,这种对于西部诗歌创作中民族、地域和文化交融现象的认同展现了诗人重构西部诗学的宏大理想。

批评理想:美是生命的艺术呈现

唐祈是一位诗人,也是一位文学批评家。唐祈的批评实践是建立在他的诗歌创作实践上的。唐祈的写作态度是十分严肃的,他始终认为,美是生命的艺术呈现,并在创作中不断实践。在《〈唐祈诗选〉跋》中,唐祈表达了自己对诗歌的深厚情感。他说:

> 即使这样,我仍然感到:只有诗才给予了我的生命,和永不衰竭的青春的力量和信念。这对我一直是很重要的。它有助于我写诗的延续性和维持旺盛的生命力,使我有可能保持着一种青年人对世界的新奇感和观察力,去感受外界的事物,探索人们心灵的奥秘。同时用自己的内心倾听世上的一切,去发现人的意识中不同层次的精神世界……所有这些都迫使我要永远用自己的生命去写诗。

唐祈曾坦言,在早年诗作中自己比较注重抒情、色彩和情调,沉浸于无拘无束的生活里,用画家的眼睛观看草原风景,体味一种淡雅柔和的美,寻找清丽新鲜的牧歌风格,即使是令人悲伤的歌。那时的写作唐祈很少修改草稿,甚至随写随丢。随着阅历的增加和对诗歌理论研究的深入,唐祈开始试图从自己内在的精神出发,去把握具体的生活事件,并且把它们更深的意义表现出来。唐祈不再像早年那样注重抒情,他逐步认识到了人生现实的复杂和深邃,开始寻找各种新的视角,使用不同的路径来写,常常把象征和现实糅合在一起,打破时空限制,注重诗歌的艺术逻辑和艺术时空,运用思想知觉化,通过感觉来表现内心经验。这个时期,唐祈开始修改草稿,直到找到更好的表达方式,才把诗句最终确定下来。尽管创作的速度因此慢了下来,但唐祈认为这样的写作尝试使自己原来积累的审美规范得到了突破。

1947 年,唐祈到达上海,参与了《中国新诗》的编辑工作,他更加自觉地关注中国新诗的发展、走向,并常常做一些探索。唐祈认为,中国的新诗必须要提高诗歌的审美价值,扩大诗的审美疆域,必须像五四以来新诗的传统那样向多元化发展。与其他"九叶派"诗人一样,唐祈受到西方现代诗歌的影响,开始了知性写作,并成为 20 世纪 40 年代中国诗坛知性写作的一位出色代表。其代表作《时间与旗》《严肃的时辰》《最末的时辰》《时间的焦虑》都反映出"时间"成为诗人诗情的引发触媒。这一时期的唐祈显然受到艾略特的深刻影响,他打破了单纯的时序交替的时间观念,把对中国社会现状的长期观察、判断和思考诉诸特定的意象,在诗歌中留不尽之意于言外,激发了读者的自由想象,显示出其诗歌丰富的内涵。

1958 年,唐祈被发配到北大荒。他没有因此放下诗笔,而是以殉难者的眼光写下了《黎明》《土地》《坟场》《短笛——一位青年画家的"检讨书"》《永不消逝的歌》等诗,这些写于 1958 年至 1960 年间的诗作最终被命名为《北大荒短笛》,并出版问世。《北大荒短笛》的创作,继承了古代诗人咏志抒情的传统,在特殊年代和北大荒的独特背景下,大胆、真诚的吟唱真实地抒写了诗人的心灵世界,成为诗人"苦难的编年史",具有一定的"诗史"的品格。唐祈 20 世纪 80 年代的诗歌创造了民族的、地域的诗歌画卷,体现出对兄弟民族由衷的大爱和有意识地拓展民族诗歌文化空间的努力。唐祈用十四行体写作西北牧歌,糅合了十四行体的严谨曲折和西北少数民族特有的气质和旋律,给读者以时代的、民族的审美享受,为运用借鉴外国形式抒发民族情感树立了典范。

蒋登科在《唐祈:开始于迷惑的升华》一文中指出,唐祈虽不是一位大诗人,但却是一位有特色的诗人,他的诗歌在处理中外诗歌艺术经验方面是与众不同的,是九叶派既有中心又呈现多元化流派特色的组成部分。[①]的确如此,唐祈的诗歌使用西方现代主义的观念和手法,所表达的现实认识、人伦理想却是中国现代的,他的诗歌很好地做到了贯通中西。唐祈是用生命写诗的诗人,是在痛苦中不断浇灌希望的诗人,他一生通过诗歌追求美是生命的艺术呈现,他的诗歌从思想内容到艺术特色都有诗人独到的认识和追求。同是九叶派诗人的郑敏非常欣赏唐祈的诗歌和他的人格精神。她说:"真正的诗永远是艺术的转化","唐祈的诗是耐人寻味的,他是一位跟着历史的脚步长跑而来的诗人。"[②]我想这样的评价是恰当而准确的。

现代诗史:诗歌与时代的互动

在从事诗歌创作和文学批评的同时,唐祈也对中国现代文学的发展规律进行了较为充分的思考。对于中国现代诗歌发展的历程,唐

---

①蒋登科:《九叶诗人论稿》,西南师范大学出版社,2006年版,第162—172页。

②郑敏:《跟着历史的脚步长跑而来·郑敏文集》(中),北京师范大学出版社,2012年版,第530—536页。

祈从自己的创作经历出发进行了深刻反思。他说：

> 新诗的诞生和成长,始终和 20 世纪变动巨大的中国革
> 命历程息息相关,它的发展绝不是一个孤立的纯艺术现象。
> 在这个短暂而又丰富的历史行程中,新诗不但担当了革命
> 变革的先导,形象地反映出时代社会的风貌和声音,同时它
> 的艺术本身也在不断的变革中探索前进。这种探索一直到
> 今天仍然在曲折迂回地进行着。一部中国现代新诗史,就是
> 许多杰出的具有时代感和使命感的诗人群, 以不同的艺术
> 风格和艺术方法,形成各种思想潮流和艺术流派,用他们的
> 理论和作品,在中国新诗发展的里程碑上留下光辉的记录。
> (《论中国新诗的发展及其传统》)

在随后的一系列论文,如《40年代诗歌纵谈》《新诗的希望》中,唐
祈都明确地表明了自己的中国现代诗史是诗歌与时代互动的立场。

唐祈认为,中国现代新诗和过去的诗歌有着迥然不同的地方:首
先, 新诗使用的作为表现工具的还在发展中的白话口语——新的语
言,必然会产生新的技巧;其次,新诗表现的是新时代的社会现实生
活,时代要求诗人从本质上写出特定时代的精神与人的心灵世界。唐
祈同时强调,新诗是现代中国从西方"拿来"的产物。他认为如果不从
西方借鉴,并且引进西方的诗歌形式作为新诗变革的催化剂,要从旧
诗演变为新诗几乎是不可能的。做出这样的判断,唐祈基于以下几点
原因:①五四新诗运动时期,胡适等人承接古典诗词美学传统的同时
又向西方意象派借鉴,从西方文艺复兴时期的文学得到启示,以语言
为突破口,打破了古体诗封闭的语言系统,建立了新诗;②20 世纪 20
年代的郭沫若和创造社诗人群,为了反封建的需要,很快借鉴、吸收
了英美浪漫主义诗学,建立起高昂激越、宣泄个人激情的诗学,不仅
使郭沫若的浪漫主义诗歌成为一座高峰,惠特曼热情奔放、粗犷自由

的创作风格也被介绍入中国并产生很大影响;③20 世纪 30 年代的中国诗坛吸收了法国象征主义诗歌,形成了自己的象征诗派;④20世纪 40 年代冯至《十四行集》的出现,无论从内容到形式都体现出20 世纪 40 年代中国新诗和世界渗透的信息,它流动着古典诗人杜甫现实主义诗歌的深沉与睿智,又融合了德国诗人歌德的哲理,和现代主义诗人里尔克的深邃和深沉。

当然,唐祈也看到了新诗从西方"拿来"过程中存在的一系列问题与不足,他指出:

> 中国现代诗,短短的 30 年,却走过了西方二三百年古典主义、浪漫主义、象征主义的诗歌历程,建立了自己的各种流派,出现了不少卓越的诗人,但各个流派都发展得不充分,即使是流派中的杰出诗人本身,也并没有达到饱和度。
> (《诗的回忆与断想》)

我们看到,郭沫若的诗集《女神》以惠特曼式豪放雄浑的自由体,歌唱了诗人对宇宙人生的理想,喊出了五四时期反帝反封建的时代精神,真正体现了浪漫主义诗歌的特征。但他一味陶醉于真情的自然流露,以致感情泛滥,情绪难以控制,字句缺少锤炼,有的诗作则流于空泛的召唤和抽象的说教,缺少艺术形象的感人力量。这种弊病不能归咎于浪漫主义,这恰恰是浪漫派诗歌艺术所要极力排斥的东西,而这种弊病在中国新诗中却一直影响到以后的蒋光慈、蒲风等不少诗人。直到 1926 年以后,以闻一多、徐志摩为代表的格律诗的浪漫主义出现于诗坛,浪漫诗派的内容与形式问题才又引起普遍的重视和深入的讨论。唐祈还指出,由于浪漫主义界限的难以界定,诗人创作中观点的不断演变以及当时我国半封建半殖民地的社会现实,使中国的浪漫主义自从移植过来以后就和西方原生态不同,它通过幻想和想象有力地批判和揭露现实时,往往和现实主义非常接近,例如郭沫若、朱自清、冰心。而浪漫诗人一旦闭起眼睛陷于冥思,追踪朦胧隐晦的意境,创造社的穆木天、冯乃超、王独清,与其说是浪漫主义山上的歌者,不如说他们是真正徘徊在象征主义森林中的诗人,他们的作品更倾向于象征派。

关于新诗的继承和革新,唐祈认为新诗应当继承过去,中国两千年来现实主义诗歌的渊源、根深叶茂的民族性的优良传统以及古典诗歌高超卓越的艺术技巧都应得到诗人们的足够重视。同时,中国的现代新诗在经过各种纷繁复杂的思潮和流派在诗坛竞赛后,共同建设和发展了新诗的艺术,并且成为新诗自己的传统,这种传统也应该代代相继,并不断推陈出新。对于如何革新,唐祈认为,两个概念的明确是其前提,即新诗不能隶属于政治,也不能等同于政治,因为新诗有自己的艺术规律;同时,不能用行政方法领导诗歌创作,而应当以文学方式领导文学工作。唐祈认为中国的新诗要发展,要变化,要向前进,不仅要在古典、民歌的基础上探索,还必须对外国的有益的经验采取"拿来"主义,使新诗在古典、民歌、外国诗三个方面吸收养分,得以丰富,有所创新。唐祈指出,中国现代诗史诗歌与时代的互动特征启示我们,诗人们应重视时代赋予的使命,重视诗歌的艺术性,自觉担负起时代社会的责任,将个人的命运与人民群众的命运相结合,牢牢把握住时代的脉搏。在艺术方面,诗人们绝不能取消诗人的个性与个人的感受,并且必须从感受出发,渗透到人生包括个人与群众多方面的生活中去。

最后,还须交代一下本书的编选情况。《陇上学人文丛·唐祈卷》的编选工作开始于 2016 年,是由我向甘肃省社会科学院马廷旭院长提出编选建议的。在完成了《陇上学人文丛·陈涌卷》的编选工作后,我觉得唐祈是一位对甘肃新时期文学发展和现当代文学研究产生重要影响的学者,其学术成果需要进行整理。但是,到目前为止,人们对唐祈的关注仍是停留于作为"九叶派"诗人的认识上,这与唐祈学术资料的缺失有关。

《陇上学人文丛·唐祈卷》的编辑就为唐祈学术成就的研究准备了基本条件。《陇上学人文丛·唐祈卷》收集了唐祈创作的除诗歌之外的全部学术论文和散文作品,按属性共分四辑。其中,第一辑为文艺理论与批评,第二辑为中国现代诗人及作品评析,第三辑为作家关于创作生活的自序类回忆性散文,第四辑为其他类。

另外,还需要提及的是,由于身体原因,编选前言是我与我的博士研究生李晓梅共同完成的;硕士生常蓉、刘玉瑄、袁茂林、杨晓君、严婧靓、汪可欣、陈颖、宋丹、闫银花、王晓芳等人参加文字输入与校对工作。

郭国昌　李晓梅

2017 年 9 月

第一辑

论中国新诗的发展及其传统

一

从五四新文学运动中崛起的中国现代新诗,到 1949 年新中国成立前夕民主革命风暴的结束,经历了整整 32 年的时间。新诗的诞生和成长,始终和 20 世纪变动巨大的中国革命历程息息相关,它的发展绝不是一个孤立的纯艺术现象。在这个短暂而又丰富的历史行程中,新诗不但担当了革命变革的先导,形象地反映出时代社会的风貌和声音,同时它的艺术本身也在不断的变革中探索前进。这种探索一直到今天仍然在曲折迂回的进行着。一部中国现代新诗史,就是许多杰出的具有时代感和使命感的诗人群,以不同的艺术风格和艺术方法,形成各种思想潮流和艺术流派,用他们的理论和作品,在中国新诗发展的里程碑上留下的光辉的记录。

中国现代新诗和过去的诗歌有着迥然不同的地方,因而显示出它新鲜而强大的生命力。一方面,中国新诗人推倒了旧诗的壁垒,面对的是崭新的时代社会生活,抒写的是新的人生经验和理想,这和历来诗人的处境不同。另一方面,旧诗词在它自身发展到几个高峰以后,它的语言已经陈旧,不利于传达新的信息。而新诗从五四白话运动兴起,用作表现工具的是还在发展中的现代汉语。这两方面无论从新诗表现的内容到它所要完成的艺术形式都是在开创之中的,有着无可限量的发展前景。因此,中国新诗具有新的生命,充满着青春的艺术魅力。

中国现代新诗,既是新的,同时也是现代中国从西方"拿来"的产物。中国新诗有自己产生的主观条件和内在规律,但也有外来的因素。如果不从西方借鉴,并且引进西方的诗歌形式,作为新诗变革的催化剂,要从旧诗演变为新诗几乎是不可能的。鲁迅的诗论《摩罗诗力说》(1906年)就指出,必须"别求新声于异邦"的道理。事实证明,新诗受西方诗的影响,从五四前后一直延绵到三十、四十年代。新诗最初受到欧美浪漫主义诗人歌德、席勒、海涅、拜伦、雪莱、惠特曼的影响;印度诗人泰戈尔也给予哲理诗以启迪;其后又介绍过诗人雨果、白朗宁、华兹华斯、桑德堡等的作品,继而法国的象征主义风靡一时,如波德莱尔、魏尔伦、马拉美、凡尔哈仑、瓦雷里的诗作,还有俄国诗人普希金、莱蒙托夫、马雅可夫斯基、涅格拉索夫等人的影响。迄至20世纪40年代初,英国诗人艾略特、奥登,奥地利诗人里尔克,都影响到中国新诗的创作方法和艺术形式,甚至外国诗的思想内容、生活感受、意境、情绪等等,在特定的历史阶段,和中国新诗人在思想和心灵上也会产生默契,而反映在新诗的篇幅中。固然,中国新诗吸收外来丰富的营养,走进了世界诗歌之林,但是,我们同时也看到,中国两千年来现实主义诗歌的渊源,根深叶茂的民主性的优良传统,古典诗歌高超卓越的艺术技巧,在五四以后重新成为新诗固有的传统,也给了现代诗人以深刻有力的影响,例如闻一多、戴望舒、卞之琳、何其芳、辛笛、林庚等诗人,都能比较成熟地融合外国诗和中国旧诗词的表现形式,甚至应用外来语言和掺入文言词汇,抒写中国现代的生活感受与情境。中国现代新诗人从多方面吸收有益的滋养,艰难而曲折地开拓着自己的道路。

纵观从五四新诗萌蘖,到20世纪40年代已趋于成熟的这一段历史轨迹,我们看到30年来新诗经历了极其丰富复杂的变革,各个艺术流派作了艰苦的探求，他们既要和诗歌队伍以外的阻力进行斗争，又还要和诗歌界内部各种不正确的倾向发生争论，同时还需要以创作的实绩来扩大自己的读者的范围。诗人们在探索新诗发展的过程中，作了严肃的工作，付出了辛勤的劳动，走出了前人没有走过的途径，树立了自己的路标，诸如现实主义诗派和革命诗派、浪漫主义的新月派、象征主义的现代派以及其他的艺术流派，都在各自耕耘的诗垦地上作了独特的贡献，使新诗在不长的 30 年中走向成熟的境界。对于这段丰富的史绩，妄加抹杀和低估它的意义，是完全错误的。而出于某种需要对它加以肢解割裂也是不对的。现在应该本着历史的面目给予它们以公允的评价，是我们历史唯物主义者所应持的正确态度。这对于研究和发展新诗的传统，开辟未来中国新诗的道路都是有益的。

二

作为旧体诗词的叛逆而出现的中国新诗，最早见于 1917 年《新青年》2 卷 6 期，在"白话诗八首"的标题下，发表了胡适的《朋友》（后改为《蝴蝶》)、《月》、《赠朱经农》、《江上》等八首诗。1918 年 1 月《新青年》4 卷 1 期，发表了胡适、沈尹默、刘半农的白话诗九首：《月夜》《人力车夫》《相隔一层纸》等诗作。鲁迅于 1918 年 5 月在《新青年》4卷 5 期上，以唐俟的笔名，发表了新诗《梦》《爱之神》《桃花》三首新诗。郭沫若也于同年写出了新诗《死的诱惑》等，刘大白、俞平伯、周作人、康白情等人也相继发表了新诗。1920 年 3 月，胡适的白话新诗集《尝试集》出版。郭沫若的《女神》接着在 1921 年 8 月出版。第三本新诗集是 1922 年 3 月出版的俞平伯的《冬夜》。在白话新诗的草创阶段，这些早期的作品，对新诗是有开创之功的。

早期的白话诗，虽想和旧传统决裂，但无论从内容到形式都不能挣脱古典诗词的影响。胡适自嘲他写的诗像"经过了小脚后来放大的",其实,这种情况并非胡适一人,而是当时相当普遍的现象。早期白话诗作者,例如刘大白、刘半农、俞平伯、沈尹默等,他们对古典诗词都有精湛的研究,造诣很深,他们想极力废除旧诗词而采用纯粹的白话来写诗,从语言的基点出发,寻找出一个突破口,达到"诗体大解放"。但终究是在"尝试"的幼年阶段,缺少必要的经验去创造各种新的诗体,对于西方诗的精神实质与艺术形式又一时难以掌握,因而有的诗在立意遣词上不免带有相当浓厚的旧诗词的痕迹,有的诗则表现为直白浅露,散漫拖沓,虽然也有少数思想与艺术达到较好的水平,大多数作品还是缺少艺术价值。

白话新诗究竟是诞生在五四思想革命和文化革命的前夜,处于反帝反封建的民主革命的高潮中,现实生活需要新诗呼喊出时代的强音,当时高唱的革命口号:科学与民主、自由平等、人道主义思想、劳工神圣等等,洋溢在很多作品中,显示出新诗面向现实的进取精神,乐观向上的调子,为以后行将到来的现实主义诗歌道路作了必要的准备和铺垫。即使在一些比较稚嫩的诗作中,仍然可以使人感觉到早期白话诗人的乐观率真的气质,明白畅晓的诗风,可说是做到了消极的不作无病之呻吟,积极的以乐观入诗。从刘半农的《相隔一层纸》、康白情的《朝气》等作品中都可看到这些明显的痕迹。

早期白话诗中,周作人的《小河》(1919年)的出现,是摆脱了旧诗词影响的新作。这首58行的长诗运用白话口语,并且巧妙地构成隐喻,暗示人们违逆自然的悲剧。尽管全诗还不够精练,但在当时不失为别开生面之作,也是他提出"人的文学"的主张在诗歌创作中实践的产物。

康白情的《草儿在前》,它的语言清新,意境新鲜,作者能以散文的手法入诗,对景物的描写活泼自然,有人称他是"设色的妙手",朱湘也肯定"只有他的描写才是他对新诗的一种贡献"①。

早期白话诗到达真正的突破阶段，应该说从郭沫若在1921年出版的《女神》开始。郭沫若受惠特曼的影响，借取了奔放雄健的自由诗体，抒发出浪漫诗人高昂的反抗精神，在新诗和旧诗词之间，划开了一道分水岭。从这以后，新诗才真正创造出自己的模式，才真的像"新诗"。一批批诗人出现了，来自泰戈尔式的冰心的小诗，宗白华的《流云》小诗风行一时，不少青年作者写出来爱情诗，沉钟社的冯至以爱情为主题的抒情诗和叙事诗，诗意浓郁，表现技巧也较圆熟。湖畔诗社的应修人、潘漠华、汪静之、冯雪峰也以歌唱爱情为题材走上诗坛。

1925年，出版了蒋光慈的《新梦》与《哀中国》、徐志摩的《志摩的诗》、李金发的《微雨》，这些内容不同，风格迥异的诗集在同年先后出现，预示着新诗的春天将要来临。中国新诗的三个类型，即现实主义的诗、浪漫主义的诗、象征主义的诗，开始活跃于诗坛，使新诗艺术逐渐导入一个新的阶段。

三

从20世纪20年代开始，30多年来的新诗，先后涌现出各种思想潮流和艺术社团，开拓着新诗前进的道路。归纳起来有以下一些：

（一）五四文学革命启蒙时期的白话新诗派，有胡适、刘半农、刘大白、沈尹默、俞平伯、周作人等早期白话诗人，他们最早从事启蒙时期的新诗活动。

（二）1921年出现的现实主义诗歌流派的文学研究会，以朱自

---

① 朱湘：《草儿》，《中书集》，上海书店，1986年版，第380页。

清、郑振铎、徐玉诺、刘延陵、王统照等人为代表,出版诗集《雪朝》《将来之花园》等,倡导"为人生的艺术",体现出朴质的现实主义诗风。

(三)1921年后半年出现的以郭沫若为代表的浪漫主义诗派的创造社,还有成仿吾、郁达夫、穆木天、王独清、冯乃超、柯仲平、田汉、郑伯奇等人,创造社在东京成立,公开宣布浪漫主义为其创作方法,使国内正在兴起的这一流派确定下来,并且得到发展。

(四)1921年到1925年前后,冰心的《繁星》《春水》所开创的小诗,风行一时,宗白华的《流云》,也属这一类小诗和哲理诗。

(五)1922年春,应修人、潘漠华、冯雪峰、汪静之为代表的湖畔诗社在杭州成立,出版《湖畔》《春的歌集》。湖畔诗人歌唱美与爱情,充满天真欢快的情调。

(六)1924年上海有浅草社,出版《浅草季刊》,以冯至为代表。1925年该社主要成员又在北京成立沉钟社,出过12期《沉钟》。

(七)1925年到1927年出现了李金发的初期象征派诗歌。他是现代新诗中第一个象征主义诗人,对当时的诗风和以后的现代诗都有影响。

(八)1926年以闻一多、徐志摩为代表的新月派出现,一直到20世纪30年代初期仍活跃于诗坛。这一流派中有影响的诗人比较多,如朱湘、饶梦侃、刘梦苇、于赓虞、卞之琳、何其芳、孙大雨、朱大楠、林庚、孙毓棠、陈梦家、邵洵美、朱维基、方玮德、林徽因、钱君匋等。这是对新诗艺术探索较多,创作较丰富的一个诗歌流派。

(九)以蒋光慈为代表的太阳社,接替了创造社后期的活动,有柯仲平、钱杏邨、森堡等人。

(十)1929年出现的前哨社,有李白英、殷红、文焕等,还有和他们相近的汽笛诗社,都是受太阳社的影响的诗歌团体。

(十一)1930年中国左翼作家联盟成立,殷夫等革命者与进步诗人们在各文艺报刊上发表诗歌,推进诗歌运动,有广泛的影响。

(十二)1932年《现代》杂志上以戴望舒为代表的现代派诗歌出现于诗坛。卞之琳、何其芳,早期的艾青、徐迟、废名、林庚、曹葆华、玲君、罗大冈、俞铭传、路易士、南星等都属《现代》诗作者群。

(十三)1932年中国诗歌会成立,一直活跃到抗战时期。穆木天、杨骚、蒲风、王亚平、柳倩等为发起人。提出开展新诗歌运动,创作大众化诗歌。

(十四)抗日战争前夕,以常任侠为代表的诗帆社,出版《诗帆》,主要成员有程千帆、孙望、汪铭竹、沈祖棻等诗人,他们重视诗的艺术性,在南方有一定的影响。

(十五)20世纪30年代末到40年代。以胡风主编的《七月》《希望》等杂志为代表的诗人群,形成了一个具有现实主义特色的七月诗派。绿原、鲁藜、曾卓、阿垅、杜谷、罗洛、孙细等是这一诗派的代表。

(十六)20世纪40年代在上海,以《中国新诗》为中心,辛笛、穆旦、郑敏、杜运燮、陈敬容、杭约赫、唐祈、唐湜、袁可嘉等为代表,他们继承五四以来新诗传统,又发展了独立的有特色的一个诗歌流派。

(十七)20世纪40年代中期,延安解放区在《讲话》以后出现了民歌体新诗,李季的《王贵与李香香》,阮章竞的《漳河水》,张志民的《王九诉苦》等叙事诗,是这一潮流的代表,对革命现实主义诗歌的发展影响最大。

以上这些不同的思潮和艺术风格,并非现代新诗发展的全貌,他们此起彼伏,互相渗透,竞相发展,有的流派中又可以派生出独立的分支,有的诗人也是互相交叉,并非固定不变的。例如卞之琳属新月派,后来又成为现代派的支柱,艾青后来成为现实主义的诗人,都说明在各个不同的历史时期的诗坛,总是由一些流派和诗人群为了新诗的疆域不断拓展进行着艰苦的开掘和勇敢的探索,影响着各个历史时期和不同阶段的诗风,推动新诗向前发展。朱自清在《中国新文学大系·诗集·导言》中,曾经把第一个十年的新诗分为自由派、格律派、象征派,就企图从新诗风格上的演变来说明"新诗是在进步着的"①,它的进步正是由于不同的诗风竞相发展的结果。

我们认为,30 多年来的中国现代新诗,经过各种纷繁复杂的思潮和流派在诗坛竞赛以后,共同建设和发展了新诗的艺术,并且成为新诗自己的传统。概括说来就是:现实主义派——从五四初期开始,直到 20 世纪 40 年代以艾青为代表的现实主义诗歌;浪漫派——以郭沫若与闻一多、徐志摩为代表的自由诗与格律诗的浪漫主义诗歌;象征派——李金发、戴望舒为代表的象征派、现代派诗群。他们分别领导着各自的诗人群,以不同的艺术方法和艺术经验,从各方面耕耘在诗的广阔的原野上,用自己的收获物为新诗做出独特的贡献,推动了新诗不断地前进。我们将在下面分别进行论述。

四

中国的现实主义像其他任何一种流派一样,是一个极其复杂的现象,远不止有一种准确的含义,而且在各个历史阶段对它们的理解和运用也都不尽相同。

现实主义派在中国现代新诗中产生,并且发展成为诗歌的主流,绝不是偶然的。现实主义思想锋芒的尖锐性以及它在革命变革中的战斗作用,是由 20 世纪 20 年代中国半封建半殖民地社会的基本情况决定的,也是由中国的政治、思想、文化运动所牢牢联系着

①朱自清:《中国新文学大系·诗集·导言》,上海良友图书出版公司,1935 年版,第 8 页。

的。从五四广场上呐喊过来的诗人和广大知识分子,他们本身固有的忧国忧民的时代使命感和历史责任感以及中国古典诗的"歌诗合为事而作"的优良传统并没有多大变化,这时更从西方传来了民主与科学的先进思想和各种进步的文艺思潮,特别是马克思主义传播到中国以及十月革命的影响,结合五四的政治情况,促使许多思想先进的知识分子肩负起政治改革和革命的任务。他们关心社会现实,揭露封建礼教罪恶,从人民的生活斗争中寻找革命理想。因而在新诗的开拓中,最初出现了相当多数量反映社会现实生活的诗作是很自然的现象。

五四闪耀出新时代的曙光,早期白话诗人很少作无病呻吟,或抒写个人哀怨愁苦的诗,尽管劳工神圣与人道主义等思想还停留在概念认识上,但那种冲决封建罗网反对旧礼教的叛逆精神是强烈的,甚至把不同的阶级生活作了鲜明的对比(如刘半农的《相隔一层纸》),他们这种乐观气氛和进步的思想倾向,给了早期新诗以健康的血液,也正是未来蓬勃发展的现实主义诗歌的萌芽。

五四新文学革命,当时必须占领旧诗的阵地,这场革命才算取得了胜利。因为旧文学的堡垒是旧诗,新诗要攻坚,就不能不成为新文学的先锋,它受到的攻击和反对也就最多。俞平伯的《社会上对于新诗的各种心理观》这篇文章,就记述了旧势力围攻新诗的情况,郎损(沈雁冰)为了向旧文学示威,守护刚萌芽的新诗,写了有力的《驳反对白话诗者》的檄文。正是在这场先锋战中,《新青年》上李大钊、鲁迅和胡适的新诗和诗论,刘半农、沈尹默、刘大白等人的新诗相继涌现,本身就含有一定的战斗的意义。他们写诗是为了进行文学革命和思想革命,诗的内容是极其现实的,标志了早期新诗现实主义的特质。

提出新诗改革主张的第一人是刘半农。在新诗运动初期的 1917

年5月,刘半农在《新青年》3卷第3号上,发表了《我之文学改良观》,其中专论诗歌改革的第三节中说:"诗律愈严,诗体愈少,则诗的精神所受的束缚愈甚,诗学绝无发达之望",他主张"增多诗体",提出创造与输入双管齐下,即创造新形式与输入外国诗体。他说自己"在诗的体裁上是最会翻新花样的",他提出的无韵的自由诗风行诗坛,并且大力提倡搜集民歌,开创了一代诗风。

刘半农的诗,主要是揭露旧社会的黑暗,倾诉下层人民的痛苦生活,反映出变革现实的强烈愿望。他诗中的贫苦农民、铁匠、学徒、小商贩、人力车夫……都是诗人讴歌的主人公,他的诗集《瓦釜集》就是为了将"数千年来受尽侮辱与蔑视,打在地狱底里而没有呻吟的机会"的"瓦釜"的声音写出来,因此他不仅有"平民诗人"的称誉,就诗的内容来说,从半封建半殖民地的中国到西方资本主义社会的腐朽与黑暗,在诗人的笔下,都做了现实主义的揭露与描绘,从作品反映的生活广度来看,在白话新诗人中也是首屈一指的。鲁迅说他是"《新青年》里的一个战士,他活泼、勇敢,狠打了几次大仗"[①]。在五四新诗运动初期,刘半农是文学革命阵营中的现实主义诗歌战士。

1920年,刘大白写出《红色的新年》,次年写出《劳动节歌》等讴歌十月革命和工农劳动世界的诗。他还运用歌谣体来写农民和小生产者的痛苦和不幸命运,尽管他和当时的诗人一样受旧诗词的影响,同时又有"用笔太重,爱说尽、少含蓄"的缺点。但从他1919年创作开始,直到他出版的《卖布谣》等六部诗集的内容来看,现实主义的倾向

①鲁迅:《忆刘半农君》,选自《鲁迅全集》(第7卷),人民文学出版社,1981年版,第71页。

也是很明显的。最初阶段的诗人还有康白情、俞平伯等。

文学研究会是我国现代文学史上第一个新文学社团，1921 年 1 月在北京成立，就抱着"为人生而艺术"的宗旨，强调"文学应当反映社会的现象，表现并且讨论有关人生一般的问题"。他们这种主张对中国现代新诗的发展产生了极其深刻的影响。

它的最大贡献之一，就是在现实主义的旗帜下，形成了一支远比过去强大有力而又有才华的诗人队伍，其中有朱自清、叶绍钧、郑振铎、周作人、俞平伯、谢冰心、王统照、刘延陵、徐玉诺、郭绍虞、梁宗岱、梁实秋、赵景深等。他们的诗集《雪朝》《将来之花园》和大量的诗歌创作出现于诗坛，茅盾（沈雁冰）、梁宗岱、化鲁（胡愈之）等人以诗歌理论和诗歌理论建设，提高读者的欣赏力，使新诗无论从内容和形式上都有了显著的新的发展。

我们看到，由于这支队伍的推动和发展，使现代新诗在思想内容上注重从社会现实生活出发，揭露黑暗，面向人生，多方面去体现五四前后的反帝反封建的民主革命精神，把新诗作为武器处于进攻性的地位。在艺术形式上，由于大量实践与吸收西方诗歌的营养，使新诗提高了艺术技巧和表现能力，新诗的艺术形式比过去更加多样化了。1921 年以后的诗坛，类似泰戈尔式的或排比句式的小诗的流行，自由体诗，初具规模的格律诗、叙事诗，各种形式的短诗，在现实主义诗歌的道路上呈现出了繁荣的景象。有抱负、有目标的诗人朱自清的长诗《毁灭》（1992 年），以宛转的音调，沉郁的意境，抒写出五四退潮后的青年如何脱出"诱惑的纠缠"，回到"一个平平常常的我"，"一步步踏在泥土上，打上深深的脚印"的精神历程。对当时的知识青年是有积极意义的。还有他的诗集《踪迹》，在思想内容和艺术表现上都超出当时新诗的水平。郑振铎认为"朱自清的《踪迹》，是远远地超过《尝试集》里的任何最好的一首。功力的深厚，已绝不是'尝试'之作，而是用了全力来写着的"①。其他如叶绍钧的《浏河战场》,王统照的诗集《童心》,都是在对社会和人生问题的探索上,具有现实主义成分的优秀成果。

文学研究会的诗歌实践,无论是成功的经验,或是失败的教训,对发展新诗的现实主义有着较深远的影响。在中国新诗由诗歌革命走向革命诗歌的渐进过程中,直到 20 世纪 30 年代中国左翼作家联盟在中国共产党的领导下大力推动革命诗歌,和后来中国诗歌会的建立,现实主义逐渐发展成为诗歌的主流,我们在考察抗战诗歌的兴起时,将看到现实主义进一步发展的广阔的道路。

五

五四正是狂飙突进的时代,充满了各种矛盾冲突,民主科学精神与封建宗法,新思潮与旧礼教,新生力量与没落势力,父与子,个人与家庭的种种矛盾斗争,决定了那个时期的社会意识和生活气氛。苦闷彷徨的广大青年,迫切要求从感情奔放中去寻找个性解放,诗人和作家们则热衷于从欧美浪漫主义诗歌中去寻找理想和突破口,他们高举民主与科学的气质,揭露封建黑暗,抨击丑恶现象,鼓吹自由。把西方的浪漫主义从思想上作为个性解放和反对封建束缚的标志来接受,同时也作为艺术表现方法在创作中加以运用,当时在日本博多湾的郭沫若,就是接受欧美浪漫主义影响最大的诗人之一,他和创造社的成仿吾、郁达夫、穆木天、冯乃超、王独清、田汉等许多诗人都奔向了这个流派。

创造社和以现实主义作为诗歌创作方法的文学研究会。事实上,

---

① 郑振铎:《中国新文学大系·文学论争集·导言》,上海良友图书出版公司,1935 年版,第 16 页。

他们不像文学研究会在理论和创作上那样严格。创造社的成员对于浪漫主义的实质和它的美学原则，各人见解并不一致。但从总体来看,也不能说没有共同之点。这些特点是:对革命充满了浪漫主义的理想和激情,否认文学中的功利主义(尤其在初期,后来有了改变),歌颂大自然的伟力,强调自我表现,不愿从生活出发反映客观现实,而倾向于"心中的诗意诗境的纯真的表现",在艺术形式上多模仿惠特曼的自由体诗,多用排比句的诗句,注重于形式的创新,等等,这些特点也只是就大体而言。我们同时注意到,由于浪漫主义界限的难于固定,诗人创作中观点的不断演变以及我国半封建半殖民地的社会现实,使中国的浪漫主义自从移植过来以后就和西方原生态有所不同,它通过幻想和想象有力地批判和揭露现实时,往往和现实主义非常接近,例如郭沫若、朱自清、冰心。而浪漫诗人一旦闭起眼睛陷于冥思,追踪朦胧隐晦的意境,创造社的穆木天、冯乃超、王独清,与其说是浪漫主义山上的歌者, 不如说他们是真正徘徊在象征主义森林中的诗人,他们的作品更倾向于象征派。

郭沫若的诗集《女神》,真正体现了浪漫主义诗歌的特征。他借取了惠特曼豪放雄浑的自由体诗,歌唱了诗人对宇宙人生的理想,反映了20世纪"动"的旋律节奏,对封建社会有强烈的诅咒,也有对反抗精神的热情歌颂,喊出了五四时期反帝反封建时代精神。这一切,是浪漫主义诗歌才能具有的特质。郭沫若自己说:"惠特曼的那种把一切的旧套摆脱干净了的诗风,和五四时代的狂飙突进的精神十分合拍,我是彻底地为他那雄浑的宏朗的调子所动荡了。"[1]这不啻是诗人自己的风格的写照。但是,他一味强调"生的颤动,灵的喊叫,那便是真诗、好

---

①郭沫若:《我的做诗经过》,选自《郭沫若谈创作》,黑龙江人民出版社,1982年版,第38页。

诗",只陶醉于真情的自然流露,以致感情泛滥,一泻千里,情绪难于控制,字句缺少锤炼,有的诗就显得浮泛散漫,所以从《女神》《星空》之后,很少有与这时期相媲美的好诗。越是到了后来,不少的诗作流于空泛的召唤和抽象的说教,缺少艺术形象的感人力量。这种弊病不能归咎于浪漫主义,恰恰是浪漫派诗歌艺术所要极力排斥的东西,而这种弊病在中国新诗中却一直影响到以后的蒋光慈、蒲风等不少诗人。

如果说,郭沫若代表了自由诗的浪漫主义,形成了一种诗风。那么,直到1926年,以闻一多、徐志摩为代表的格律诗的浪漫主义出现于诗坛,浪漫诗派的内容与形式问题更引起普遍的重视和深入的开展。

1926年北平《晨报·诗镌》,是由闻一多、徐志摩、朱湘、饶孟侃、于赓虞、刘梦苇等所编,共出了11期。后来,在1928年创办《新月》月刊,1930年又主办了《诗刊》,在刊物上集结了不少优秀的诗人群,因而被称为新月派,当时徐志摩在《晨报·诗镌》上声言:"我们相信完美的形体是完美的精神唯一的表现。"就是说,除了诗的内容还要求极力寻找和发现"新格式与新音节",他努力于诗歌体制的输入和实验,试写各种外国诗体,特别是19世纪英国浪漫诗派的各种样式,无论是格律体,无韵体自由诗,沉思体抒情诗,十四行诗等等形式,以他的文学修养和诗才,作了多种诗艺的探索。但是提倡格律诗,提出新的格律理论,影响最大的诗人实际是闻一多。他在著名的论文《诗的格律》中明确提出:"诗的实力不独包括音节的美(音节),绘画的美(辞藻),并且还有建筑的美(节的匀称和句的均齐)"①,因而要讲求音尺、重音、韵脚。在当时诗坛比较混乱的时候,可读的诗作很少,闻一多对创作抱着严肃的态度,极力引导新诗人步入正轨,忠实于诗歌艺术的

①闻一多:《诗的格律》,选自《闻一多全集》(第2卷),湖北人民出版社,1993年版,第141页。

探索,所以他和新月诗人在形式上的追求与实验就有了积极的意义。虽然他们在实验中,格律多以英诗为模式,却害以中文来创造外国诗的格律,有的不免流于形式主义的"方块诗""豆腐干诗",说明实验未能完全顺利进行,但确实使新诗在体制与音韵等等方面更趋于丰富与成熟,则是有目共睹的事实。

新月派诗人大多受英国诗的影响比较大,在诗的情调与风格上都接近英国19世纪浪漫主义。他们不像《女神》时代的霹雳般的声音。新月诗人虽也不满于现实,但制高点却从不能越过人道主义的界碑,他们指责社会的黑暗,却缺少浪漫主义高亢的反抗精神。更多的是在个人的王国中,对人生、爱情、理想、美的执著追求,隔着现实的篱笆营造个人幻想的天地,一旦理想在现实中碰壁,便感到绝望和苦痛,退到精神的幽谷中作空虚的梦。当然,也有不少新月诗人抒写出人生的经验与理想,在艺术上有所创新。徐志摩从1925年出版《志摩的诗》到以后《翡冷翠的一夜》《猛虎集》《云游》,从积极的浪漫主义的歌唱,到最后幻想的破灭,他在诗中揭示出人与社会的处于尖锐的矛盾状态,歌唱了爱情和人的尊严,也批判过他所仇恨的黑暗社会和不公平的现象,但当他最后无力解决个人与社会之间的冲突,他沉沦到《灰色的人生》的幽谷中,幻想着死亡"是光明与自由的诞生",诗人的理想彻底破灭了,发出了悲观绝望的喊叫。甚至最后走到了生活的反面,带来了有害的影响。然而他在诗歌艺术上是有卓越成就的,形式的变化多姿,音韵的和谐圆润,形象的独特,手法的严整,语言的纯熟优美,都是徐志摩的特点,对浪漫诗是有贡献的。

闻一多在新月派诗人中独树一帜。他一生具有热烈的爱国精神和强烈的正义感,时代的使命感和为人民鞠躬尽瘁的品质,培养了他一个伟大诗人的灵魂。他立志建设新的格律诗,创作态度是严肃的。他早期追求过唯美主义,但他的人道主义与对现实人生的认真态度,使他敢于面对社会现实,而又勇于谛视生命的深沉。他的诗集《红烛》《死水》,从思想内容来说,和徐志摩的诗有所不同,感情执著,敢于直面人生;在艺术上色彩浓烈,富于雕塑感,独具自己的个性风格。尤其是在诗歌理论和前面谈过的诗的体裁、形式、音韵等方面,他都有卓越的贡献。

出版过《夏天》和《草莽集》的朱湘,以诗风恬淡平静、语言优美著称。他注意音韵和谐,在诗行的建设上认为"不宜再长,以免不连贯,不简洁,不紧凑"①。在诗体的结构上,采用从全章各行长短不定,到全章各行整齐划一,都进行过多种尝试,使诗歌节奏显得富有规律又多变化。他在叙事诗的创作上,有近千行的《王娇》等作品,对长篇叙事诗的发展作了艰苦的探索。

新月派后期的诗人中,除了卞之琳、何其芳以外,成就比较大的是陈梦家。他是徐志摩、闻一多的学生,出版过《梦家诗集》等五部诗集,编过《新月诗选》。他的作品字句整齐,格律严谨,内容大都抒写个人空虚的幻想,对爱情和梦的轻歌曼咏,向往光明,却摸索不到人生的出路。但他对一草一木,流露出诗人的一片纯真。他是新月派后期的代表诗人。

六

进入 20 世纪 30 年代以后,象征派诗兴起,新月派渐趋式微,在当时的诗坛上象征派与现代派曾经风靡一时。

最早介绍法国象征派到中国来的,是 1920 年就发表诗歌的旅法诗人李金发。他 1925 年出版诗集《微雨》,后又出版《为幸福而歌》与

---

①朱湘:《〈草莽集〉的音调与形式》,选自《新月派评论资料选》,华东师范大学出版社,1989 年版,第 301 页。

《食客与凶年》。他用晦涩难懂的语言,捕捉美丽的诗的幻觉,以富于异国情调的感伤情绪,表现象征派诗人朦胧的人生的隐秘。朱自清评论:"他的诗没有寻常的章法,一部分可以懂,合起来却没有意思,他要表现的不是意思而是感觉感情,仿佛大大小小红红绿绿一串珠子,他却藏起那串儿,你得自己串着瞧。这就是法国象征诗人的手法;李氏是第一个介绍它到中国诗里,许多人抱怨看不懂,许多人却在模仿着。他的诗不缺乏想象力,但不知是创造新语言的心太切,还是母舌太生疏,句法过分欧化,教人像读着翻译;又夹杂着些文言里的叹词语助词,更加不像——虽然也可说是自由诗的体制。"①这评语是符合诗人的实际的。

继李金发之后登上诗坛的是诗人戴望舒,还有创造社后期的三位诗人穆木天、冯乃超、王独清。但戴望舒的诗有很高的艺术成就,不像李金发的晦涩朦胧。1932年《现代》杂志出版,戴望舒不仅以作品,而且发表倡导象征派的诗歌理论在这个杂志上,因而产生了很大的影响。围绕着刊物受他的影响的诗人,被称作现代派。它并不意味着真正的西方现代派诗的移入,实际仍是象征派诗的继续,而有和现代派相通之处,它只是因为《现代》杂志的名称才被称为现代派诗。

法国象征诗派,从波特莱尔一直到马拉美、兰波、凡尔哈仑、瓦雷里等。大多利用音乐、色彩和形象,用暗示和隐喻的手法,表现出诗人内心幽隐的意念,或对生命和人生的个人感觉与体验。诗人重视感官的刺激,敏感地揭露现代城市生活的阴暗面和丑恶现象,也毫不隐晦

①朱自清:《中国新文学大系·诗集·导言》,上海良友图书出版公司,1935年版,第8页。

地揭示自己灵魂的孤独与悲哀，把诗歌导入一种阴沉的自我独白的境界。戴望舒的《雨巷》，是很有代表性的。诗中的人物、情绪、环境都是意念中的幻像，悠长的雨巷，颓废的篱墙，冷清的细雨，结着愁怨的丁香一样的姑娘，只有伞上的雨点，打破了荒芜的花园的寂静。诗人用暗示来表现出飘忽的内心状态，朦胧的人物形象，销魂的音乐气氛，这一切表述了诗人追求丁香般美好的姑娘（理想的化身）是多么缥缈迷茫的啊！也象征着那个时代的知识青年陷于彷徨、迷惘的情绪中，因而能得到读者的共鸣。

现代派诗对 20 世纪 30 年代新诗的影响比新月派要更加广泛。在《现代》上发表诗的不少诗人，逐渐形成了中国象征派诗的风格，无论在诗的立意造境，或是语言形象方面，都力求创新，例如徐迟、玲君、曹葆华、罗大冈、俞铭传、汪铭竹等。特别是废名的诗更为突出，他的象征手法，更多的和中国古典传统有所融汇和结合，颇有道家风骨与禅的意境。

应该特别提到的，是 20 世纪 30 年代具有卓越成就的两位诗人：卞之琳与何其芳。他们早期都属于新月派，但卞之琳追求意象，重视时空感觉，注重想象，刻意寻求诗的暗示性和延展性。能从日常生活中悟出深沉的哲理，往往化腐朽为神奇。也因为过分重视象征诗的技巧，有时不免晦涩费解。何其芳的诗，华丽而不流于雕琢，轻盈中带着蕴藉深沉，语言形象极为优美，他们两人的诗虽然从新月中脱颖而出，成就却高于新月派的诗。

从新月派到现代派，可以看到新诗艺术两段发展过程。新月诗人撷取的内容多与实际生活隔着一层，现代派却敢于冲破幻影，面对人生。到了 20 世纪 30 年代中期，新月派和现代派渐渐会合，《新诗》月刊创立，编委卞之琳、孙大雨、梁岱宗、冯至、戴望舒，就集合了当时几支不同的流派，新的诗人徐迟、辛笛、陈敬容、吴兴华等相继出现，现代新诗在艺术上更趋于成熟。

七

1931年9月，中国诗歌会在上海成立，发起人为穆木天、杨骚、蒲风、任钧、柳倩等人。次年《新诗歌》创刊了，宣言中提出"反帝抗日"，穆木天在发刊词中写道："我们要捉住现实，歌唱新世纪的意识。"大部分诗人接受了这个新历史时期的任务，提出了"诗歌大众化"的要求，提倡诗歌朗诵运动，一致鼓吹革命抗日。1935年，提出"国防诗歌"的口号，出版了"国防诗歌丛书"。现实主义诗歌运动再度蓬勃发展起来。

20世纪30年代末，艾青、田间、臧克家三位诗人崛起于诗坛，尤其是诗人艾青，以他磅礴的气魄与卓越的艺术技巧，把现实主义诗歌推向了一个新的阶段。

艾青从第一部诗集《大堰河》开始，他把自己最好的诗献给了诗坛。艾青曾留学法国，最初学画，他的诗风受到比利时诗人凡尔哈仑等人的影响。擅于用散文化的语言来表现他雄浑深沉的声音。臧克家早期的诗，受过闻一多的影响，后来多描写现实生活，能做到字锻句琢，格律谨严。田间长于短诗，富于鼓动性与战斗性。抗战兴起，诗歌运动在抗敌救亡的主题下波澜壮阔地开展起来了。新月派、现代派的诗风渐渐微弱，而艾青、田间、臧克家三位诗人，他们对国家民族的命运有着深厚的感情，能紧紧拥抱住时代的脉搏，对现实生活有着强烈的爱憎，尽管各人风格不同，艺术表现方法不一，但他们写农民、工人、战士，表现出了诗歌中崭新的人物形象。艾青散文化的诗句产生了高度的艺术魅力，发挥了巨大的艺术功能，下面我们还要谈到，他们影响当时的现实主义的诗风极大。

抗日战争壮大了新诗的队伍，提高了诗创作的数量与质量。如严辰、吕剑、徐迟、袁水拍、方敬、蒲风、任钧、常任侠、王亚平、柳倩、高兰等人，形成了一支庞大的抗战诗歌大军。当时重庆、桂林、成都各地的刊物有《抗战文艺》《文艺阵地》《诗创作》《诗垦地》《诗星》《诗》等。发表诗的作者，虽无资料精确统计，但仅在这些刊物上就足有数百位诗作者写出了抗战诗，为现实主义诗歌开辟了广阔的道路。

当时还有不少诗人在革命圣地的延安，或者在晋察冀边区和其他抗日根据地，投身于革命工作，他们在党的领导下既有坚实的思想与生活基础，又有革命的现实主义与革命的浪漫主义的艺术表现方法，像延安的老诗人肖三、柯仲平、魏巍、陈辉、鲁藜等人都写出了不少的好诗。1942年延安文艺座谈会召开以后，强调深入工农兵生活，表现新时代新群众，重视民歌，产生了李季的长诗《王贵与李香香》，阮章竞的长诗《漳河水》等革命文艺的力作，为革命现实主义的诗歌打下了坚实的基础，对革命诗歌的发展做出了巨大的贡献。

八

20世纪30年代初期到抗战前夕，中国新诗曾经出现一度繁盛的光景。

从新月派到现代派，是新诗艺术进一步向前攀登的历程。新月派轻盈曼妙的浪漫主义情调，到了现代派已转为内向性的自我开掘，咀嚼生命与人生的彷徨忧郁，表现时代的阴暗情绪。但在30年代中，这两派渐渐会合，以《新诗》月刊为中心，编委卞之琳、孙大雨、梁宗岱、冯至、戴望舒，他们不仅是独具风格的著名诗人，也是各个不同流派的代表。他们在诗艺术上有精湛的修养，艺术上开放，敢于以作品相互争妍，对诗坛有一股很大的吸引力，当时在该刊发表诗作的新老诗人是相当多的。例如废名、林庚、辛笛、朱大楠、陈梦家、方玮德、曹葆华、金克木、方令儒、林徽因、南星、玲君、吴兴华、罗大冈等等。他们的诗,无论在意境、诗的内蕴、结构、语言、韵味各方面,都有所创新,有相当完美的肌理,艺术上更见成熟。在社会和在读者中的影响,也比过去更广阔得多。1936年《大公报》举办文艺评奖,孙毓棠的史诗《宝马》就曾获得诗歌奖。再以当时出版的诗集的水平来看,也蔚然可观。例如卞之琳、何其芳、李广田的诗合集《汉园集》、卞之琳的《鱼目集》、戴望舒的《望舒草》、朱湘的《永言集》、南星的《石像辞》等,就是今天看来,也达到较高的艺术成就。他们都是《新诗》月刊的诗人,和第一个十年——五四尝试时期相比,有了多么大的不同。

另一方面,从"左联"成立以后,左翼文学积极开展了活动。左翼诗歌从初期郭沫若、蒋光慈倡导以来,从未停止过。其中有柯仲平、杨骚、钱杏邨等,他们写过不少革命诗,红色鼓动诗,鼓吹革命斗争,揭露反动统治的罪恶与黑暗,号召人们只有在中国共产党的领导下,走向无产阶级的革命斗争道路,才有光明的前景。青年诗人殷夫,在左翼诗人中是最突出的代表。他写得真诚、炽热,有丰富的感情与坚定的革命意志,他的政治性战斗性很强的诗篇,能给人以思想上巨大的鼓舞力量,成为无产阶级战斗的号角,在诗歌发展史上留下光辉的一页,对革命诗歌有着极为卓越的贡献。前面提到的中国诗歌会,诗人穆木天、蒲风等积极创办《新诗歌》发表抗战诗歌,提出"反帝抗日",号召诗人们"捉住现实",要求诗歌大众化,提倡诗歌朗诵,这些主张实质上就是现实主义诗歌"反帝反封建"的传统精神在新的历史条件下的体现。同时,它在组织方面积极开展,对现实主义诗歌也起了一定的推动作用。从20世纪30年代到抗战前夕,新诗歌却有一片繁荣的气象。

抗战时期,新诗接受了这个历史性的挑战。"七七"卢沟桥的炮火,引爆了中华民族火山似的反抗行动,也点燃了诗人们爱国主义的热情,他们从个人生活的小天地里走出来,奔向战场、工厂、农村,加入轰轰烈烈的人民抗日斗争的行列,扩大了视野和精神世界,取得了崭新生活所开拓出来的诗的灵感。由于抗日民族统一战线的建立，阶级矛盾服从了民族矛盾，因而新诗的主题集中于战争这个伟大的目标，诗歌各流派团结在中国共产党领导的抗战文艺的旗帜下，新月派、现代派的诗风也渐为偃息。抗战初期的诗歌是有很大收获的，它以先锋的姿态最初出现在文艺阵地上，它那充满乐观主义的高亢的抗战歌声，表现出了我们伟大民族的气魄和觉醒了的人民的不可战胜的精神力量。新诗的形式多样化了，朗诵诗、街头诗、传单诗风行各地，诗和人民群众更接近了，诗人的队伍空前壮大。艾青高擎着抗战的"火把"，照耀着当时的诗坛，连续发表了里程碑式的鸿篇巨制和很优秀的诗篇，产生了极大的影响，在诗坛上成了从五四以来发展的现实主义艺术传统的领袖人物。田间则以战斗性很强的诗篇，被闻一多称为"擂鼓的诗人"。他对火热的战争生活，以紧迫短促，斩钉截铁的诗句，构成了"鼓点"一样强烈新鲜的艺术效果，给人以鼓舞力量。臧克家也用比较朴实、严谨的形式写抗战英雄面貌，表现了诗人很大的热情，但有的长诗（如《古树的花朵》《范筑先》等）流于空洞的呼喊与概念化的口号。他的抗战诗不如战前的诗凝练与充实。还有抗战中诗风转变极大的诗人何其芳、卞之琳，前者扬弃了他过去细致的风格，但仍保持了真挚纯洁的感情，歌咏革命与战争。卞之琳在抗战中发表的《慰劳信集》，视野开阔，已深入到战争生活中去。高兰的朗诵诗《哭亡女苏菲》等，在群众中引起过热烈的反响。当时以抗战为题材的诗作很多，写得比较好的，除上述的诗人之外，还有邹荻帆、绿原、力扬、天蓝、戈茅、韩北屏、邵子南、苏金伞、青勃、臧云远等。同时，我们也看到，抗战诗虽然在当时起了鼓舞人民的作用，也相应地产生了一些缺点，那就是比较粗糙和浮泛。因为当时的诗人凭激情和敏感写诗的居多，真正深入生活，并取得经验和形象结晶的比较少，在写作上又缺少苦心孕育和长期琢磨，这就不可避免地使得诗歌减弱了它的艺术力量,作为一代里程碑式的作品留下的不多。这本身也就向新诗的发展前途提出了新的课题,有待人们进行深入的探索。

九

抗日战争改变了中国新诗的风貌。抗日战争爆发前的新月派和现代派,局限在狭隘的天地中抒发个人的感兴与喟叹。抗战期间为了争取胜利,动员群众宣传群众,强化了诗歌的政治宣传与鼓动作用。反映的生活面较前广阔,工农兵与知识分子的形象,纷纷涌进了新诗的画廊,开拓了新诗的领域,但也不可避免地产生了一些概念化、口号化的诗。抗战结束后的几年,诗人们承接了抗战诗的缺陷,对于现实生活能深刻反映的作品不多,对生活中复杂的人们的精神世界与心灵活动,更感到体验不足,了解不深,不少的诗歌流于空泛的叫喊,往往陷于概念说教的泥潭不能自拔。在当时——1946年到1949年的国统区,新诗向哪里走的问题,提到诗人创作的日程表上来了。中国新诗需要新的突破,新的觉醒,新的探索。

这种新的探索,在抗战后期已经在两个诗歌流派中萌发了新芽。一个是以胡风主编的《七月》《希望》《七月诗丛》等为基础的诗人群,他们是绿原、阿垅、曾卓、鲁藜、孙钿、冀汸、彭燕郊、杜谷、牛汉、鲁煤、化铁、罗洛、徐放、方然、芦甸、郑思等;另一个诗派,是以《中国新诗》《森林诗丛》为中心的诗人群,以辛笛、穆旦、郑敏、杜运燮、陈敬容、杭约赫、唐祈、唐湜、袁可嘉九位诗人为代表,还有诗人方平、莫洛、马逢华。这两个诗派的艺术风格是不同的,却在20世纪40年代末期的中国诗坛上应该占有重要的地位。他们除了个人具有自己的个性与风格外,共同的倾向是忠诚于时代,忠诚于党和人民,倾向民主革命和社会主义革命。由于他们有明确的政治方向,肯去正视现实斗争,但又重视生活体验,重视艺术表现,强调诗的效果,因而能够开辟诗创作的新途径。

七月派诗人遵循的是现实主义创作方法，在五四新诗战斗传统的影响下，他们把人民的斗争要求和诗人的艺术个性结合得比较好，同时能从古典和外国诗歌中汲取营养，开创诗的独创性的道路。他们大多采用自由诗体，运用散文化的语言，创造适于内容的形式。其中重要的诗人如阿垅，他的诗风冷峻，是从人生战斗中喷发的歌声。诗人绿原却运用丰富的想象，赋予现实以童话的色彩，在他对生活敏锐的观察中，对40年代的国统区作了深刻有力的揭露。曾卓的诗作真挚朴实，却又潇洒俊逸。杜谷的诗具有浓郁的抒情气息，他对大自然和农村生活充满热爱，散发着泥土和野花一样芬芳的气味。鲁藜的诗风显得清新、活泼、流畅。他歌唱延河，一经他的诗笔渲染，就出现一个光明的世界。其他如孙钿、彭燕郊、罗洛、牛汉等诗人的诗各有自己的风格。

《中国新诗》的九位诗人，探索着另一条诗创作道路，他们继承和发展了五四诗歌忠于现实斗争的优良传统。也批判地吸收了古典和外国诗有益的艺术经验。他们在忠实于人生，忠实于诗的艺术的前提下，对40年代新诗向哪里走的问题，作了可贵的探索。他们既重视诗人的时代使命和社会责任，也从来不忽视诗的艺术性，认为诗首先应该是诗。从时代社会的责任而言，他们感到个人的命运必须与人民群众的命运相结合，这样才能把握住时代的脉搏。但绝不能取消诗人的个性与个人的感受，并且必须从感受出发，渗透到人生包括个人与群众多方面的生活中去。就艺术方面来说，他们摆脱了个人感伤或抽象概念说教的旧框子，而把个人的思想和感情在创作中加以陶铸。这些努力对战后新诗的弊病是有所匡正的。

这派诗人中，辛笛早年就读于英国爱丁堡大学研究文学，郑敏曾在美国布朗大学研究院研究英国文学，穆旦在美国芝加哥大学钻研英美文学,杜运燮在海外马来西亚与新加坡生活,其他诗人也多接受过英美等国诗歌的熏陶和影响。对哲理诗的路子、社会诗的技巧、抒情诗的艺术魅力等等方面,他们都有所创新。

诗人兼诗论家袁可嘉曾经对这个流派的艺术特征,作了简明的概括。他认为"比起当时的有些诗来,他们的诗是比较蕴藉含蓄的,重视内心的发掘……在艺术上,他们力求智性和感性的融合,注意运用象征和联想,让幻想与现实相互渗透,把思想、感情寄托于活泼的想象和新颖的意象,通过烘托、对比来取得总的效果,借以增强诗篇的厚度和密度,韧性和弹性"①。大体上说明了他们艺术上一些共同的特点。理论工作者楼肇明评论他们的诗:"是新诗优良传统的继承者,一是新诗与时代精神和人民保持密切联系的战斗传统,二是革新诗歌艺术不断丰富艺术表现力的传统……他们为新诗艺术开拓了一条新的途径。"(《北方文学诗专号》,1981 年第 1 期)

除了共同的特点之外,他们个人又都保持着鲜明的个性和不同的风格。辛笛的诗富有中国的民族的传统气息。抗战前和战后写了不少忧国忧民的诗,从平淡中见深刻,在语言创造上,表现出一种新颖的诗风。郑敏的诗将抒情与哲理结合,想象丰富,感觉敏锐,显得典雅凝练富于雕塑美。穆旦的诗视野开阔,题材广泛,敏锐地反映出时代的动荡与各种矛盾,同时又有力地歌颂对祖国大地和人民的热爱。他的诗多带有浓厚的知性成分,但具有生动繁复的意象。陈敬容的诗往往从深沉的冥想投向广阔的现实世界,跳跃性比较大,情感的滋润和哲理的解悟兼而有之。杜运燮、杭约赫、唐祈、唐湜、袁可嘉则更多直接面向客观,着眼于社会现实与政治问题,杜运燮的名篇《滇缅公

---

①袁可嘉:《九叶集·序言》,江苏人民出版社,1981 年版,第 16 页。

路》、杭约赫的《复活的土地》、唐祈的《时间与旗》都是反映时代风貌的代表作,内容丰富深刻,艺术上也有所创新。袁可嘉、唐湜是诗人兼评论家,前者提倡过《新诗戏剧化》,后者在《论风格》《论意象》等方面多有创见,强调新诗的创新。他们的诗篇也较精炼而有深度。

总的来说,20 世纪 40 年代的诗,除了上述两个较有影响的诗歌流派之外,还有许多诗人和诗论家在作着探索和努力,限于篇幅,不能一一论述,比起 30 年代的诗歌创作,无论从思想内容的深度,艺术技巧上的成熟,都有很大的进步和创新。由于时代急遽变化,他们没有进一步展开和继续开拓下去。但这两个诗歌流派对于新诗优良传统的继承和发展,对于新诗未来的探索,不论是成功的经验和失败的教训,毕竟在新诗发展的道路上留下了自己的脚迹。随着时间的推移,它们本身很可能已成为新诗传统的组成部分,为新诗未来的发展提供了养料,这应该是我们实事求是的公允的论断。

(原载《河北师院学报》,1984 年第 3 期)

《中国新诗名篇鉴赏辞典》序

从五四新文学运动中崛起的中国新诗,到今天经过了整整 70 年的时间,历经现代和当代两个文学阶段。新诗从诞生到成长,始终和 20 世纪剧烈变动的中国社会现实息息相关,它的发展绝不是一个孤立的纯艺术现象。在这个艰巨而又光辉的历史行程中,新诗不但担当了变革现实的先导,形象地反映出时代的风貌,表现人的精神世界;同时它的艺术本身也在不断的变革与探索中前进, 这种探索一直到 20 世纪 80 年代的新时期仍然严肃而深入地进行着。一部中国新诗发展史,就是许多具有时代感和使命感的诗人群。这些杰出的真正的灵魂的探险者们,以不同的艺术风格和艺术方法,形成各种思潮和艺术流派,用他们的名篇佳作,在中国新诗发展的里程碑上留下了光辉的记录。

中国新诗,同时也是从西方"拿来"的产物,新诗固然有自己产生的主观条件和内在规律,但也有借鉴西方诗歌的外来因素。朱自清早就指出过,新诗是直接"接受了外国"的影响走上现代化的,而"现代化是新路,比旧路短得多;要'迎头赶上'人家,非走这条路不可"[①]。鲁迅也指出新文学(包括新诗)应当"和世界的时代思潮合流,而又并未

[①]朱自清:《真诗》,《新诗杂话》,生活·读书·新知三联书店,1984 年版,第 87 页。

栲亡中国的民族性"，以此"参与世界的事业"。①这两位文学先驱者召唤我们只有向世界不同的国家、不同的美学体系和艺术倾向、不同的诗歌流派和诗人广泛地交流、借鉴和吸收，才能加快我们新诗的发展。事实也证明了这个论断。例如，西方历经二三百年发展的古典主义、浪漫主义和象征主义，我们在五四以后短短的30年就完成了这个过程，发展了我们自己的各种诗歌流派。如：郭沫若的浪漫主义，徐志摩的新月派，李金发的象征主义，戴望舒的后象征主义，更为突出的是艾青，他把西方象征主义和中国革命深广的现实牢牢地结合，成为杰出的现实主义诗人，同时又把世界范围的象征主义向前推进了一步。直到20世纪40年代出现的七月诗派、九叶诗派等等，尽管各个流派发展得不够成熟，诗人的创作也未达到饱和度，但无论如何这在世界文学史上也是罕见的文学现象。再如80年代新时期短短的10年中，由于西方各种思潮、不同的诗歌流派和外国诗大量涌入，我们的新诗受到强烈的冲击，深化了我们对新诗的反思，形成了今天诗歌创作多元化的繁荣局面，产生了前途无限的新生代的青年诗人群。可以说，70年来世界的重要诗人，都在不同的时期影响到中国新诗的创作方法和艺术形式，甚至外国诗的思想内容、生活感受、意境、情绪等，在特定的历史阶段，和我们诗人在思想和心灵上也会产生默契，而反映在篇幅中。固然，新诗借鉴、吸收外来的丰富养料，创造出自己的特色，走进了20世纪世界诗歌之林。但是，我们同时也看到中国两千年来现实主义诗歌的渊源，根深叶茂的民主性的优良传统，古典诗词高超卓越的艺术技巧，今天重新成为新诗固有的传统，也给了我们

---

①鲁迅：《当陶元庆君的绘画展览时》，《鲁迅全集》第3卷，人民文学出版社，1981年版，第550页。

诗人以深刻有力的影响。例如闻一多、臧克家、戴望舒、卞之琳、何其芳、林庚、辛笛、陈敬容等，都能融合外国诗和中国古典诗词的表现形式。值得提出的是，20世纪60年代—80年代台湾诗人余光中、洛夫、胡品清等诗人，在融化古典诗词传统并与西方现代诗结合，抒写中国现代人的性灵与意境，成就颇为突出。中国现代、当代的诗人就是从五四新诗、古典诗词，几经曲折地开拓着自己的艺术道路。

从以上简略的考察和回顾，我们可以理解70年来新诗经历了极其丰富复杂的变革，许多诗人和诗歌流派作了艰苦的探求，既要和诗歌界以外的压力和阻碍进行斗争，还要和内部各种不正确的倾向发生争论，诗人们在探索新诗发展的进程中，作了严肃的创造性的劳动，进行了人类灵魂的探险，永远寻找前人没有走过的途径，用自己心血凝成的诗篇树立起了一座座光辉的路标，为新诗的发展做出独特的贡献，使新诗在70年的不平静的道路上走向成熟的境界。

我们编纂这部《中国新诗名篇鉴赏辞典》，力图从文学史的高度把握新诗发展的最高成就和特点，从新诗诞生的光辉的起点，直到20世纪80年代全面更新诗歌的划时代的发展，通过精选、咀嚼、消化各个时期诗歌的精华，使读者（尤其是青年读者）通过这个多面晶体，不仅理解中国诗人曾经做出的卓越贡献，看到中国新诗光辉灿烂的未来；同时看到动荡、复杂、激烈的时代历史的闪光，从而激发对祖国、对民族的热爱和对时代社会的责任感与使命感。

诗歌从来是一个独立（并非孤立）的艺术世界。即使从这部书中所选出的诗篇，也可以看到它最敏锐、最丰富地保留了时代现实生活的面影，贮藏着人的内心感情最复杂微妙的乐音，它为人的精神实质提供了一个自由的自我创造的天地，在诗歌的审美意识和艺术感染中，人的自我将永远处于开放状态，处于不断地自我创造中，这在我们今天伟大的改革和开放的时代，这个精神状态显得格外重要，这正是本书所殷切期望于读者的,也是它的价值所在。

经验还告诉我们,诗歌像其他艺术一样,必须善于积累,只有在保存旧有的基础上不断创新,才会具有真正的生命力。这部辞书在保存、积累诗歌精华方面,将使它成为一座藏金的宝库,在门扉上镌刻着它具有历史意义的一行字:1917年—1988年的诗贮藏在这里⋯⋯

因此,正像培根所说的:"希望人们不要把它看作一种意见,而要看作是一项事业,并相信我们在这里所做的。不是为某一宗派或理论奠定基础,而是为人类的福祉和尊严。"(《伟大的复兴·序言》)我们所做的正是这些,并以此奉献给读者。

《中国新诗名篇鉴赏辞典》,从一开始就受到诗歌界、学术界的热情关怀。前辈诗人臧克家、冰心、卞之琳、公木、徐迟、方敬、辛笛、罗大冈担任顾问,32位诗人、学者、教授、理论家担任编委,给予大力支持,进行组稿、撰稿、审稿工作。编委们热爱新诗的精神是十分感人的。

在撰稿作者方面,有孙玉石、谢冕、洪子诚、郑敏、汤潮、蓝棣之、孙绍振、陆耀东、黄修己、吴开晋、严迪昌、王春煜等教授、学者;著名文艺理论家、诗歌评论家袁可嘉、袁忠岳、叶橹、陈良运、吕进、骆寒超、杨光治、唐湜、邵燕祥、莫文征、张同吾等同志;香港和海外著名评论家纪壁华先生、梁秉钧先生、陈剑晖先生等;近年来著名的中青年评论家和理论工作者黄子平、唐晓渡、王光明、于慈江、陈超等同志,共90位作者撰写鉴赏文章,使本书在学术质量上得到可靠保证,在此表示衷心的感谢。

唐　祈

1988.11.6.于兰州

西北民族学院教授楼

40年代诗歌纵谈

1940年的春天，艾青带了他的长诗《火把》到了重庆，照亮了"大后方"的诗坛。当时，重庆、昆明、桂林许多的诗人们也在各自的诗歌阵地上，以自己的诗的火炬照亮了黑暗的天空。

40年代的新诗，在抗日战争的烽火中前进着。

40年代的新诗，在雷声滚滚，电火闪闪中和人民一起呼啸向前。尽管1942年以后白色恐怖笼罩了白雾茫茫的重庆山城，新诗却从来没有一刻停止过自己呐喊和歌唱的声音，而且继承了30年代战斗的现实主义传统，在新的历史条件下开拓着自己诗歌艺术的道路。

40年代的新诗，由于当时条件的限制，诗人不可能实现与工农兵相结合，难免在不同程度上带着知识分子的各种烙印，在诗的创作道路上迤逦向前。

一

40年代的初期和中期，重庆张家花园的全国文协，是诗人们聚集在党的周围写诗、讨论诗和举行诗歌朗诵会的中心。

郭沫若、茅盾、老舍、巴金几位前辈引领着一支相当庞大的诗歌队伍阔步前进。文协的机关刊物《抗战文艺》有三分之一的篇幅是新诗。《新华日报》《民主报》和各报副刊，也以相当的篇幅发表诗歌。记得当时发表的有艾青、徐迟、臧克家、王亚平、方殷、力扬、公刘、孟超、聂绀弩、吕剑、沙鸥、臧云远、柳倩、方敬、陈敬容、高兰、绿原、冀汸、刘岚山、吴视、丁力、苏金伞、青勃、孙艺秋、扬禾……许多诗人的作品。这一长串的诗人的名字还仅就个人记忆所及，而没有在这里提到的名字就更多了。

当时，诗歌朗诵会在全国文协、中苏友协、天官府七号和一些大学里，经常开展活动，还组织了诗歌朗诵队，使新诗通过朗诵直接和群众见面。高兰的朗诵诗《哭亡女苏菲》，使许多的听众流下了感动的热泪。艾青的《火把》《旷野》，何其芳的《我为少男少女们歌唱》，激励着多少青年们走向延安。许多诗篇经过朗诵，立即被传抄，被油印在绿色的粗毛边纸上，不胫而走。当时，赵沨、光未然、赵丹、张瑞芳……都以他们昂扬激越的感情和洪亮优美的声音朗诵着新诗，使千百万听众深深受到新诗的感染和教育，朗诵会的情景是十分动人的。

在昆明，闻一多、朱自清、卞之琳不但用自己的诗歌唱民主，召唤光明的未来，还辛勤培养了一大批年轻的新诗的接班人，仅是西南联大的青年诗人就有穆旦、杜运燮、郑敏、何达、闻山、俞铭传、王佐良等许多人。卞之琳发表了抗战诗集《慰劳信集》，冯至发表了艺术性浓厚的《十四行集》。

桂林的《诗创作》月刊，团结了一大批诗人，而且在诗歌艺术上作了很多有益的探索，也不断翻译介绍了许多外国重要诗人的作品。可惜近年来资料散失，要开列一份比较完全的诗人名单是有困难的。当然人们会记得那个刊物上的胡明树、胡危舟、欧外鸥、阳太阳等一些熟悉的诗人。

虽然我现在手边没有一点资料，光是记忆中浮现出的诗人和诗歌工作者，他们的名字决不下二百人，而且许多流传至今的名篇（例如艾青、何其芳、卞之琳的诗，力扬的长诗《射虎者及其家族》等等），都是在这个苦难的抗战时期——40年代诞生的，直到今天依然有着顽强的生命力。

40年代初期和中期的新诗的宝库，值得我们今天重新打开锈锁，加以探讨和挖掘，这里面有很多珍贵的宝藏，有许多诗人在诗歌创作上宝贵的实践经验，有30年代留传下来的诗歌艺术的传统和衣钵，我这里仅只是作了挂一漏万的极其匆促一瞥。

二

1945年8月，日本投降。

重庆、昆明、桂林大部分诗人复员到上海，北京一带，有的转移到了解放区。

全国文协的机关刊物在上海出版，还有郑振铎、李健吾主编的《文艺复兴》和其他报刊，都以相当大的篇幅发表新诗。

这里，仅就我个人接触到的《诗创造》和《中国新诗》这两个40年代后期的诗刊作一点回顾。

《诗创造》月刊，由臧克家、辛笛、曹辛之、林宏几位同志在1947年创办，由辛笛筹资，曹辛之负责编务，上海星群出版社出版，每期发表30~40位诗人或翻译家的诗作和译诗。当时发表诗的有辛笛、徐迟、臧克家、金克木、邹荻帆、臧云远、程光锐、刘岚山、屠岸、方敬、陈敬容、唐湜、林宏、康平、苏金伞、青勃、圣野、袁水拍、羊翚、李白风等，译诗方面有戈宝权、卞之琳、方平、罗大冈、冯至、冯沅君、朱笄、张孟恢、孙大雨等，翻译、介绍了外国重要诗人的作品，如普希金，莱蒙托夫，涅格拉索夫，苏联的叶赛宁、马雅可夫斯基、伊萨科夫斯基，德国的海涅，奥地利的里尔克，法国的阿拉贡、艾吕雅等人具有代表性的诗篇。

这个诗刊所发表的诗，虽然个人的风格迥异，流派各不相同，表现的手法也自有差别，但作品的内容大都从不同的角度反映了当时的现实生活斗争，争民主，反抗国民党黑暗统治，追求理想，憧憬光明的未来，在新民主主义革命时期的诗歌运动中是有着积极作用的。

正因为如此,这个诗刊被反动派在 1947 年底查禁了。

1948 年,辛笛、曹辛之又结合了陈敬容、唐湜和我,重新成立森林出版社,出版了《中国新诗》月刊。这个刊物在《诗创造》的基础上进一步提出的主旨是紧密结合现实斗争,强调新诗的人民性。但又提倡诗首先应当是诗,必须通过诗的形象反映生活。对新诗的艺术技巧,努力去探索一些新的表现方法。

当时发表诗的作者有:辛笛、曹辛之、徐迟、陈敬容、金克木、方敬、穆旦、杜运燮、郑敏、袁可嘉、李瑛、马逢华、扬禾、羊翚、唐湜等等。理论方面有冯雪峰、蒋天佐、李健吾、袁可嘉、唐湜等人的评论文章。值得提出的是,这些文章明确提出了诗的人民性、现实性的主张,提出了"诗的戏剧化"的理论,对西方现代派诗的艺术作了具体分析,主张引进外国一切有用的东西,而摒弃现代派诗中的糟粕,冯至的《十四行集》后记在这个刊物上发表,记录了他的诗歌经验。更在第三期上出刊了《纪念朱自清特辑》,对他遗留下来的宝贵的诗论作了阐述,使这些诗论有助于诗人们的写作实践。翻译方面着重介绍了普希金、莱蒙托夫、叶赛宁、扬卡库巴拉、奥登、里尔克、阿拉贡、艾吕雅等人的诗作。翻译家戈宝权、卞之琳、方平、罗大冈、盛澄华、张孟恢等人都在译诗方面作了很多贡献。

这个刊物由于揭露了黑暗的反动统治、讴歌了人民解放战争,在1948 年底又遭到国民党特务的捣毁、查封。曹辛之转移到香港。

这两个诗刊,在 20 世纪 40 年代后期奋力前进,在新诗的探索上是做过一些有益的试验的。有的评论家公正地指出:"《中国新诗》继承了五四新诗优良传统,而又抛弃了 30 年代只反映个人狭窄的生活,扩展了生活视野,紧密拥抱了现实斗争,因而它没有个人感伤、消沉情绪;在新诗的艺术表现方面,直接继承了中国古典传统和外国的诗歌技巧,注重了诗的形象思维和艺术手段,而有别于标语口号式的空喊。如辛笛、曹辛之、陈敬容、穆旦、杜运燮、郑敏等人的诗,都富于个性和独创性,在表现方法和题材处理、语言运用等等方面都有着各自的鲜明的风格,形成一个具有现代诗风的流派。"①这个意见大体上是符合实际情况的。如果说从郭沫若、徐志摩、闻一多等前辈,在20世纪30年代从外国"拿来"了19世纪欧美浪漫主义的东西,为稍后的艾青、戴望舒、何其芳、卞之琳所吸收、改造融化成了各自的风格,那么,《中国新诗》正是追随在他们的脚印后面,更侧重引进40年代英国、法国、美国等现代派一些有益于自己的诗的表现艺术,而扬弃了现代派中一切不健康的成分。我们还看到,像当代杰出的诗人艾青早期的诗就吸收了比利时诗人凡尔哈仑不少艺术上的养分,苏联的马雅可夫斯基、法国的阿拉贡、艾吕雅以及西班牙的洛尔珈、阿尔贝蒂,智利的聂鲁达,土耳其的希克梅特等许多诗人,大都是从现代派转到革命现实主义方面的。这并不是为国内某些诗人和论者所惊怪,除了对古典和外国诗一无所知而又习惯在闭关锁国中夜郎自大的人,才会对外国的东西像害怕火一样。

同时,《中国新诗》在白色恐怖笼罩和国内阶级斗争那样严重情况下诞生、成长,现实已锻炼、教育了写诗的人,中国新民主主义革命和社会主义革命的长期性、艰苦性,中国诗歌从五四开始一直到相当长的时期内,注定了只有走革命的现实主义才是唯一正确的道路。只有这样才能真正体现出新诗的人民性和现实性。这在《中国新诗》创刊伊始就明确提出和规定了的。也是这个诗刊的主要的宗旨。那么,吸收一些外国有益的东西(包括现代派诗在内),又有什么"大逆不道"的呢?我个人今天仍然认为,中国新诗要发展,要变化,要向前进,不仅要在古典、民歌的基础上探索,还必须对外国的有益的经验采取"拿来"主义,使新诗在古典、民歌、外国诗三个方面吸收养分,丰富我们的新诗。

①钱理群等著:《中国现代文学三十年》,上海文艺出版社,1985年版。

这两个诗刊,在整个 20 世纪 40 年代诗歌运动中,和其他当时许多的诗刊一样,从不同的方面进行探索和实践,继承着五四以来的新诗优良传统,不断开拓新的道路。

三

我之所以提出 40 年代新诗,而且作了极不完全的匆匆的一瞥(甚至只举出两个诗刊作例子,其他很多诗刊由于没有资料不能详细介绍),是因为我认为新诗是有着自己的优良传统和发展规律的;它应该是代代相续,推陈出新,不容一刀割断的。

臧克家同志在 20 世纪 50 年代为中国青年出版社编选《中国新诗选》,在序言中提到 40 年代新诗时,着重提到的只有两部诗集:他的《宝贝儿》和袁水拍的《马凡陀山歌》。而对于 40 年代那么多诗人的创作和作品略而不论,视而不见。我个人当时就认为是不够公允的,也并不符合 40 年代诗坛的实际情况。今天在探索新诗发展道路时,把掩盖了的历史重新拭去灰尘,还它的本来面目,给以历史地、全面地、具体地分析,取其精华,去其糟粕,这对于新诗的发展,诗人个人风格、流派的形成以及诗歌内容和形式各方面的探索,应该说是有益的。

五四以来新诗的优良传统以及它的承前启后的继承作用,在 20 世纪 50 年代初期和后来,并没有受到足够的重视,甚至被割断了。40 年代新诗在现代文学史上几乎是一页空白,以致今天许多读者、理论工作者无从了解。

新中国成立之初,解放区和国统区的两支诗歌大军,在第一次文代会时胜利会师了。

从解放区进城的诗歌大军,经历了延安 1942 年《讲话》的洗礼,广泛与工农兵相结合,在古典和民歌的基础上发展、创作了无愧于时代的优秀的革命诗篇。这支强大的诗歌队伍,理所当然地成了新中国成立以后新诗的主力军。它在中国现代文学史上的重要地位是毋庸置疑的。

但是,跨过20世纪40年代从国统区走进新中国的诗人,除了少数同志继续写诗,发表作品以外,相当多数的诗人停止了自己的歌唱。原因是多方面的。诗人们有的忙于进行马列主义的认真学习,加强改造自己的世界观,对于崭新的工农兵生活必须有一个学习、认识、体验生活的过程,等等。这是问题的一个方面,另一方面,对于40年代诗歌作者没有给予适当的评价,给予一定的写作条件,恐怕也使许多40年代走过来的诗人或诗歌工作者们难于落笔。造成这种状况的许多原因之中,还可以考虑的是,即使在17年中间,是否有一种"左"的关门主义和宗派主义的东西,把大批40年代诗人关在刊物的门外呢? 我以为或多或少是有的。

本来,在我们革命的现实主义文学中,非无产阶级的东西——小资产阶级、资产阶级思想倾向——是不合理的,必须加以批判和改造。这个思想界线是丝毫不能含糊的。在新中国成立之初,《人民文学》《文艺报》对于这方面的批判是正确的。应该引导40年代诗人走向健康、广阔的现实主义道路。当时许多40年代诗人热烈响应、趋之若鹜的情况,也足以说明这种引导是正确的。

但是,对《武训传》的批判、对《红楼梦研究》的批判以及1955年反"胡风集团"的斗争等等运动接踵而至。随着运动的开展,在扫荡资产阶级、小资产阶级倾向的同时,把40年代在新民主主义革命中起过进步作用的诗人和作品,也不加分析地一律排斥在外。当时文艺刊物上动辄扣上"资产阶级、小资产阶级倾向"的帽子,或者挥舞起"难道是这样的吗"的大棒。这就是为什么40年代曾经出现过的那么多的诗人、诗刊、诗作,统统销声匿迹,不再出现在新文学史、新诗选、诗歌理论的任何一页一行当中,使这些40年代的诗人噤若寒蝉的原因。

直到1957年"反右"运动,那么多的在40年代写过诗的同志被扩大化戴上"右派"帽子,这个名单宛若一条长龙,难以记全。有的人还就因为在 40 年代写过诗,被构成"罪状"。有的就直接从过去的诗行中找出片言只语,作为立案的根据。仅此一点,也足以说明那时对于 40 年代一些诗人、诗歌工作者的命运如何、态度如何了。由此也可见,对于 40 年代新诗传统的被割断、被湮没无闻,乃是势所必至、理有固然的了。

我之所以旧话重提,只想说明一点,即新诗在 40 年代的发展中,是有对 30 年代传统的继承性的。是有过成绩和贡献的。同时也带着着它自身固有的弱点走入 50 年代。

历史传统是不容割断的。新诗的长河 60 年来奔腾向前,有其自身发展的规律。这是一条在人民的土地上汹涌向前的大河。"抽刀断水水更流",任何主观主义者的宝刀是切断不了它的奔流趋势的。

我们现在的许多 50 年代成长起来的著名诗人,如郭小川、公刘、白桦、邵燕祥、闻捷、李瑛等,大多是在 40 年代后就已经开始写诗,发表诗作,并且是吸取过 40 年代乃至 30 年代的新诗的养分的。

我们现在谈自由诗、格律诗的发展变化,谈诗的语言,表现技巧,能抽掉 40 年代那些诗人们的成功和失败的经验吗?

因此,我认为 40 年代新诗的传统不容割断,应该提到议事日程上来加以研究了。

在今天,在新的历史条件下,探索我们的新诗怎样发展,诗的内容与形式如何适应"四化"的要求,如何形成个人风格、流派等等,我以为温故而知新。温习一下 30 年代、40 年代,乃至 50 年代的新诗传统和发展道路,给它们以历史的、具体的分析、研究,从中吸取养料和宝贵的经验,乃是必要的。只有这样,才能使新诗真正能够"日新其业",像"骋无穷之路,饮不竭之源"(《文心雕龙》),为自己开拓出长远而广阔的大道来。

(原载《新诗现状与展望》,1981 年版)

新诗的希望

新诗在前进的道路中，取得了很大的发展。诗的百花含苞初绽，风格流派复见端倪，创作队伍不断壮大。令人瞩目的是，20世纪70年代的一批新人正在诗坛崛起。他们接过了前辈诗人的接力棒，又勇于探索地发展着新诗。我们从这些严肃的星辰的出现，看到了新诗的希望在闪光。

在这些新人中，我们看到发表过《小草在歌唱》的雷抒雁、《现代化和我们自己》的张学梦、《将军，不能这样做》的叶文福、《祖国啊，我亲爱的祖国》的舒婷、《重量》的韩瀚、《不满》的骆耕野、《打呼噜会议》的曲有源，和发表过不少抒情诗的顾城、张廓、刘祖慈、刘畅园、林子、才树莲、章德益以及各刊物上出现的不少新秀。

这些新人风华正茂，才思敏捷，以矫健的步伐走上诗坛。他们的生活道路不同，作品的思想和艺术水平也不一样，但他们同样经历了"文化大革命"的艰难岁月，波谲云诡的激变，冲荡过他们这一代人的心灵。生活的历程曲折而又严峻，思想上的早熟可能超过了他们的年龄。他们对时代和人民怀着庄严的责任感，对党的革命事业和向四化进军，有着新长征战士那样坚毅的信心和勇气。他们从群众中来，和人民的思想感情息息相通。对于现实生活有痛定思痛、奋发为诗的深意，对未来的展望有冷静的思考和诚实的探索精神。这一切大体上构成了他们创作的环境和背景。尽管目前他们还在成长之中，表现在作品方面却显得思想解放，个性鲜明，感情强烈，立意清新，语言上也力求鲜活有韵味,正如从初春的原野上吹来的一股清风,散发着花朵的芬芳和湿润的青草那样新鲜的气息。他们的诗一扫过去的积弊,扬弃了空洞浮夸的虚伪叫喊,涤荡了公式化概念化的滥调陈腔,使那些用谎言的纸花编成的诗集在他们面前黯然失色,使那些佯装正确高唱"河水涣涣,莲荷盈盈"的歌德者流感到羞愧。这些年轻作者的诗刚在诗坛出现,就很快在读者中传诵一时,不胫而走,受到广大群众的喜爱,绝不是偶然的。

这篇短文不可能介绍他们全部的诗作,但初步探索一下他们的创作特色,在抒情诗中注入了哪些新鲜的血液,在诗的优良传统方面哪些应得到重新恢复与发扬,以为至少有以下几点会给我们带来新的启示。

首先,在他们的诗作中表现了鲜明的艺术个性,诗中有"我",通过诗中的自我形象反映出了时代的风貌和人民的呼声。

这个特色在新诗里多年来被湮没了。"四人帮"时期,公开地有目的地消灭艺术个性,使之丧失殆尽,不用多说它,就在这以前的 17 年中,对于这点也曾有过很大的盲目性。政治代替艺术,不讲求艺术规律,使不少富有个性风格的诗人和作品受到严厉的谴责(例如郭小川的《望星空》《致大海》等等),诗人的艺术个性受到不应有的摧折,变得像冬夜的寒星,最后消失了。这个教训的代价是高昂的。"无可奈何花落去,似曾相识燕归来",今天又能在新人的诗作中重见天日,焕发光彩,这种对艺术个性的解放和尊重,不仅是构成优秀抒情诗的必要前提,也是新诗优良传统得到恢复的重要标志之一。传统的艺术经验告诉我们,有多少诗人就有多少各不相同的立场观点、思想感情、性格气质、想象才能、精神境界、艺术修养以及生活经历凝结在诗人内心的形象结晶。这一切必然渗透到作品的内容和形式中来,表现为绝不雷同的独创性和独特性,这就是艺术个性。正如高尔基说的:"每一个作家都确实是鲜明的个性化的。"陈毅在 1962 年一次关于文艺的讲话中指出:"离开了个性,就没有党性,党性以个性为基础;个性在党性的笼罩之下,才能得到更大的发挥。"简洁地阐述了列宁的思想:"绝对必须保证有个人创造性和个人爱好的广阔天地,有思想和幻想、形式和内容的广阔天地。"(《党的组织与党的文学》)我们这里指的正是这种艺术个性。

我们试看雷抒雁的《小草在歌唱》和韩瀚的《重量》这两首同是站在无产阶级立场歌颂张志新烈士悲壮牺牲的诗,却显示了两位作者完全不同的艺术个性和抒情风格。韩瀚的诗,以镌刻在纪念碑上的铭文那样凝练、庄重的语言写着:

> 她用带血的头颅,
> 放在生命的天平上。
> 使所有的苟活者都失去了
> ——重量。

短短几行,像真理那样单纯和朴素的语言,却凝聚了诗人多少沉郁的悲愤、深邃的思想、博大的境界,这座象征性的"生命的天平",衡量过"生命诚可贵,爱情价更高,若为自由故,两者皆可抛"的自由战士的生命价值,更衡量出了无产阶级革命者为了坚持真理,即使喉管被割断也坚贞不屈、英勇就义的伟大精神,使我们看见了革命者的尊严、艰难和美丽,一个真、善、美的形象的化身。使所有的苟活者在烈士面前都失去了分量,感到渺小。因而看到了死有重于泰山,即使泰山也无法比拟的这个伟大生命真正的价值与重量,作者的眼光冷峻,内心却像火一样炽热,他从生活的高处着眼,看到了人民的英雄、党的好女儿张志新烈士倒下的伟大意义,他用"重量"两个字概括了一切,发现了一切。我们不仅为诗中流血牺牲的英雄形象深深感动,也听到了作者——作为历史的见证人的义愤填膺的声音,和他沉思中痛苦的面影,使我们对这位陌生的作者一下子变得熟悉和亲近了。正由于我们从作品的字里行间,从整个诗的构思中,看到了作者流露出来的鲜明的艺术个性。

雷抒雁的《小草在歌唱》,和上述不同,作者选择了一个凝聚的焦点——通过刑场上平凡的"小草",歌唱出了极不平凡的英雄形象,他由小及大,从近到远,始终和"小草"——人民群众的象征——伴随在一起,以悲壮、哀婉,悱恻缠绵的基调,每一行都饱蘸着感情浓浓的汁液,歌唱着烈士光辉动人的一生,抒发出了人民心中强烈的悲愤和深切的悼念,成为感人至深,传诵一时的力作。作者以"野火烧不尽,春风吹又生"的"小草",象征着人民群众,"只有小草变得坚强,/托着她的身躯,/抚着她的枪伤,/把白的,/红的花朵,/插在她的胸前,/日里夜里,风中雨中,为她歌唱……"从而展现了烈士光辉动人的一生,完成了"中原肥劲草"的英雄形象和主题思想,使千百万群众在听这首诗的朗诵时,流下了感动的热泪,汲取了巨大的鼓舞力量。

这首诗的形象生动,笔触细腻,情真意切,气势磅礴,作者的艺术个性是很鲜明的。

因此,作者的艺术个性不仅表现于独创性的风格、笔触,还必须包括作者独特的思维方式、想象和联想的能力,观察和感受的习惯,甚至对语言的感觉和提炼的方法,等等,都溶解在作者的艺术个性里面。我们从女作者舒婷的诗作中更明显地看出这一点。

舒婷在写了具有高尚情操和优美的爱情诗《致橡树》以后,又是怎样运用独具慧眼的观察与别具一格的形象运用,深情地抒唱出了她的《祖国啊,我亲爱的祖国》。当她为贫穷、落后的祖国感到深切的痛苦时,含泪对祖国母亲这样诉说:

> 我是你河边上破旧的老水车,
>
> 数百年来纺着疲惫的歌;

我是你额上重黑的矿灯，

照在历史的隧洞里蜗行摸索；

我是干瘪的稻穗；是失修的路基；

是淤滩上的驳船，

把纤绳深深

勒进你的肩膊

——祖国啊！

作者的吟唱是如此的深沉；而为祖国的今天，在党中央领导下为四化进军，奔向新时代的黎明时，她又歌唱得何等欢欣：

我是你簇新的理想

刚从神话的蛛网里挣脱；

我是你雪被下古莲的胚芽；

我是挂着眼泪的笑涡；

我是你新刷出的雪白的起跑线；

是绯红的黎明

正在喷薄；

——祖国啊！

这首诗写得清新动人，充满生气，仿佛字字句句出自作者的肺腑，有着很大的艺术魅力。这样的诗，显然不是从抽象的概念出发的，而是作者从生活提炼出来的形象结晶，从感情的大海里孕育出来的一粒粒珠贝，才会这样晶莹闪光，新颖别致，富有独特的创造性，达到了"意新语工，道前人之所未道"（欧阳修《六一诗话》引梅尧臣语）的艺术效果。

这首诗的创新的特色，首先在于作者对生活本质的东西有正确而独到的见解、感觉和发现，把普遍的生活本质和自我特殊感受忠实地统一在一起，因而能驰骋丰富的想象，运用一连串寓意深刻、富有暗示性的比喻,大胆地把这些客观世界中虽不关联的具体事物(例如"老水车""矿灯""干瘪的稻穗""古莲的胚芽""雪白的起跑线"……)用一根感情的线索串起来,仿佛用艺术的魔指点石成金,一下子成了诗人自己的象征。诗里的"我"是具体可感的,又是和时代、人民的"大我"同呼吸共命运的,为读者展现了一片新的意象,开拓了一种新的精神境界。这就不是那种空喊阶级本质、时代精神的口号诗所能企及的了。

舒婷的诗(还包括《致橡树》《这也是一切》等等),能以比较深刻的思想,新鲜而含蓄的意象,独特的意境,真实细腻的感情和精心铸炼的语言,为读者带来了丰富的联想和广阔的想象的天地,表现出作者努力探求独创性的艺术个性。

接近这种创作特色的,还有顾城的诗,这位年仅23岁的青年作者,在他发表的一些诗作中,例如《白昼的月亮》(《新华月报》1980年3月号转载《上海文学》1979年12期),《眨眼》(《诗刊》1980年5月号)等等,作者不仅从生活的深处攫取到真实感人的形象,而且有时从生活的直觉、幻觉、错觉引起的联想中,把理性和正确的思想统一在一组组的形象里面,显得清新活脱,别开生面,富有独创性。试举《眨眼》中三节为例:

> 彩虹,
> 在喷泉中游动,
> 温柔地顾盼行人,
> 我一眨眼——
> 就变成了一团蛇影。

第二节以同样严整的行数写着:"时钟,/在教堂里栖息,沉静地嗑着时辰,/我一眨眼——/就变成了一口深井。"第三节:"红花,/在银幕上绽开,/兴奋地迎接春风,/我一眨眼——/就变成了一片血腥。"作者在题序里点明了"在那错误的年代里,我产生了这样的错觉"。把我们引回到那个十年浩劫的现实。作者通过原是美丽的"彩虹",眨眼间变成了"蛇影",给人们报告时间的"时钟",一下变成了"古井","红花"简直就成了"一片血腥"……寥寥几笔,大有深意地暗示出了那个充满了错觉的年代,谁能说不是这样的呢?那时的现实是,高喊最最最革命的,原来是最大的蟊贼,"造反有理"眨眼间变了打砸抢的代号,说到生命就意味着死亡,另一方面,最大的荒唐眨眼间变成了真理,丑陋的山雉却又装成了凤凰。光怪陆离,令人莫辨。作者看到了这一切,在结尾愤怒地控诉出:"为了坚信,我双目圆睁。"回答了自己开始看待"文化大革命"时那份天真:"我坚信,我目不转睛。"作者通过象征性的艺术形象,表达了人们对那个"错误的年代"铭心刻骨的痛恨!

这首诗虽然不能代表顾城最好的水平,仍然有构成他的风格的成分,富于暗示性的形象,宁静的气氛,主观感受性很强的特点。这种直觉的主观色彩,往往在阅世不深的青年心灵中容易产生,它的抒情素质多于理念,形象联翩却大于思想(有时还会由于过多追求意象而削弱思想的深度),使得他的诗显得含蓄、朦胧深邃,具有自己独创的个性风格。

以上只是简单地举几个例子,20世纪70年代崛起的这些新作者,无一不带着各自鲜明的艺术个性和风格出现在读者面前,有的豪放,势若江河,奔腾浩荡,富于时代感,如张学梦的《现代化和我们自己》、刘祖慈的《广场的黎明》、张廓的《草原的虹》、章德益的《绿色的塔里木》等等;有的婉约明丽,清新隽永,如林子的爱情诗《给》、刘畅园的短小抒情诗集《树叶与小溪》中所表现的;有的却又是汪洋恣肆,多思善辩,奇崛瑰丽,如骆耕野的《不满》;有的朴实,生活气息浓郁,如李松涛的《深山创业》,才树莲的农村生活的短诗;有的则擅于讽喻和讥刺,如叶文福的《将军,不能这样做》、曲有源的《打呼噜会议》等等。"风格即人",从他们各具特色的诗中,显露出不同的艺术个性和抒情风格。

当前,在新诗优良传统亟应得到恢复与发扬,诗歌要求更快地繁荣,艺术个性有待进一步解放的诗创作领域,他们带来的这个特色,无疑是值得肯定和加以爱护的。

第二个明显的特色是,他们善于抓住富有典型意义的生活现象,通过典型化的手段予以创造性的反映,表现了现实主义诗歌传统的真实性和战斗性。

60年来新诗的发展证明,现实主义是我们诗歌创作的广阔道路,这种创作方法本身不是一个狭隘的教条和公式,它遵循恩格斯关于典型化的原则,允许多样化的艺术表现手法,来反映社会主义时代真实和广泛的生活,和人们丰富、复杂的精神世界,当然,我们强调现实主义,也并不排斥能反映真实生活的其他创作方法。

这批新人虽然起步不久,却能沿着前辈走过的道路,以现实主义的火把照亮自己前进的脚步,他们面对生活现实,感到有话要说,有真情实感要吐露,要用自己的诗去讴歌生活中一切真善美的事物,抨击那些假丑恶的现象,发出时代和人民心灵的声音,让群众感奋和惊醒。

我们从叶文福的《将军,你不能这样做》这首诗中,看到作者如何通过形象思维对社会生活作了深入的剖析,达到本质的认识与概括,提出了新历史时期的问题,对于个别干部革命意志衰退,特权思想的滋长,和生于忧患死于安乐的教训,作者以其特有的政治敏感和思想锋芒,作了当头棒喝:

真不幸——

我的将军

第一次长征

你征服了大渡河

而今天

新的长征

你想过没有——

你再后退一步

就会变成了

大——

渡——

河——!

这是多么警策、精辟而又语重心长的诤言！对于我们党的革命优良传统怀着多么深厚的感情，对这位拆掉幼儿园，耗费巨资营造自己高楼的将军，进行了善意的劝告和有力的鞭策，作者在结尾对他说："愿我的诗句，/也化作万钧雷霆，/携带着雄风，/冲进你的耳朵，/冲进你的心窝"，"/在这新长征的路上，/且听前进的后人，/和前进的法律一道，/大喝一声：将军/不能/这样做！"作者勇于干预生活，用典型化的艺术手段，来呼吁我们党和人民来消除这类不利于新长征的现象，真是发聋振聩，发挥了诗的战斗作用。

这种战斗性同样表现在曲有源的《打呼噜会议》《关于入党动机》等诗中。作者满怀革命激情，揭露那些不利于"四化"和"新长征"的障碍，抨击那些醉心于"打呼噜会议"的官僚主义人物，他们挥霍浪费人民的时间和精力，把群众的热能消散于无谓的会议；更有着多么丑恶的灵魂——拍马奉承，看风使舵，钻营投机，唯利是图的"入党动机"。这一切作者不是消极地展现在读者面前，而是在革命先烈光辉的楷模下作者对比，在我党革命优良传统万丈光芒的辉耀中，揭示出这一小块值得人们警惕的阴影。作者高度的政治责任感和敏锐的洞察力，使他见微知著，一针见血地予以讽刺，显示了作者讽刺诗的才能，他没有《马凡陀的山歌》那种打油诗的油腔滑调,和轻浮的沾沾自喜。作者从生活的高处着眼,在日常习见的现象落笔,对一切不能容忍的丑恶虚假现象,往往能提到政治原则的高度加以剖析和讽刺,既机智又诙谐,思想锐利却又从容自如,形象饱满,语言明快,发人深省,尽管脱胎于马雅可夫斯基式的讽刺诗,利用了这种形式,仍然具有作者自己的思想内容和表现风格。

如果说这种战斗性以针砭时弊见长,那么,骆耕野的《不满》,就正是以"心中充满了深挚的爱"的"我"的形象,作了人民的代言人。他以"灼见时事"的内容和强烈的时代气息,在诗坛上开出了这朵珍奇稀异的花。

作者以磅礴的气势,高阔的视野,雄辩的语言,用古今中外科学家们由于不满现状才大胆进行创造,令人信服地论证了"不满正是变革的希冀,不满正是创造的发端",提示出了我们现实生活伟大变革的新课题,号召人们应该当"四化"的闯将和革命实干家。

作者的思想敏锐,眼界广阔,非常注重实际,试看他笔下一连串的"不满":电流不满江河的浪费,高炉不满地球的吝啬,庄稼不满风雨的任性,市场不满商品的单调,低产田不满蹒跚的耕牛,发紫的肩头不满拉船的纤绳,规划不满保险柜的封锁,革新不满功劳架起的温床,政策不满踌躇的"伯乐",创造不满夜郎自大的门闩……总之,每一个"不满"的背面,都是积极要求从正面改革现状的召唤,是对科学与进步的热望,是对实现"四化"的一曲高亢激越的颂歌。

作者富于独特的观察和感受,对典型意义的事物做出了创造性的反映,使作者达到了人人心中所有,口中所无,一语道破,豁然开朗,这首诗的真实性和战斗性受到了应得的赞许。

新的诗人为了加速实现"四化",奋起发挥新诗的战斗作用,已成当务之急,张学梦的《现代化和我们自己》,做了可贵的努力,取得了可喜的成绩。

这首诗在三中全会公报的启示下，给我们同代人发出了强烈的时代呼唤："你将怎样去实现新时期的历史任务，你用什么去推动社会生产力？你能看懂四个现代化的蓝图吗？"这的确是每个人，都必须思考和回答的课题，作者开宗明义地指出：要想为"四化"献身，首先必须使自己"现代化"，一切要从人的现代化做起，我们必须：

　　用红色的三中全会公报
　　把全身的血液
　　重新过滤

只有把我们落后、愚昧、黑暗的东西去掉，把人的尊严和聪明才智完全解放出来，才能开足马力向"四化"前进，真正谱写出现代化的新乐章，作者欢呼："现代化的人们哪，我赞美你。"展示了一片新的天地。

新的作者们在现实主义传统影响下，努力开拓新诗的领域，反映的生活面是很广的，突破了许多禁区，新的主题、新的题材、新的生活面貌、新的人情风习（例如友谊、道德、爱情……）都出现在诗篇里，而且它的真实性和战斗性，又成为诗歌解放的另一个新的标志。

第三个特色是诗歌形式上的多样化，自由诗、格律体（包括俳句式的短诗、楼梯式的长诗等等），纷纷出现，各呈异彩，这是由于内容上的突破，伴随而来的必然是形式上多方面的探索和表现，这种艺术形式上的探求和实践精神是可取的，值得肯定和加以发扬的。

值得注意的是，这仅只是个良好的开端，由于自由诗采用得比较多一些，就引起个别评论者发出种种非议，甚至提出诗歌要"革命"的论调，要把自由诗"革"到格律诗的"建筑美""绘画美"的整齐的房子里去。这种随心所欲的理论对新人的创作是不利的。

我们知道，采取什么样的诗歌表现形式，在很大程度上是由作者的思想感情、美学观点和所要反映的生活内容所决定的，艺术个性上的丰采多姿,决定性地使诗歌形式不可能画地为牢,强求统一,或者硬性规定穿一个样式的制服。我们前述这些新人的作品的各种形式,也有力地证明了这一点。

同时,自由诗和格律诗本身原是两种不同的美学要求的形式,它们所表现的感情、情绪和所能达到的境界也不同。它们各有所长,又都有自身的制约。自由诗适合抒发自由奔放的思想感情,表现变化激烈的生活内容,它随着情绪的起伏寻求内在的节奏和旋律,少受格律的约束。格律诗则要求比较整齐的格式和规则的韵律,适合表现比较稳定、凝练的内容。如果硬要强调格律诗比自由诗优越,甚至要把自由诗"革"到格律诗里去,那就只能是"东向而望,不见西墙",显得片面化了。我们上述舒婷的《祖国啊,我亲爱的祖国》、张学梦的《现代化和我们自己》,前者有比较整齐的格式,后者是纯粹的自由体,同样能成为适合各自不同内容的优美形式。就是同一作者也仍然会随时采用两种不同的形式。

著名诗人艾青说得好:"我绝不在某一种形式上像耍杂技似的踢缸子,我也绝不可能向任何一种形式跪拜,我在形式面前,缺少宗教信徒的虔诚。"①对于我们无疑是诚恳的忠告,值得记取的箴言。

总之20世纪70年代崛起的新人正在走向成熟,在他们的面前还要攀越许多险峻的高山,他们在创作道路上需要跋涉的里程还很长,尽管他们在各方面(思想、生活、艺术修养等等)准备还不足,诗作中也还存在着这样那样的缺陷,更有待积极努力创造未来的诗人的条件。我们知道,每一个新历史时期的文学,新生力量是不可估量的,总是由勇敢的探索者们首先占领时代的制高点,只有依靠这样朝前

---

① 艾青:《和诗歌爱好者谈诗》,《人民文学》,1980年第5期。

看的新人,才有可能解决新的内容,新的矛盾以及新诗本身发展的道路。正如文学的青翠的群峰中,最早出现的山峰,总是令人耳目一新,显示着蓬勃的朝气和青春的力量,给人们带来灿烂的希望。我衷心祝愿新人有更多更好的诗作出现,放射出更加熠耀的光辉。

(原载《社会科学杂志》,1981 年第 1 期)

西部诗歌：拱起的山脊

一

如同南方有挺拔的木棉，沿海有拍岸的惊涛，北疆有黛绿的森林……在祖国大西北广漠开阔的地平线上，拱起一座伟岸的山脊：它如此古老，又如此年轻，如此辽远，又如此亲近，有过多神秘的寂寥，却又那么富于磁性，使多少坚毅的心灵为之燃烧！……我们久久凝视着它，在眼前叠化出西部诗歌——开拓的歌的形象。

进入 20 世纪 80 年代，中国诗歌同其他文学形式一样，经历了深刻的变化，揭开了它发展的崭新一页，这个发展，可以说是以诗作题旨的多样化深入与诗艺的开放性吸收为其特色的。被实践证明已经陈旧、凝固的某些诗学概念和手法，开始被扬弃，新诗中出现一些新的构思表述方法，新的引喻与联想、新的句式结构……始之，为读者所瞠目，继之，则逐渐与读者的感应能力相谐调起来——我们今天的读者层在智力结构上，毕竟与过去大不相同了。当然，新诗每前进一步，绝不意味着与过去割断联系；相反，它只不过是把传统延伸到今天而赋予它以新的意义，而其实践的结果，则又在形成自身新的传统，文学与生活关系的相互作用就是这样决定着不同发展时期文学的不同风采和不同声音，这是问题的一面。

问题的另一面是，自从党的十一届三中全会以来，祖国的社会主义现代化建设事业，打开了一个新的局面，开始在更为宏观，也更为实事求是的水平上进行，我们从中央具有战略意义的关于开发大西北,关于对外开放沿海十几座城市的决策……可以清楚感到,在国家统一计划指导下,因地制宜,充分发挥地域性经济资源及其他优势,已成为一种越来越具有活力并已明显奏效的发展趋势。伴随这一新型的经济开发,一种同样属于新型的地域性文学,也必将以其独具的内容与地区风格特色,婆娑于祖国社会主义文艺繁茂的百花丛中,当代文学发展的这一璀璨、诱人的前景。不禁使我们联想到美国的南方文学,苏联的西伯利亚文学,特别是想到邓小平同志 1979 年 10 月在全国第四次文代会的祝词中如下一段话:

> 我国历史悠久,地域辽阔,人口众多,不同民族、不同职业、不同经历和不同教育程度的人们,有多样的生活习俗,文化传统和艺术爱好。雄伟和细腻,严肃和诙谐,抒情和哲理,只要能够使人们得到教育和启发,得到娱乐和美的享受,都应当在我们的文艺园地里占有自己的位置,英雄人物的业绩和普通人们的劳动、斗争和悲欢离舍,现代人的生活和古代人的生活,都应当在文艺中得到反映。

社会主义文学中的地域性文学,可以是完成这一光荣使命的重要方面军。当然,问题的关键还在于,要坚实地立足于时代和发展中的现实,植根于文学自身传统基础上,更勇敢地探索与创新。

……于是,西部诗歌——一座拱起的山脊,衬托着西北高原辽远、瓦蓝的天幕,摆着宽厚的肩膀,大步向我们走来,闯入新时期文学的视线。

二

西部诗歌以其坚实的肌体,屹立于大西北昨天、今天和明天的交叉口。它的精髓,则是在新的历史时期,为社会主义理想所鼓舞的积极开拓与热情献身精神。

所谓西部诗歌，我们这里系专指近年来西北地区诗人的诗作，当然，这一概念的外延，理应包括古往今来一切涉及大西北地区的诗歌，诸如古代所谓边塞诗，或当代诗人有关西北题材的有关诗作。

祖国的大西北——这浑茫、神奇，又充满虎虎生机的一隅，提起她，有多少人会在耳畔响起丝绸古道上悠扬的驼铃；想起凄楚，悲壮，不绝如缕的古边塞诗的吟唱；黄河——中华民族的摇篮，从青藏高原奔流东去，还有众多少数民族生活与文化的荟萃，他们婉丽的歌声、热情的形象……历史的长河，在这大片广袤、荒漠的土地上，激荡着，淤积着，应该说，在经济资源与民族文化的开发上，这里仍还是一个富饶而又有巨大潜力的世界。她，就是这样曳着我们民族古老历史长长的裙裾，迎来了闪烁着现代物质文明和精神文明建设的黎明期。

新中国成立 30 多年来，伴随祖国社会主义建设的宏伟步伐，大西北所发生的历史性变化，她回落于高原上前进的足音，她丰赡多姿、明丽与粗犷交相辉映的风俗、风景画面，在文学上更早为闻捷、李季、铁衣甫江等著名诗人所摄取，在他们激情的笔下，谱写出西部诗歌在社会主义时代绚烂、豪放的抒情旋律，而如今，我们看到，一支长期扎根于西北生活沃土的诗人群，正以更新的态势，高涨的热情，在西北诗坛勤奋地耕耘；他们的诗作，在西部诗歌发展史上挥写出又一动人新篇章。

钟惦棐同志在就电影的中国"西部片"答《大众电影》记者时，曾这样谈道："我的同时代人对于大西北，有着特殊的感情，没有大西北，就难于设想我们的今天。"[1]不论从中国革命的意义上讲，还是从

①钟惦棐：《电影策》，上海文艺出版社，1987 年版，第 302 页。

经济开发的意义上讲,的确是这样。但是,就西北地区的现状而言,这里依然存在着某些明显的贫瘠与落后面:亟待改造的荒漠,风沙、旷野……依然会唤起我们对古代边塞诗所渲染的"大漠孤烟直,长河落日圆""十里黄云白日曛,北风吹雪雁纷纷""一川碎石大如斗,随风满地石乱走"……的联想。但是,一个同样不容忽视的现实是,这里还有一个更为崭新的存在:在这片广漠、浩瀚的大地上,已经吹遍了再也不会停息的浩荡东风,盛满鲜花的草原,墨绿的森林,黄色的河流,银白的雪山,构成了五彩斑驳的画卷,博斯腾湖、青海湖、寿昌海、居延海……升起了现代化的遐想和憧憬,在火箭发射场上空的轰鸣,龙羊峡、刘家峡高坝的巨人般身影中,在有色金属冶炼厂高耸的烟囱,草原牧民的帐篷里和地质勘探队直立的标杆上,……一种更具现代精神的雄伟生活交响曲,正在迅速改变着西北各族人民的物质生活与精神生活风貌,塑造着一代开拓者和建设者的个性。

我们看到,这种刺目的反差,极大地激励着开拓者要继续改变现状的毅力:这一突出的不谐调,更孕育着执拗地寻求完整与统一的诗情,作品中镌刻着艰辛岁月所赋予一个倔强灵魂的独特感受和他们的共同命运。"我们重新为它绘像,/用水库的瞳孔,把它仔细端详;/用电火的目光,把它重新打量;/用电塔的笔杆,在天地间把春色饱蘸。""从渠水的涟漪中,临摹它的笑纹;/从林带的绿盖里,描绘它的裙形;/从姻红的秋果中,想象它的肤色;/从初春的卉里,勾勒它的脸相。"(章德益:《风的肖像》,诗集《大漠和我》。)

> 木轮的老牛车被生活甩远了,
> 我把塞上的门窗洞开,
> 毫不掩饰墙角里不肯离去的贫穷!
> 黄土之涛既然托起我"江南"美誉,
> 我就是祖辈繁育于高原的良种,

为使祖国的庭院春意更浓！

——王庆 《在祖国的西北角》

高原人把岁月绑缚在手臂，
让山川听不屈的心灵指挥！

——汪玉良 《大雁北去》

这里，绝没有什么廉价的豪言壮语，浅薄的罗曼蒂克；反之，理想因一种求实的奋斗精神在闪光，山河更藉"不屈的心灵"而换装。从一定意义上讲，西部诗歌的确反映了我们这个处于变革中进取的时代侧影。在当前这场全国人民为进一步改善自己生活命运的历史性斗争中，这些诗作，体现了时代的某些性质及其典型情绪，也正基于于此，我们感到它包裹着一种与较先进、较发达的沿海地区不同的（或者说是独具的）生活的厚度与开创的爆发力。严峻的也是充满希望的生活，造就了千千万万披荆斩棘的强者，人们也正是在社会主义事业的不断开拓和与时代激流的搏击中，才得以享受到心灵的美的平衡，而这却是生活所能给予一个它的真正对手的最高报偿。

在古城西宁繁华的市中心，我们高兴地看到：

我们云集广场，
我们的少年在华美如茵的草坪上款款踱步，
看不出我们是谁的后裔了？
我们的先人或是戍卒。或是边……或是刑徒。
或是歌女。或是行商贾客。或是公子王孙。
但我们毕竟是我们自己。
我们都是如此美俊。

——昌耀 《边关:24 部灯》

诗中不仅横亘着一种地区历史变化的对空感，更主要的在于它表现了新一代边地建设者内心的和谐、情不自禁的自豪与自信。

在中央关于开发大西北的号召下,中国西部喧腾起来了,诗人们对西部的爱也是喧腾的,因为这是他们爱国主义情愫的一部分;大西北正在孵化出自己崭新的形象,其中当然也包括西北诗人的形象和西部诗歌的形象,而这确是十分可喜的。

三

扎实的开拓与热情的进取,作为文学命题的原动力,为近年来西部诗歌展示出一片高远而阔大的精神境界,也为新诗如何感应时代的强力搏动,表现当代诗情,从变化万千的行动中的现实摄取生活的、人性的以及自然的美,完善诗的自己的个性,进行了有益的探索,已经引起国内外诗歌界的关注。

提起西部题材,人们一定会想到五六十年代那些为数不多、但却是祖国跨入社会主义时代的具有开创意义的诗作;现今的西部诗歌,可以说是直接继承了五六十年代的这一传统,尤其是在闻捷的边疆风情诗和李季的石油工业诗的传统基础上,进一步地发展与提高。

在锐意变革现实的进取中,为开创社会主义现代化的伟大事业放歌;不仅真实地反映了大西北这一角土地所发生的历史性改变,而且更鲜明地体现了诗人们对生活的审美评价,是近年西部诗歌的一个特点。

诗人们仍在写玉门,但却捕捉住一个情深意切的命题。《玉门:我不要衰老》(何来),"玉门/裂变装置厉声宣告/我要停留在中年/我不要衰老"。它回首玉门的历史,写出"油层的深呼吸",濒临微弱的更为严峻的现实;写现代科技手段的威力,为了"去寻找孕育第二个母体般的构造",玉门人做出的巨大牺牲……全诗在一种冷静与紧迫感交织的旋律里,奏鸣出"呵,我的祖国/正在呼唤着能源/我的脸在发烧/我怎能衰老/我不要衰老",这发自肺腑的题旨的主弦音。

诗人们还在写城市,但却拥有一个新的角度:他没有滞留于城市变化的表象,而更侧重于表现一种感觉、印象的复杂层次,并赋予它以与现代情绪吻合的节奏与意象,这是《兰州印象》(罗洛)中的一节:

　　你是春天的森林

　　在你的纵横交错的街巷

　　浓阴搭起绿色的拱门

　　或是排列成绿色的长廊

　　有时我真担心那只梅花鹿

　　会从广告牌上跳下来,用它

　　不守规矩的角把橱窗撞破

跃动着青春活力的城市,竟如此鲜活地脱颖而出,印入我们的想象。

少数民族生活以及大西北奇异、瑰丽的自然风貌,依然是诗人笔下永不衰竭的命题,可是白渔在他的"撒拉族风情"组诗中,从他们爱美的生活:"信奉阿拉,爱花的民族/从蓝天裁下姹紫嫣红/于是/绿盖头,飘动着春风的形象/房顶上,托出一片片生根的云/……"更深一层地发现"土屋上/开放出育花者的温馨/也有护美的民族苦情"(《屋顶花园》),在鲜花的锦簇中,也有沉痛的一滴泪珠在流动。另外,杨牧笔下的盐湖,更舍弃了对其自然风光的一般性描叙,把我们引向对大自然的启示的内向感受:源出帕米尔的玉龙河,"奔向大海!奔向那片蔚蓝的天地,奔向那个爱的归宿……"在奔流不息的长途,它跌进盆地,"有机会认识了祖国的泥土"。诗人呼吁:"那就把苦泪烘干吧,化作祖国需要的元素";"看今天,阳光照处,/泪的结晶,/爱的凝固,/粒粒都是闪烁的珍珠!/——呵,盐湖!"(《盐湖》)我们看到,满坡传说色彩的盐湖具象,径直诗化为哲理的概括,因而给予这首风貌诗以新的生命；它形象地揭示出，只有对生活爱得深沉，才会对生活多作奉献的真理。

应该说，尽管足以代表现代西北特征的新兴工业工厂的创建、新兴城市的诞生、各族人民生活中的更深刻变化……诸多内容，从近年西部诗歌整体考察，声音仍较微弱，力作更显太少。这种情况，不能不引起诗人们的应有重视；但是，它们比之 50、60 年代的诗作，不论在思想境界的开拓，抑或艺术表现的新颖，确有长足的进步。我们感到，这些作品似乎更着重于对发展的生活与现实（社会的、自然的）内在特质的开掘以及对其敏锐的感应，或者说，诗人们更多把思想感情诉诸心理的情绪的折射而造成暗示性的意境，特别是不少诗，如《心中的太阳》（田奇）、《大漠驼铃》（沙陵）、《贺兰山》（秦可温）、《城市》（昌耀）、《草原交响诗》（屈文琨）、《致新疆》（周涛）等，拥有更为宏观的视角，气势磅礴地跳动着我们时代和整个大西北前进的强大的脉搏，显示出情感的丰实与表现上的力度；因为展现于面前的情景，的确像《咬不碎的绿洲》一诗所说的：“漠风老了，牙齿/再也咬不碎/天山摇篮里一天天壮大的崛起和追求。”

把自我和整个民族的命运与开拓的事业，紧紧联结在一起，表现了在艰苦生活磨炼下人们所特有的豪爽、粗犷而深沉的性格，一种牢固站立于脚下大地，而又憧憬于未来的浪漫主义激情；诗中屹立着一代具有紧迫的事业心和硬汉子气质的感人形象，这是西部诗歌的又一特点。这一特点，也许在以章德益、杨牧、周涛、杨树、李瑜等为代表的新疆诗人群中，表现得更为鲜明；《我应该是一角大西北的土地》《他站在绿洲荒野之间》《给复活的海》《沙漠指缝间留下的热土》《致死去的大海》《瀚海船夫曲》诸诗，便是其中的力作。

值得注意的是，这些诗作的构思及其抒情表达方式的某些共同性；它们中间都有着一个个性鲜明的自我或集体群像，作者是借抒情

主体感受、体验、思索的直接表述,以与客体世界的直接融合而激动读者的心灵的。具体表现为:

(1)抒情主体把艰苦创业中的丰富感受(它是异常具体的)融入自己的内心体验,因此抒情主体本身,就有可能直接化作生活实体的一部分,这样,我们在诗中不仅感觉到有一个活生生的自我,而且仿佛触摸到生活所特有的厚度与广度。正像黑格尔在他的《美学》中所论及的,"诗人表现自己所用的情境也不应局限于单纯的内心生活,而且应该是具体的,因而也应显示出外在的整体,因为诗人就其主体地位也还是一个客观存在的人。"①对此,章德益的《我与大漠的形象》(诗集《大漠和我》),最为典型的。这首诗实际上表现了在"大漠"与"我"的彼此塑造过程中,人化为生活、并在创造着更高更美的现实:于是出现了——

> 大漠有了几分像我
> 我也有几分与大漠相象
> 我像大漠的:雄浑、开阔、旷达
> 大漠像我的:俊逸、热烈、浪漫
>
> 大漠与我
> 在各自设计中
> 遭遇着对方的形象
> 生活说:我以我的艰辛设计着你的形象
> 我说:我以我的全部憧憬设计着世界的形象

---

① 〔德〕黑格尔(朱光潜译):《美学》(第3卷),下册,商务印书馆,1981年版,第198页。

（2）抒情主体绝不单纯是诗人的自我或抽象集群,实际上它在诗中已成为一个由切身体验、时代情绪与历史趋向合成的血肉丰满的实体,这样,就在展示作为社会的人的感情复杂性的同时,较敏锐地表现了我们时代的某些本质的东西,有时形象更直接转化为诗意的象征——一个"在绿洲的边缘站起来的"前行者所启示我们的必胜信念:

> ……拾起折断的坎土曼,
> 重新锤炼,淬火,开口;
> 脱掉多余的衣服,束紧腰身,
> 昂起头,往前走,走!
> 将黄色的风和巨蟒似的沙果,
> 再驱逐五百里,一千里,
> 给后来者再留一个立足点,
> 一片更有利于前进的绿洲!

——杨树 《开拓者的思索》

（3）与抒情主体特性相联系(或由其决定)的刚健、粗犷、深沉的抒情风格,像海潮涌起时近时远的涛声:某些诗中,甚至渗透着一种悲剧性的壮烈气氛和庄严、肃穆的美,以及一种为艰苦创业气氛,它激发的大无畏英雄气概与献身精神,震撼着我们。试读:

> 为了推动,我把心灵戳一个孔,
> ——让春光和碧浪流进沙滩;
> 为了扼制,我把肋骨密密编织
> ——筑成道抗御风沙入侵的栅栏!

——杨牧 《我在绿洲沙海间》

> 我躺下,我就应该是一块新绿洲
> 我站起,我就应该是片片山系

——章德益 《我应该是一角大西北的土地》

奇异的天地孕育奇异的人

你从沙堆中站起来,拂去狂飙

骆驼已死了,你的嘴角咬不出血来

只有摇响心中的铃铛

然后把自己作为骆驼生命的延续

沿龙卷风遁去的旷野行进

——周涛 《致新疆》

有的诗没有回避先行农垦战士的壮烈牺牲——"他躺在将军怀里,他在黎明前死去",诗人饱蘸感情浓烈的笔,写下他绚烂的精神天地:"没有在遥远的异乡看到浑圆的大漠日出,/但以最后一滴血染红了一枚戈壁石/染红了未来新城坚固如盘的城基。"(李瑜:《他在黎明前死去》)

也许可以这样说,西部诗歌,也是一部开发西北的心灵的历史。

最后,广阔的历史纵深感和明确的社会使命感的结合,构成西部诗歌的又一特点。这种历史感的抒发,绝不仅仅限于过去与现今的对比,历史陈迹的追溯……更重要的在于发现那超越时间、空间而永远闪烁的生活的光点,明确意识到自己就是历史的主人;我们看到不少诗之所以具有哲学寓意的构思,正因为它是与这种历史感十分谐调的。"正是历史感使得一个作家能够最敏锐地意识到他在时间中的地位,意识到他自己的时代。"①我们在不少诗作中所感受到的,也就是这种典型情绪,如同昌耀在他的《城市》一诗所表述的:

---

①(英)T.S.艾略特:《传统与个人才能》,《艾略特诗学文集》,国际文化出版公司,1989年版,第2页。

牧羊人的角笛愈来愈远去了。
而新的城市站在值得骄傲的纬度
用钢筋和混凝土确定自己的位置。
每晚,它的风暴般颤动在空际的光之丛林
是抒情的,比羊角号更热烈,
也更具有永久的魅力!

四

西部诗歌,在拱起中。

尽管它自身尚不够成熟,存在着发展中所可能出现的一切有力的和软弱的方面,但,目前已经使读者感到它蓬勃的生命力;它的作品明白无误地传达出这样的信息:我们的开发事业,前程似锦,我们民族的未来,无限光明。

20世纪80年代的第四个春天,迈着更大的步伐,走进了中国,也走进了辽阔的大西北,西部诗歌同整个祖国的社会主义诗歌一道,在开拓和改革的春风中前进,因为生活给它以翱翔的翅膀,时代给它以凌空的冲力。

距今180多年前,雨果在他的《〈秋叶集〉序》中,曾认为诗要更有力地飞翔。他写道:"我们情愿它居于山巅和废墟之上,翱翔于雪崩之中,筑巢在风暴里,而不愿它向永恒的春天逃避,我们情愿它是雄鹰而不是燕子。"我们当今之新诗,不是也应具如此精神风貌吗?

西部诗歌,作为祖国灿烂、悠久文化的组成部分,在历史上曾放射过夺目光彩,西部诗歌在社会主义时期,更以其独具的大西北特色,为读者所瞩目。

80年代的西部诗歌也必将在开发大西北的世纪强音中,集结并不断奉献其更新更美的多声部合唱,汇入祖国诗歌的辉煌交响乐中……

1984 年 3 月—7 月，兰州

（原载《当代文艺思潮》，1984 第 6 期）

关于叙事诗

目前,在诗歌的常青树上,叙事诗所栖的树枝显得有点枯萎,不如抒情诗那样枝繁叶茂,花朵缤纷,因而引起了人们的关注。《诗刊》编辑部在玉门召开的叙事诗讨论会,就是做着园丁培土的工作。

有人认为,现代诗歌主要以抒情为主,长篇叙事诗已不易生存发展。美国诗人爱仑·坡(1809—1849)早就这样轻率地断言过。他认为现代"长诗是不存在的","纵然是天下最好的史诗,其最后的、全部的或绝对的效果,也只是等于零。"①但是,西方的叙事诗和抒情诗,在诗的源头却是同时产生,一同发展,既有雄伟的史诗,又有优美的抒情诗,直到近代小说体裁的兴起,写人叙事的任务移让给了小说,叙事诗才逐渐衰落。这是西方现代诗歌的趋势。爱仑·坡看到这个事实。

有人担心,中国现代叙事诗也将会走向同样衰飒的命运。对于这种忧虑,我认为应当从我国叙事诗的发展历史,看清自己的前途。

我们的理论只有从历史的事实和长期的实践中,才能找到坚实的基础。中国诗史上从韵文时代开始,抒情和叙事两种创作也是同时产生和发展的。《诗经》三百篇中,固然有许多"男女相与咏歌,各言其

---

① 爱仑·坡:《诗的原理》,《西方文论选》(下卷),上海译文出版社,1979年版,第496页。

情"(朱熹语)的优美的抒情诗,同时也有大雅里《绵》《生民》《公刘》这类光辉的叙事诗。尤其是《生民》,歌咏周始祖后稷的功德和灵迹,在神话化的叙写中把人们对英雄、不死的神灵的赞颂,写得有声有色,鲜明生动,简直令人感到惊奇和赞叹。自秦以下,叙事诗在六朝已发展完备,并于唐代达到鼎盛的高峰时期。还应该特别提到的是,中国诗歌以情为主的传统特点,即使在长篇叙事诗的客观描写中,仍然贯穿着情感的脉络和血液。汉乐府诗《孔雀东南飞》,从事件、人物命运到生活细节,在诗中被叙述得完整和细致。但它一开始却咏唱出"孔雀东南飞,五里一徘徊"的抒情音调。稍后的《木兰诗》,全篇叙事写人,却始终扣紧"木兰是女郎"这一人物特征,渲染出扑朔迷离的传奇色彩和浓厚的抒情气氛。但它们受历史的限制,当时在语言的运用上基本限于五言句,缺少跌宕起伏的节奏和婀娜多姿的风韵,显得平板单调,因而不能在艺术上要求突破和创新。到了盛唐李白、杜甫的手里,叙事诗的艺术发生了极大的变化。李白一针见血地指出:"自从建安来,绮丽不足珍。"(《古风》)以凌轹古人的气概,一扫六代铅华,创造出了新颖的歌行体制的叙事诗。他凭着主观性自由地选取题材,并且囊括那些使他发生兴趣的神话和现实,同时诗人自己也沉浸在题材里面,把故事变为幻想和图画,在叙事中倾注了全部感情,使抒情叙事凝结成一块浑然天成的透明的水晶石,成了诗意化的不朽的叙事诗篇。杜甫更刻意追求他那些"即事名篇,无复依傍"的乐府制作,写出了《丽人行》《兵车行》"三吏""三别"等光照千古的叙事诗。在语言上从五言句发展到七言句,或间以长短句,改进了诗的技巧,提高了表现能力,把叙事诗的艺术推向了一个光辉的顶端,成为元稹、白居易"新乐府"叙事诗的先导和典范。以白居易为代表的"新乐府"运动,强调"文章合为时而著,歌诗合为事而作",对叙事诗的内容与形式又都有所革新和创造。《长恨歌》《琵琶行》等长诗彩虹一般出现于诗的天宇，代表中国叙事诗的发展达到了辉煌灿烂的黄金时期。但是，自唐宋以后，直到晚清，由于社会生活的演变与文艺本身的发展规律，叙事诗写人物故事的任务，逐渐转让给传奇、曲、弹词、小说、评书一类的文学样式，使叙事诗从元白以来陷于长期停滞的地步。中国叙事诗的产生、发展和它终于停滞的过程，简单的轮廓就是这样。

考察世界各民族的文学发展状况，近代小说、戏剧的崛起，几乎囊括了写典型人物、叙述故事的任务。叙事诗在过去写人叙事虽也有胜场独擅之处，相形之下确有难尽如意之苦，因而逐渐趋于沉寂。中国叙事诗的长期停滞，从这方面看，似乎有着同样的命运。

然而不同的是，直到中国现代新文学的兴起，整个中国诗歌由于五四带来彻底的变革，首先是采用白话口语作为新诗的表现工具，这不能不引起诗的技巧上的变革与发展。再加上西方新诗体的不断输入以及对旧诗词"古为今用"的再认识，这一切都融成了一股新鲜的血液，催动诗歌获得新的生命。更重要的是，这个新生命是和20世纪变动巨大的中国民族民主革命历程息息相关，一脉相承的，因而它就绝不是一项孤立的纯艺术现象。我们认为中国新诗确有其"新"的所在：一是作为表现工具的还在发展中的白话口语——新的语言，必然会产生新的技巧；二是新时代的社会现实生活，要求诗人从本质上写出时代精神与人的心灵世界。而这两方面都在开创之中，造成了"五四"诗歌空前未有的新局面。叙事诗也就从沉滞已久的沙漠中跃然崛起，显示出了蓬勃的生机，从它的传统来看，也可以说是叙事诗的复兴期。实践证明，中国新诗发展的60多年来，时间不算长，叙事诗和抒情诗同样得到了新的巨大发展。从五四初期玄庐的《十五娘》，到20世纪30年代朱湘的《王娇》《猫诰》，冯至的《蚕马》，孙毓棠的《宝马》等等，到40年代艾青的《火把》、力扬的《射虎者及其家族》，还有李季的《王贵与李香香》，阮章竞的《漳河水》。50年代后，叙事诗有过一段小小的兴旺,许多诗人都以自己的叙事诗献给诗坛。限于篇幅,不能一一列举。总之,过去60多年的进展取得了显著的成果。叙事诗的传统的复兴与再向前发展,是有光辉的前途的。

当然,我们也应看到问题的另一方面。由于文学各门类的历史发展,已进入到用散文体的小说去写人叙事的阶段了。散文期前的叙事诗虽因特殊条件而发展,在生活题材、表现方法等等方面,就不能不适应新的形势有一个独特的自己的新领地。在叙写新时代新人物丰富的内心精神境界时,要求在诗的基本因素与技巧的约束下,努力创新,提高叙事诗的质量。

我想到以下几点:

1. 叙事诗首先要是诗。

2. 它应当展现出时代的画卷。艾青的《火把》照耀着20世纪40年代的诗坛。它写人叙事,却"用霹雳的巨响,震醒沉睡的世界",我们至今还看见火把的光焰:"这是火的世界……这是光的世界……"诗中充满了战斗生活气息,宛如一幅时代的图画。

3. 叙事与抒情融合一体。

4. 要多样化,艺术表现不拘一格,体制造型不定于一尊。电影、小说、舞蹈、戏曲、曲艺中许多手法技巧,叙事诗都可广征博采,吸收运用。直白浅露,平板单调的叙事诗,只能败坏读者的胃口。

5. 不要简单地模仿生活,使叙事诗在泥泞中爬行;要善于展开飞翔的翅膀,从高处来处理题材。

6. 叙事诗要讲究结构,需要诗的建筑美。

7. 叙事诗不能因其篇幅比较大,就对语言挥霍浪费,相反,它更要求精炼、浓缩、有力度。叙事诗的艺术魅力,很大程度上来自优美的语言。

8. 叙事诗人也请记取保罗·瓦勒里的劝告, 他把应用文比作走路,诗则是舞蹈,应该说,"它是一个不会衰老的经验。"

1982 年 9 月

（原载《诗刊》,1982 年第 12 期）

关于中国西部诗歌

进入 20 世纪 80 年代,中国诗歌同其他文学形式一样,经历了深刻的变化,翻开了它发展的最新的一页。这个发展,可以说是以诗作题旨的多样化和诗艺的开放性为其特色的。实践证明,某些陈旧、凝固的诗学概念和手法,已开始被扬弃。新诗中出现了 70 年代以前所没有过的新东西,宏观抒情诗和微观抒情诗都多起来了,一些新的构思表述方法、新的隐喻与联想、新的句式结构、语言等等都出现了,并为读者所接受,今天的读者层在智力结构上与过去大不相同了。但这决不意味着割断传统,相反,它是传统的延伸而赋予它以新的意义,并形成自身新的传统。文学与生活关系的相互作用,决定着不同发展时期的不同风采和不同声音,这是问题的一方面。

另一方面,自从党的十一届三中全会以来,祖国的社会主义现代化建设事业,开创了一个新的局面。开始在更为宏伟,也更为实事求是的高水平上进行,我们从中央具有战略意义的关于开发大西北的号召,关于对外开放沿海十几座城市的决策,可以清晰地看到,因地制宜,充分发挥地域性经济资源及其优势,已成为具有强大活力的发展趋势。伴随这一新型的经济开发,一种同样属于新型的地域性文学,也必将以其独具的内容和地区风格特色,出现在社会主义文艺的百花丛中。当代文学发展的这一璀璨的前景,不禁使我们联想到美国的南方文学,苏联的西伯利亚文学,特别是想到邓小平同志在 1979 年 10 月在第四次文代会祝词中如下一段话:"我国历史悠久,地域辽阔，人口众多，不同民族、不同职业、不同年龄、不同经历和不同教育程度的人们，有多样的生活习俗、文化传统和艺术爱好。雄伟和细腻，严肃和诙谐，抒情和哲理，只要能够使人们得到教育和启发，得到娱乐和美的享受，都应当在我们的文艺园地里占有自己的位置。英雄人物的业绩和普通人们的劳动、斗争和悲欢离合，现代人的生活和古代人的生活，都应当在文艺中得到反映。"

发展社会主义文学中的地域文学，是实现这一繁荣局面的重要方面。它立足于时代和发展中的现实，植根于文学自身传统基础之上，进行着勇敢的探索与创新。于是，西部诗歌，像一座拱起的山脊，出现在新时期文学的地平线上。

西部诗歌屹立于大西北的昨天、今天和明天的交叉口，它的灵魂，则是在新的历史时期，为社会主义理想所鼓舞的积极开拓和热情献身精神。

祖国的大西北——这浑茫、神奇又充满虎虎生机的一隅，提起她，有多少人耳畔会响起丝绸古道上悠扬的驼铃；响起凄楚、悲壮、不绝如缕的古边塞诗的吟唱；黄河——中华民族的摇篮，从青藏高原奔流东去；还有众多少数民族生活与文化荟萃，他们婉转的歌声、热情的形象……历史的长河，在这大片广袤、荒漠的土地上，激荡着、淤积着。应该说，在经济资源与民族文化的开发上，这是一个富饶而又有巨大潜力的世界。她，就是这样拽着我们民族古老历史的长长裙裾，迎来了闪烁着现代物质文明和精神文明建设的黎明期。

从中国新诗发展的历史上来看，现代诗在新中国成立前的若干年中，西部诗歌几乎是一片空白。直到新中国成立后，伴随着祖国社会主义的建设步伐，才在诗坛上出现了抒唱大西北的诗歌。在 20 世纪 50 年代有铁依甫江、闻捷、李季等诗人。30 年来有了一支长期扎根于西北生活的诗人群，如少数民族兄弟诗人克里木、霍加、铁依甫江（维吾尔族）、格桑多杰、丹正贡布、伊丹才让（藏族）、赵亦吾（蒙古族）、赵之洵、高深（回族）、汪玉良（东乡族）等及西北各省、区众多的汉族诗人，特别是一大批青年诗人，包括少数兄弟民族诗人正在涌现。我们看到，西北地区依然存在着贫瘠与落后面：亟待改造的荒漠、风沙、戈壁……但是，西北还有一个更为崭新的存在，正在开发的草原、雪山、博斯腾湖、青海湖和最现代化的火箭发射场、刘家峡高坝、有色金属冶炼厂……一种更具现代精神的雄伟生活交响，正迅速改变着西北各族人民的生活风貌，塑造着一代开拓者和建设者的个性，更赋予了诗人们以倔强灵魂的独特感受而谱写出的西北开拓之歌。例如章德益的《风的肖像》、王庆的《在祖国的西北角》、汪玉良的《大雁北去》、昌耀的《边关：二十四部灯》等等，的确反映了我们变革中的开拓者的面影，包蕴着一种生活的厚度与开创的爆发力，表现出新一代开拓者的自豪与信心。

西部诗歌的风格特色，首先是为大西北社会主义现代化建设的伟大事业放歌，不仅真实反映了大西北所发生的历史性变化，更鲜明地体现了诗人们对生活的审美评价，例如罗洛的《兰州印象》、阿来的《玉门，我不要衰老》、杨牧的《盐湖》等等。其次是诗人的自我与整个民族的命运和开拓事业紧紧联结在一起，以抒情主体与客观世界的直接融合而激动读者的心灵。这在新疆诗人们的作品中反映得更为强烈和充分。第三是广阔的历史纵深感和明确的社会使命感的结合，很多诗作都具有这一特点。正是历史感使得诗人们能够最敏锐地意识到他在时间中的地位，意识到他自己的使命。

西部诗歌在前进中，它自身还不成熟，存在着发展中的各种弱点和缺点，但它具有蓬勃的生命力，它传达出这样的信息：我们开发的事业，前程似锦，我们民族的未来，无限光明。

雨果说过："我们情愿它居于山巅和废墟之上，翱翔于雪崩之中，筑巢在风暴里,而不愿它向永恒的春天逃避,我们情愿它是雄鹰而不是燕子。"(《〈秋叶集〉序》)西部诗歌正应具有这样的精神风貌,20 世纪 80 年代的西部诗歌,也必将在开发大西北的世纪强音中,奉献出更多更美的多声部合唱,汇入祖国诗歌的辉煌交响乐中。

（原载《甘肃日报》,1984 年 12 月 4 日）

兰州诗简

——答《星星》编者问

《星星》编辑部组织这次笔谈，集思广益，对新诗的创作和理论探索，都很有好处。按照所提问题，奉答如下：

1. 新诗的继承与革新问题，我认为新诗应当继承过去，不仅是传统中有许多好的东西，而且还因为过去有历史的意义，这对于青年诗人特别重要，几乎是不可缺少的。历史的意义使人领悟到过去的存在性，使诗人在写诗的时候，心里有一个世界和本国文学的存在，清醒地意识到自己在时间长河中的位置，不但能激发他当前的时代感，而且能医治目空一切，妄自尊大的顽症，这不能不说是传统所给予诗人的潜移默化的作用。同时，任何一个诗人都不是孤立地单独地成长的，他总是和前辈诗人有着历史的千丝万缕的关系，只有把他放在许多前人中间来加以衡量、比较、对照，才能看清楚他的来龙去脉和全貌，哪些是他个人异于前人的独创性的东西，这种比较，这种前后的对照，不但是历史的，也是美学的要求。因此，继承过去是重要的，这是问题的一个方面。另一方面，革新又正是要突破过去的传统，清洗掉历史的泥沙，新奇的作品才能脱颖而出，一种崭新的风格的出现，同时也就是过去一切优秀作品之变态的再生。换言之，为要创造新的东西，就要在相当大的程度上对过去的东西，对它的关系、比例、审美、价值等等方面重新经过一番改造，使它成为一种崭新的风格出现在读者面前，人们几乎难以觉察出这种新与旧的微妙的改变。所以说，新诗的继承与革新，既是相生相克，又是相辅相成的。

当前，新诗应当革新，这已是无须讨论的问题。我认为，革新首先要从根本上明确两个概念：一是新诗不能隶属于政治，也不能等同于政治，因为新诗有自己的艺术规律。二是不能用行政方法领导诗歌创作，甚至不能领导作协和编辑部的活动，而应当用文学方式来领导这些文学工作。这两个看法很平常了，但我于1957年6月在《诗刊》和作协不识时务地提出了它们，换来了二十多年不幸的悲剧。不过，今天我仍然认为是正确的。我以为不明确这两个基本概念，就不易清除"左"的影响，而枝枝节节的革新与修补，是难以奏效的。

怎么革新？方面很多，简要说来有以下几个层次。

一是外部的——涉及整个文学界、学术界和广大社会。简言之，就是要全社会重视诗歌。我常想，我们十亿人口的泱泱大国，真正能靠写诗生活的专业诗人，屈指数来，恐怕不到十位，这个数字多么令人吃惊！绝大多数写诗的，是靠干部工资、教授、教员工资、编辑工资……所以写诗实际上成了副业。从社会上看，大学的阅读范围新诗不在其一；大学对发表新诗、研究新诗，不算学术和科研成果，诗人出版诗集困难重重，有的省级出版社一年才出两本诗集，有的根本不出，新诗稿费很低……诸如此类的情况很多，总之要改变诗歌界外部的条件与环境，特别是今天我们要步入世界诗歌之林，更要加强国际间的信息与交往，过去闭关锁国的落后状态必须改变。

二是领导方面——不要用行政发号施令的办法指挥文艺，而要用文学方式来领导诗歌创作，对诗人、作协、编辑部应"放权、松绑"，废止变相的"三不"，认真推行"双百"方针，允许多种渠道（国家，集体，个体）经营刊物及出版事业；扶植不同风格流派，促进诗歌繁荣。

三是诗人自身——包括诗人的马列主义思想的自我武装，克服"非学术化"倾向，深入生活，解放思想，提高技巧修养，面向四个现代化，大胆借鉴，大胆试验，大胆创新。

2. 关于传统。美国诗人布莱(Robert Bly,1926—)为他没有美国诗歌传统感到苦恼。他在《寻找美国的诗神》(郑敏译,载《世界文学》1984年第5期)一文中说:"几乎我所有认识的美国诗人每天焦虑自己没有艺术的传统,因此不知道为了艺术应当牺牲什么,不应当牺牲什么","美国诗人必须独自干很多事,他或她没有继承什么可用的风格。"这是很有见地的话,他在努力寻找美国的诗神。

我们应当为自己诗歌传统的源远流长和丰富感到幸福。的确,一个有传统和没有传统的诗歌是大不相同的。我们可以继承的精神、风格、语言……实在很丰富,而且诗歌传统不止一个,仅以汉语文学来说,就有中国古典诗词的传统;中国民歌的传统;五四以来新诗自身发展的传统。如果从创作方法上来看,我们还看到现实主义诗歌传统,浪漫主义诗歌传统,象征主义诗歌传统,它们分别流贯在古典诗歌中,六十多年来的新诗又发展了它们。

我国又是一个多民族的国家,许多兄弟民族都有着各自优秀的诗歌传统。近些年来,兄弟民族的诗人、学者和汉族的诗人、学者一道,整理挖掘了不少优异的传统诗歌作品,如蒙古族的《嘎达梅林》、藏族的《格萨尔王传》等等,在可以预见的将来,少数民族诗歌传统必定会给我们诗歌宝库中带来更多有益的养分,所以,我认为我国诗歌传统不会是一种,至少有上述这几种。

3. 当前新诗创作的主要问题是什么? 我看主要是平庸,题材雷同,公式化概念化的幽灵不散,甚至从观察生活、构思、语言形象都大同小异。例如,第一位作者写了一首歌颂普通劳动的姑娘的诗在刊物发表了,看吧,接着卖冰棍的姑娘,送牛奶姑娘,邮递姑娘,钉鞋姑娘,存车姑娘,卖蘑菇姑娘……充满了刊物版面。一位诗人写了一首"雕像",发表了,接着就有"边防战士雕像""少女雕像""渔妇雕像""淘粪工人雕像""海的雕像"……不仅题目雷同,内容也都似曾相识,甚至构思也差不多。当然,有的论者认为诗人、诗评家、刊物编辑思想解放不够,是造成平庸的原因,这有一定的道理。我看习惯于吃"大锅饭",互相看齐,但求无"错",谁也不敢冒尖,恐怕也是一个原因。试想,谁稍作点新的尝试和探索,谁就有遭到冷水浇头、无情棒打的境遇。比如,有的青年诗人写了一些朦胧诗,却遭到大会上近于人身攻击的"批评",这样,谁敢冒尖,谁愿作一些创新呢?尤其有的刊物至今仍以"政治标准第一"取用稿件,刊物前面总有一堆为图解政策,形象表演时事的无话可说而又不得不说的"诗",美其名曰"政治性强",然而,诗,首先总应该是诗啊!当前诗歌创作就先要冲破这种平庸沉闷的气氛开始。何况近两三年来喜爱新诗的读者有了变化,我们正处在一个生机蓬勃飞跃发展的改革新潮中,新的事物、新的信息,从农村到城市,使人们的心灵每天都处在激动之中,我们诗歌读者的结构变了,老一套,平庸、僵化的东西确实不行了,我衷心希望新诗创作能迎头赶上去。

4. 无论是长诗还是短诗,政治抒情诗还是一般抒情诗,优美的还是粗犷的……只要是真正的诗,有诗的艺术魅力的,我都喜欢读。比较起来,我更喜欢今天有所改变的诗风,20 世纪 50 年代诗风比较单调,也有不少虚浮廉价的乐观主义。当然 50 年代也有好诗,如艾青的《在海岬上》,公刘的《在北方》《上海抒情诗》等,至今令人难忘,那一股好的诗风仍应发扬的。

5. 今天的时代精神,我认为就是面向世界和未来的开放精神,实事求是的开拓、创新精神、勇敢无畏的拼搏精神。

6. 今天诗歌创作中还有"假大空"的影响。我认为只要"左"倾向存在,"假大空"就有合法的"通行证"。"假大空"和"假小空"只有大小之分,并没有实质性的差别,它们都栖息在"左"的护伞之下大喊和小唱。

7. 我看不提"小花小草"为好,是否今后把抒情诗分成"宏观抒情诗"和"微观抒情诗",更恰当些。不提政治抒情诗,这个名称也是很含混的,就提它为"宏观抒情诗"。所谓的"小花小草",实际上应属于"微观抒情诗"。

8. 题材大小不能决定一首诗的思想深度。但有时也有很大的关系。

9. 新诗当然应该反映社会矛盾。有些优秀的诗作已做出了范例,但不是所有的诗都要反映社会矛盾。例如现代自然诗、风景诗、爱情诗、儿童诗和某些微观抒情诗。

（原载《星星诗刊》,1985 年第 4 期）

第二辑

郭沫若:五四诗坛的霹雳手

——略论《女神》的思想艺术

一

茅盾在论述郭沫若1921年出版的《女神》时,恰当地评价了这57首辉煌的诗篇,认为"他是当时诗坛的霹雳手"①,这个形象的概括,不仅说明了《女神》出现的崭新的时代意义,同时指明了作为浪漫主义诗人的霹雳般的诗的生命。

五四时期是中国浪漫主义诗歌艺术发展最具有爆炸性的时代,帝国主义和封建专制的压迫,像沉重的乌云笼罩着大地,广大人民中积聚着反抗的火焰,期待着一声霹雳炸开革命的暴风雨,来洗涤冲刷灾难深重的大地。进步的诗人和青年知识分子,为了迎接祖国的未来,理所当然的诅咒现实,走向充满理想(有时即使是虚幻的乌托邦)的浪漫主义的道路。

早在五四以前的1905年,鲁迅就以《摩罗诗力说》着力介绍了"立意在反抗,旨归在动作"的"摩罗"诗人拜伦、雪莱、普希金、裴多菲等,启发中国诗人效法他们的反抗精神。接着,从西方传来了歌德、席勒、海涅、雨果,尤其是后来居上的歌唱民主自由的诗人惠特曼。他们博大、深邃的民主的思想和革新精神,汪洋恣肆的自我表现的新诗艺

---

①茅盾:《化悲痛为力量》,《人民文学》,1978年第7期。

术,一阵狂飙似的袭来,强烈地吸引着正在苦闷彷徨、潜心探索的五四一代年轻诗人。中国的浪漫主义者结合当时的国情和现实,不能不涌向这个西方的艺术流派。他们不仅以西方浪漫主义作为追求民主和自我表现的自由来接受,并且要从中汲取新颖的艺术表现手段,尽快使中国新诗跨过"尝试"阶段提高到一个新的艺术高度。青年时期的郭沫若,就是当时这些诗人群中走在前面的一个。他特别热衷于歌唱美国独立精神和彻底摆脱旧诗风的惠特曼,认为他的"诗风和五四时代的狂飙突进的精神十分合拍,我是彻底地为他那雄浑的豪放的宏朗的调子所动荡了"[1]。正是这些西方浪漫主义诗人的巨大影响,使他在新诗的领域里仿佛找到了火山的喷发口,很快写出了富有强烈的时代精神和独具风格的诗篇,《女神》正是这样一座气势雄伟、瑰丽峥嵘的奇峰。

五四运动时,26 岁的郭沫若正在日本的博多湾,虽然没有直接参加这个历史性的伟大运动,但他原是不满现实寻求理想才去国离乡的,诗人的心时刻留在中国现实土壤之中。他置身于一个资本主义方兴未艾的国家,看到世界上发达的民主思想和科学文明怎样带给一个国家的强盛;"十月革命"的影响,更使他初步接触到社会主义思想。正是这时候,这位浪漫主义诗人也像惠特曼一样:"整个的世界展现在我的面前"[2],更加燃烧起他烈火般的爱国主义情感,五四彻底的反帝反封建思想,就很自然地直接构成他叛逆性的反抗精神的支柱,使他无论在对祖国、社会、现实、人生、爱情、大自然各个方面,都能从

[1]郭沫若:《我的做诗的经过》,《郭沫若谈创作》,黑龙江人民出版社,1982 年版,第 38 页。
[2](美)惠特曼:《草叶集选》,人民文学出版社,1955 年版,第 141 页。

崭新的角度去书写和歌唱，因而《女神》的内容较诸同时代别的诗作显得丰富多彩，别具一格，《女神》的出现，也就具有多方面的意义，为开一代诗风起到雄壮的嘹亮的号角的作用。

二

《女神》的出现，真像一座爆发的火山，千年沉积的熔浆烈焰般喷吐出来，变成耀眼的异彩，使读者惊心动魄，耳目一新。

有的诗篇简直是诗人纯真灵魂的熊熊燃烧，个性解放的狂热呼叫，理想和人格的赤裸裸的自我表现，这个鲜明的特点，标志着郭沫若浪漫主义诗歌灿烂的艺术光辉。

20世纪20年代的中国青年，历经黑暗统治，精神世界长期被禁锢，使他们长久生活在"浓血污秽着的屠场""悲哀充塞着的囚牢""群鬼叫号着的坟墓""群魔跳梁着的地狱"之中。广大的青年在个性被禁锢、理想被堵塞、心灵被压制、思想被阉割的情况下，多么渴望一声霹雳电火来划破这死寂的宇宙，使枯死的生机得到复活。果然，时代的电流来到了，激扬奋烈的浪漫主义诗人郭沫若——从海外用他雷霆劈裂的声响，大海洪涛怒涌的韵调，把一代青年的希望、渴求、愤怒、苦闷、悲哀全盘歌唱出来了。他不但以勇猛的精神唱出了心灵解放之歌，并且效法盗取天火的普罗米修斯给他们光明，给他们烈火，引导他们冲决一切束缚个性的罗网，砸碎所有禁锢自我的牢笼，用那气吞山河的气概，火山爆发般的激情，向着个性解放的世界飞跑。人们第一次听到这样勇猛咆哮的时代声音：

我是一条天狗呀！
我把月来吞了，
我把日来吞了，
我把一切的星球来吞了，

我把全宇宙来吞了，
我便是我了！

我是月底光，
我是日底光，
我是一切星球底光，
我是 X 光线底光，
我是全宇宙底 Energy 底总量！

我飞奔，
我狂叫，
我燃烧，
我如烈火一样底燃烧！
我如大海一样底狂叫！
我如电气一样底飞跑！

——《天狗》

这是多么雄浑壮美的歌声，多么大胆热烈的破坏和创造的精神。

诗人歌颂自我，歌颂个性解放，要"一切偶像都在我面前毁破"（《我是个偶像崇拜者》），"我赞美这自我表现的全宇宙的本体！"（《梅花树下醉歌》）甚至借古代屈原的口来倾吐自己对"自我"的礼赞："我自由创造，自由地表现我自己，我萃之仅限于我一身，放之则可泛滥乎宇宙。"（《湘累》）这种实质上更近于浪漫主义诗人雪莱的个性解放的思想，"生命的泉水"一般清澈的诗句，和五四时期青年的血泪溶合在一起了。诗人这种明显地不愿意接受客观现实，狂热追求心灵的自我表现，运用幻想的夸张的形象，来艺术地揭示当时社会真正的矛盾，正是十分吻合广大青年要求个性解放，彻底改造旧我，创造新世界的理想的。这就不能不使读者猛然惊醒,魂动神飞,并且感谢诗人:"你这不可思议的内在的灵泉,你又把我苏活过来了。"(《湘累》)

这种狂风暴雨似的积极浪漫主义的思想特征,在《女神》中表现得鲜明,强烈,而且影响极大,使得"浪漫主义的风潮的确有点风靡全国青年的形势,'狂风暴雨'差不多成了一般青年常用的口号"①。《女神》的作者正是紧紧抓住当时个性解放的时代要求,成了诗人自己的诗的灵魂。另一位诗人田汉最早道破了这个特点的形成。他说:"与其说你有诗才,毋宁说你有诗魂,因为你的诗首首都是你的血,你的泪,你的自序传,你的忏悔录啊!"②诗人也曾这样剖析自己:"我是一个偏于主观的人","我便作起诗来,也任我一己的行动在那里跳跃。"他又说:"只要是我们心中的诗意诗境地纯真的表现,命泉中流出来的Strain(曲调),心琴上弹出来的Melody(旋律),生底颤动,灵底喊叫,那便是真诗,好诗。"③这就清楚地告诉了我们:诗是诗人的生命,是他的真情实感的自然流露和纯真的表现,同时也是诗人主观内心生活——他即使生活在幻想里,那些幻想在诗人主观看来(在一定的时间和程度上)具有客观事物的意义,他就可能在艺术形象上再现出来,预报出时代的狂风暴雨,"去创造新的光明"、"新的温热","去创造个新鲜的太阳"(《女神之再生》)。作者早期浪漫主义第一个明显的特点由此产生,《女神》的美学意义也植根在这里。

---

①郑伯奇:《中国新文学大系·小说三集·导言》,上海良友图书公司,1985年版,第9页。

②田汉:《三叶集》,上海书店,1982年版,第141页。

③郭沫若:《论国内的评坛及我对于创作上的态度》,《沫若文集》第10卷,人民文学出版社,1959年版,第105-106页。

五四运动的澎湃怒潮,使诗人热血沸腾,激起了巨大的爱国热情和革命精神。

个性解放,自我表现中叛逆者的"我",在革命激变和时代风云变化中,成了激昂慷慨的爱国者、革命者的化身,诗人以热情奔放、昂扬激越的浪漫主义的抒情笔触,表现了爱国主义和反帝反封建的革命主题。

《凤凰涅槃》《炉中煤》《地球,我的母亲》《黄浦江口》《上海印象》《匪徒颂》《胜利之死》等,诗人倾吐着难以抑制的对祖国的无限眷恋之情,对革命寄以由衷的热烈的赞颂。诗人曾说过:"对五四以后的中国,在我心目中就像一位葱俊的有进取气象的姑娘,她简直就和我的爱人一样。我的那篇《凤凰涅槃》便是象征着中国的再生。'眷恋祖国的情绪'的《炉中煤》,便是我对她的恋歌。"①

《凤凰涅槃》,以充满激情的美妙的传说,富于象征意味的故事,强烈地表现出五四的革命烈火,带来了祖国解放和民族新生的宏大的主题。诗人把天方国古代神鸟"菲泥克司"(phoenix),和中国神话"火中再生"的"凤凰"的传说——"涅槃"原是梵语中的"圆寂",本性不生不灭,从而得到永生——象征着古老的祖国和灾难深重的民族,他们在年轻时期原有着"新鲜""甘美""光华""欢爱"的过去,但是,五百年来却只剩些"悲哀""烦恼""寂寥""衰败",唯有经历烈火的燃烧,把一切旧的烧毁,凤和凰在烈火中才能求得永生,在自由、欢乐的翱翔中唱出了未来的一片光明的世界。整首诗充溢着烈火般的激情,瑰丽丰富的想象,对旧世界黑暗地狱的诅咒,对新世界光辉理想的礼

----

① 郭沫若:《创造十年》,《沫若文集》第8卷,人民文学出版社,1958年版,第69页。

赞，交织在凤和凰的神妙动人的歌唱中，历史感和现实感融汇在一起，突出他表现了五四时代的革命精神。

在《黄浦江口》《上海印象》《地球，我的母亲》，特别是《匪徒颂》《胜利之死》《巨炮之教训》等等诗中，直接抨击黑暗，追求光明。《匪徒颂》，虽然是为当时日本新闻界污蔑五四以后中国学生是"学匪"而写下的抗议和檄文似的诗篇，但他在一定程度上表现出社会主义思想倾向，使"十月革命"洪亮的钟声在中国的诗坛上震响，发聋振聩，鼓舞人心，成为当时革命的鼙鼙鼚鼚的角鼓声。

如果说，这类诗篇洋溢着五四精神，具有海涅、拜伦、惠特曼式雄丽、粗犷、自由的音调，使人从中国古代爱国英雄的光辉形象中，也找到为现实斗争服务的题材。

热爱祖国，眷恋故土的爱国者，献身国家，为国牺牲的英雄壮士，源自中国浪漫主义传统，从屈原、李白、陆游，爱国者的光辉形象，一直是古典诗歌歌颂的主人公。即使在抒情诗里，这种炽热的感情，千百年来也一直流荡在人民的心中，散发出圣洁的花朵的芬芳。诗人结合了中外优秀传统，写出了《湘累》《女神之再生》《棠棣之花》这些历史题材的抒情诗篇。以古喻今，起到巨大的现实教育作用。并且为新诗领域开辟了一块新垦地——从历史题材、神话传说中汲取诗的灵感，影响了后来的诗歌创作。

《女神之再生》取材于《列子·汤问》，"共工与颛顼争为帝，怒而触不周之山。折天柱，绝地维。"运用这一古代悲壮优美的传说为外壳，假借不周山奇谲宏伟的场景，神话里勇猛斗争的人物，奔腾跃动的情势，诗人创造性地加以改造、提炼，表现出对现实的不满，投射出反封建的伟大革命的亮光。作者在诗中的现实目的性是明确的，正如他后来在《革命春秋》中解说的："《女神之再生》是在象征着当时中国的南北战争，共工象征南方，颛顼象征北方，想在这两者之外建设一个第三的中国——美的中国。"从这个象征的寓意里,我们固然看到诗人斥责中国军阀分裂割据的万恶罪行,造成一片混乱的黑暗现实,同时我们更看到一个觉醒的民主主义者怎样在现实中紧张地探索——中国的出路在哪里?而作为一个有良心的爱国诗人,无论在什么题材中也要捧出一颗追求光明的赤心,他在诗里就是在号召人们:"去创造新的光明和新的热力!"尽管诗人理想中"美的中国",受到历史的局限,轮廓还不够清晰,但在雄浑的合唱声中,革命的晨钟在丁当震响,预示着光明已经临近。

《湘累》中,作者假借伟大的浪漫主义诗人屈原的抒情片段,抒写出爱国诗人鞭挞现实,追求理想的情志。实际上全诗只借历史人物的因由,通过屈原的口齿,抒发出作者的"夫子自道"——对当时旧社会的强烈不满与反抗精神,和对祖国烈火般的热情。

《棠棣之花》中,诗人借古代英雄聂政之口,影射当时腐败黑暗的现实——军阀连年混战,内乱频仍,结果是"苍生久涂炭,/千室无一完,/既遭屠戮苦,/又有饥馑患"。召唤人们起来反抗暴政,热情歌颂舍己救人的英雄行为,"不愿久偷生,/但愿轰烈死,/愿将一己命,/救彼苍生起。"通过古代义士之口,向人民发出壮烈地呼喊:"我望你鲜红的血液,迸发我自由之花,开遍中华!"

以上这些诗篇,无论是直接取材于现实,或涉足神话传说,提炼历史题材,但实质上都是诗人理想和品格的生动体现,对于五四革命精神的大力发扬。尽管作者当时还不是马克思主义者,还不可能认清人民群众只有进行革命斗争,才是唯一的时代和历史前进的道路。但我们看到,由于作者正视现实,热爱生活,追求真理,洋溢着爱国主义的炽热情感,并且有着诗意的丰富想象,敏锐的思考和洞察能力,在这一类比较成熟的作品中,仍然具有一种几乎是历史的客观性,这来源于他那历史的精确意识,他的光辉投射在那些被历史地理解了的生活题材上,五四精神的思想折光就得到充分的反应。另一方面,浪漫主义界限的不固定和多变,也导致了浪漫主义诗人的积极因素向现实转化,甚至和现实主义结合成一体。从他的作品的批判锋芒的尖锐,揭示矛盾的深刻,充满了反帝反封建的精神,诗人的积极浪漫主义的诗篇,基本上也还是现实主义的。这正是《女神》又一个突出的特征,显示了它的思想,意义和进步倾向。

诗人热烈歌颂 20 世纪的创造精神,高度赞扬近代科学文明,强调抒写一种"动"的力量,从一个侧面,反映出五四时代对科学与民主的强烈愿望。例如,《笔立山头展望》,这首诗从思想内容到形象、语言、节奏、音韵,都表现出一种"动"的特点,诗人的感受,完全浸透在 20 世纪跃动的生活海洋中。在他的视觉里,轮船的烟筒开出的"黑色的牡丹",是"二十世纪的名花",是"近代文明的严母",大都会的鼓动的脉搏,是和诗人的心脏跳动在一起的。多么像惠特曼描写的码头、轮船、节奏紧张的大都市,和桑德堡笔下繁忙、庞杂、到处是机械轰响的芝加哥城! 诗人眼里的自然,也幻化成了一个动力的世界。我们再看这首《日出》中写的:

哦哦。摩托车前的明灯!

你二十世纪的亚坡罗!

你也改乘了摩托车吗?

我想作个你的助手,你肯同意吗?

这真是科学幻想创造出来的新天地,连"20 世纪的亚坡罗"(希腊神话中的太阳神),"也改乘了摩托车",诗人还想做太阳的"助手"。这不是单纯的现代神话,而是诗人在现实中看到 20 世纪的科学的威力,将由它来改造现代人的生活。尤其在落后的中国,更需要科学精神,把一切"暗云""浮云"——旧的封建秩序、愚昧、黑暗,"驱逐干净"!

对于近代机械文明,和具有科学知识的抒写,在《女神》中是相当多的。例如:"我是 X 光线底光,我是全宇宙底 Energy!"(《天狗》)"我的一枝枝的神经纤维在身中战栗。"(《夜步十里松原》)"暗影与明辉在黄色的草原头交互浮动,如像有探海灯在转换着的一般。"(《春之胎动》)"否,否,不然! 是地球在自传、公转。"(《金字塔》)这只是随手拈来的例子,可以看出,诗人绝不仅是用一些科学知识入诗,却是出于他的一种内在的科学精神,在他眼里,机器仿佛具有生命,动力机具也像有活的意识。诗人歌颂近代科学文明,歌颂 20 世纪的"动"的时代精神,不仅适应五四运动的需要,从文学创作上来看,在新诗的发展史上还是前无古人的绝唱,为后来的新诗开了先河,是《女神》又一个新的特征。

顺便还要提到,关于《女神》中泛神论的问题,曾经有人认为"他的思想里也含有杂质,如泛神论思想成分等"①。我认为这需要作历史的具体的分析。诚然,作者在五四时期受过各种思潮的影响,思想比较驳杂,在《女神》中的一些诗里有泛神论浓厚的思想色彩。他要立在地球边上放号,看"无限的太平洋","提起他的全身的力量来,要把地球推倒",他"崇拜太阳,崇拜山岳,崇拜海洋","崇拜生,崇拜死,崇拜光明,崇拜黑夜",要"血同海浪潮""心同日火烧"等。总之是与人与日、月、星、山岳、河海、光明,黑暗、生、死以及其他永恒的自然现象融为一体。但是,作者对它早就有过解释,他说:"泛神论,这种学说认为自然界是本体的表象,本体就是无乎不在的,不受时空的限制。有所谓神,那就是这个本体,在 16、17 世纪,泛神论曾起过积极的作用,成

---

①臧克家:《"五四"以来新诗发展的一个轮廓(代序)》,《中国新诗选》,中国青年出版社,1956 年版,第 8 页。

为无神论和唯物论的先导"，又说"斯宾诺莎（spinoza），他不承认神是自然的创造主，认为自然本身就是神。他的唯物论学说，对 18 世纪法国的唯物论和德国的启蒙运动有着颇大的影响"[1]。这就清楚地说明了诗人对它是有实质性的理解的，并且倾向于后者。我以为郭沫若在五四时期运用它，就哲学思想来说，主要是承袭了唯物论者斯宾诺莎为代表的"神即自然的思想"，否认上帝创世说和其他超自然地干预及压制，用来反对封建的神权、君权等迷信思想，反对唯心论，提倡唯物论，具有一定的启蒙作用。从创作思想来看，提出泛神论，实际上表现了个性解放、皈依自然、自由创造等进步思想，和当时现实斗争相结合，对封建旧思想、旧道德、旧伦理观念，具有很大的反抗性和冲击力量。这一切和资产阶级宣扬的世界存在于神的反动哲学有实质不同，不容混淆。同时也还要看到，有的外来的西方思潮，一经移植嫁接，结合现实，就有可能变成自己的新的东西。因此，在分析泛神论时，依据诗人作品本身要比依据这样那样的教条和论说更为可靠。

三

诗歌作品的思想和艺术特征，原是密不可分的艺术的结晶体。前面论到作品产生的时代背景与思想特点，有助于我们了解《女神》的艺术特征，也可以进一步看到早期郭沫若在诗歌艺术上强的和弱的方面。

《女神》的全部作品写在 1919 年到 1921 年的两年间。正是中国新诗紧张探索的开创阶段，外国诗歌艺术正在涌进中国诗坛。西方积

---

[1] 郭沫若：《三个泛神论者》，《沫若文集》第 1 卷，人民文学出版社，1957 年版，第 63 页。

极的浪漫主义诗风,粗犷、豪放的惠特曼的自由诗体(Aers Libre)。适合五四的狂飙精神而为人们所喜爱,原是很自然的艺术现象。但也不能因此就认为这是所有诗人都能接受的形式(例如还有泰戈尔、渥兹渥斯、哈代等)。青年郭沫若对唐宋古典诗词有着深厚的修养,对新诗暂时还缺少表现手段,根据他的个性、气质和爱好,受到泰戈尔、惠特曼、歌德等先后不同的影响,形成自己的诗风。他自己曾说过:"我的短短的作诗的经过,本有三四段的变化。第一段是泰戈尔式,这段时期在五四以前,作的诗是崇尚清淡、简短,所留下的成绩极少。第二段是惠特曼式,这段时期正在五四的高潮中,作的诗是崇尚豪放、粗暴,要算我最可纪念的一段时期。第三段便是歌德式了,不知怎么把第二期的热情失掉了,而成为韵文的游戏者。"①《女神》气势磅礴、热情奔放的风格,正是受到惠特曼浓厚的影响。

当时,诗歌界弥漫着互相对立、互相渗透的文艺观点,形成各种流派,这里,有必要简略地提一下郭沫若和创造社的文艺观点。第一,在诗歌与现实的关系上,他们强调自我表现,"主张个性,要有内在的要求"。即使在反映生活时也是强调诗人的主观感受,郭沫若曾这样说到自己:"我是一个偏于主观的人……想象力比观察力强……我又是一个行动性强的人。……我便作起诗来,也任我自己的行动在那里跳跃,我一有了行动的时候,就好像一匹野马,我在行动窒息了的时候,又像一只死了的海豚。"②这充分说明了郭沫若诗歌中的主观性是一个明显的标志。在当时的现实社会,便自然会要求反抗——就是反

---

①郭沫若:《创造十年》,《沫若文集》第7卷,人民文学出版社,1957年版,第67–68页。

②郭沫若:《论国内的评坛及我对于创作上的态度》,《沫若文集》第10卷,人民文学出版社,1959年版,第105–106页。

封建与反抗现实的破坏精神，这就表明了他们热衷于积极的浪漫主义的创作方法。

第二，在诗歌与表现的关系上，他们强调尊重艺术，注重表现主观世界。因此，他们特别看重艺术和想象的创造性，长处是重视了形象思维的作用，充分发挥诗人的想象，但有时也会使诗人变成一匹控制不住自己的脱缰的野马，甚至损害自己的艺术，这在诗人郭沫若又表现得更为突出。

第三，在诗歌的内容和形式上，特别注重形式的创新。一是极力搜求新题材，二是语言工具上的大胆求新。

由于上述的艺术观点，《女神》在艺术上就具有以下几个明显的特征。

（一）首先是诗人直抒胸臆的特色，几乎贯穿在《女神》绝大部分作品中。本来，"抒情诗歌主要是主观的、内在的诗歌，是诗人本人的表现"①。这种敞开心灵，直接诉诸读者的表达方式，既有个性风格的因素，也有动荡时代特殊的需要——诗人急切要求和读者交流融合，把自己认为最新的信息告诉人们。这种方式取决于以下的条件：（1）诗人的真挚感情；（2）倾诉的思想深刻有力；（3）传达自己感受的独特性和语言清晰。这样才有可能构成直抒胸臆的感染力量，否则就容易流入概念的说教或浮泛的空喊。《女神》中直抒胸臆的表达方式是有感染力量的。如《晨安》《立在地球边上放号》等诗，不但抒写出了那个时代的先进思想，就是《密桑索罗叶之夜歌》《Venus》等偏于个人内心抒情的短诗，也表达了诗人内心独特的感受，仿佛是诗人感情瀑布的

---

①（俄）别林斯基：《诗歌的分类和分科》，《别林斯基选集》第3卷，上海译文出版社，1980年版，第5页。

自然流泻。这种直抒胸臆的感染力愈强,作者的个性风格也越显著。

(二)夸张、惊心动魄、紧张的力度——这些浪漫主义的诗歌因素,在诗中得到了充分的发挥。诗人不拘束在狭小的生活经验里,而是像展翅九万里的大鹏,冲向大的宇宙自然,荒远的历史神话和崭新的人类世界去寻求理想。为了把理想表现得淋漓尽致,浪漫主义者几乎无力控制自己,任意挥洒着夸张的笔墨:"我效法创造的精神,我自由创造……我创造日月星辰,我驰骋风云雷雨……"描写屈原的内心苦闷时说:"从早起来,我的脑袋便成了一个灶头;我的眼耳口鼻就好像一些烟筒底出口,都在冒起烟雾,飞起火星,我的耳孔里还烘烘地只听着火在叫;灶下挂着的一个土瓶——我的心脏——里面的血水沸腾着好像干了一般,只迸的我的土瓶不住地跳跳跳。哦,太阳往哪儿去了?"这类夸张的写法是很多的。《女神之再生》里那种雷霆电火中的不周山,奇谲宏丽的事物和气氛,具有惊心动魄的力量,而在歌唱近代文明创造出的崭新的生活时,诗人抓住了它紧张跳动的脉搏,无论在诗行或者在诗章结构上,诗人都在刻意追求"力的诗歌""力的律吕"。这在当时的诗的写法上是不多见的。他在古代历史和近代历史结成一座巍峨的桥梁,用夸张的线条、惊心动魄的画面、紧张的力度,统一在这座桥梁之中,显示出了结构自然,气魄宏伟的艺术特色。

(三)自由联想是《女神》创作上又一特征,这对浪漫主义到象征主义都是一条重要的创作方法,使《女神》里许多诗有别于现实主义的对生活的忠实的描绘。联想原是以客观事物之间相似的属性为基础,展开丰富的想象,甚至运用幻觉和直觉,使作品所描写的事物得到生动的表现。例如,诗人歌颂20世纪的 "太阳"——近代科学文明的象征——想象成为"阿波罗也改乘了摩托车"(《日出》);把"新思潮"想象成轮船燃的煤,"脑筋中每天至少要装上三四立方尺……"(《无煤烟》);歌唱北冰洋的情景,好像"无限的太平洋提起他全身的力量来要把地球推倒"(《立在地球边上放号》），这类诗句俯拾皆是。这种联想自由化的创作特点，不能不深刻影响到作品的寓意、抒情主人公的塑造、描写方法等等，都带来象征的、印象的、立体的感觉和色彩。在大量诗篇里充满了象征的意味，使《女神》在当时诗坛出现，不同凡响，给读者以新鲜的感觉，这个艺术特征是有重大的作用的。

（四）古典诗词的传统的影响，在《女神》中是很明显的，它不仅表现在旧诗词的词句、词汇的改造、铸炼上，主要是承袭了自屈原、李白以来的愤世嫉俗、寻求理想的浪漫主义精神以及苏轼的豪放风格，陆游执着地热爱祖国的感情色彩，这些都在青年郭沫若的诗中留下了深深的痕迹，他对古典诗词高深的造诣，自然地渗透在他的《女神》中，这是不用复杂理论的说明和列举，就可以看到的明显的特征。

（五）《女神》在语言运用方面富于创造性，不仅在词汇的扩展上，大量采用西方历史和神话中的典故、西方新的科学名词、地名、事物名词和许多外国字，就是在语句上也采取了比较复杂、参差的句法，用来表现现代人复杂的思想感情，对声音的摹写上，也运用多种不同的呼格、叹调和叹号，这中间有成功的经验也有失败的教训。但总的来看，诗人所用的语言充满了动的精神，犹如一颗颗火星，闪出不能磨灭的思想的光辉。有许多诗句，充满了奔腾的情感，犹如大海波涛汹涌而出，造成了《女神》磅礴雄浑、排山倒海的气势。

当然，《女神》中的诗篇。并不是完美无缺的，上面我们看到了诗人强的一面，但也存在着弱的一面。我们简略地概括以下几点：

（一）与作者创作《女神》时的思想有密切关系的，是作者世界观的缺陷和不完全，虽然歌唱出时代理想、追求"美的中国"，但对于历史发展的前景是不够明确清晰的。尽管诗人在《序诗》中表明自己"是个无产阶级者……愿意成个共产主义者"，但从诗中所表现的思想感情和生活内容来看，还存在着一定的距离。

（二）在诗人许多歌唱近代物质文明的作品中，由于缺乏正确的阶级观点，过分赞美"近代文明的严母"，而没有认识到资本主义社会的阶级矛盾和斗争；在许多赞美大自然的作品里，因为泛神论的影响，过分神往于人和自然的和谐统一，没有将自然看成是人类斗争的对象。自然的美，原是因为社会生活的发展，才造成自然与人的丰富复杂的关系——即"自然的人化"，由于缺少这种辩证唯物的观点，使有的作品对于大自然的崇拜与"美"的欣赏上，不能不带有主观、盲目的性质，因而产生消极的影响。

（三）在诗的结构上有时过分散文化，显得粗疏松散，不够有机与完整。尤其是写入过多的外国字。例如有的诗里不说"轮船"，而说Steamer；题目是"泛神论者"诗里又说"他的 Pantheism"；有的说"幻灭"，又说 Disillusion，有的三行诗里连着三个外国字："大自然的Symphony 哟！/Hero-Poet 哟/Proletarian Poet 哟！"等等，不但容易造成一般读者不易了解，从诗的艺术来看，也有损于视觉艺术的和谐，对民族形式也是不利的。

但是，尽管有上面一些不足，《女神》的出现仍然具有巨大的思想艺术价值和多方面的意义。正如浪漫主义诗人雪莱所说："诗人……在一种意义上是他们时代的创造者，在另一种意义上又是他们时代的产物。"①用来评价诗人郭沫若也是适当的。

《女神》的诞生，离今天已整 60 年，从漫长的时间来看，作者后来在中国文化和文学领域（历史、戏剧、小说等）取得了举世仰慕的巨大业绩。但就诗论诗，《女神》仍然是他的诗歌创作的一个辉煌的顶点，

①（英）雪莱：《译者序》，《解放了的普罗密修斯》，人民文学出版社，1957 年版，第 5 页。

永远放射出灿烂不灭的光辉。自《星空》《前茅》而下,已难以为继,正如诗人自述:"不知怎么把第二期的热情失掉了,而成为韵文的游戏者。"①《女神》以后,纵观诗人 60 多年漫长曲折的诗歌创作之路,40年代出版过《战声集》、《蜩螗集》,新中国成立后出版了《新华集》等诗集,其中虽然不乏优秀的篇章,但比起开端就达到辉煌顶点的《女神》,无论从反映时代精神,或作品的思想性和艺术性来说,确实有着天壤之别。而且相当数量的应时、应酬之作,显得直白浅露,概念化,太一般化。当然,原因是多方面的,当另作分析。在诗歌创作上,如何永葆青春,强烈地反映时代精神,使作品的思想性与艺术性完美地结合,在这个问题上给予我们的启示和教诲也是很深的。作为热爱诗人《女神》的后辈,能不深长思之么?

(原载《河北师院学报》,1982 年第 3 期)

---

①郭沫若:《创造十年》,《沫若文集》第 7 卷,人民文学出版社,1957 年版,第67–68 页。

李大钊诗歌泛论

——纪念李大钊同志诞生 95 周年

　　革命先驱者李大钊,是无产阶级革命家、思想家,马克思主义在中国最早的传播者,五四运动中最有影响的领导者,他的一生献给了壮丽的无产阶级革命事业。在五四新文化革命运动时期,他以卓越的文章和诗歌点燃了耀眼的火炬,照亮了当时的文坛,推动着新文学的发展。鲁迅先生曾经赞颂过:"他的遗文都将永在,因为这是先驱者的遗产,革命史上的丰碑。"①李大钊同志的一生,就是一首烈火般的光辉壮丽的诗篇,他的诗篇至今闪耀着火炬一样不灭的光辉。

　　李大钊的诗作,在白色恐怖中,散失了不少,保留下来的只有 25 首。其中旧体诗 19 首,白话新诗 6 首。旧体诗多发表在 1913 年—1918 年的《言治月刊》和《言治季刊》上。

　　这些旧体诗是:《送别幼衡》、《登楼杂感》(二首)、《题蒋卫平遗像》、《哭蒋卫平》(二首)、《吊圆明园故址》(二首)、《咏玉泉》、《有感》、《岁晚寄友》(二首)、《南天动乱,适将去国,忆天问军中》、《送别相无》、《太平洋舟中咏感》、《寄霍侣自》、《筱舫、寿山将住阿尔泰,诗以赠之》、《前意未尽更赋一律》、《复辟变后寄友人》等。他把这些旧体诗统称作《筑声剑影楼剩稿》,寓意是深刻的,它既没有旧诗中骚人墨客

　　①鲁迅:《〈守常全集〉题记》,《鲁迅全集》第 4 卷,人民文学出版社,1981 年版,第 525 页。

的吟风弄月,也没有绵绵汩汩消沉的个人遭怀,而是满含悲愤、深沉凝重的筑声,闻鸡起舞的刀光剑影,反映了对旧中国黑暗政治的悲愤,充满了高昂沉雄的斗争精神和强烈的爱国主义的感情。

他的诗与祖国的命运总是紧密地联系在一起的。例如作者1916年4月1日在日本抒写的一首七绝《送别幼衡》:

> 壮别天涯未许愁,
>
> 尽将离恨付东流;
>
> 何当痛饮黄龙府,
>
> 高筑神州风雨楼。

诗中弥漫着一片悲凉慷慨的情绪,对友谊的深沉的策励,对祖国无限眷恋之情,在送别声中,表达出诗人再造神州的豪情壮志。意境阔大深远,格律音韵谨严,有很深的感人力量。其他的旧体诗,也多是愤怒的呼号,奋飞的壮志,对烈士的礼赞,去国离乡的慨叹,其造诣树义,一以生民为念,足以振聋发聩,鼓舞人心。在诗的意境、语言、格律方面表现得深邃、凝重、精炼,形成悲壮豪放的艺术风格。虽然这些诗由于当时历史的时代的局限,未能熔铸他以后更加波澜壮阔的共产主义思想感情,依然生动深刻地反映出他在民主革命时期为探求真理,为寻找救国救民的道路,舍生忘死地向前探索的革命精神和英雄气概,因而是先驱者遗留给后人的十分珍贵的指路碑石和艺术珍品。

李大钊同志在五四高潮中写的新诗,尽管数量不多,却在中国现代文学史和诗歌史上有着重大的意义。

现代新诗崛起于五四新文学运动,是新文化革命重要的一环,新诗不但担当了革命变革的先导,而且是以前锋的姿态战斗在文学阵地上的。旧文学的堡垒是旧诗,必须占领旧诗这块领地,这场新文学革命才算取得胜利。所以新诗本身所受到的围攻和压力也就最大。郎损(沈雁冰)的《驳反对白话诗者》和俞平伯的《社会上对于新诗的各种心理观》两篇文章,都记述了旧势力围攻新诗的情况。当时新诗的作者很少,大都处于尝试阶段,要战胜旧文学的壁垒,力量显得不足,李大钊和鲁迅为了支持文学革命,为倡导新诗而奋起擂鼓,壮大声威,很早投入了新诗的战斗队伍。李大钊同志的六首白话新诗是:《山中即景》(二首)(1915)、《山峰》(1919)、《岭上的羊》(1919)、《山中落雨》(1919)、《欢迎陈独秀出狱》(1919)等。前五首诗都是他住在家乡昌黎五峰山上的韩文公祠中写作的。当时他正从事马克思主义与中国革命问题的研究,并且在思想界展开对胡适的问题与主义的争论和批判。革命者在暂时的避难和休憩中,面对着五峰山美丽雄壮的大自然,诗情迸发,吟咏出这些讴歌自然的诗篇。在五四初期,不少的新诗作者为了解脱精神上封建礼教的束缚投身于大自然的怀抱,甚至从泛神论的直接影响下,将自然人格化,作为追求自由与解放个性的讴歌对象,也成为美学上的一个重要的层次。例如当时郭沫若在日本博多湾写下的许多歌颂大自然的杰出的诗篇,冰心的著名的吟咏大海与星空的小诗。这类诗既有别于中国传统的山水诗,更不同于骚人墨客风花雪月的吟弄,而是在山光水色的流连中,往往寄寓着作者对祖国无限眷恋之情。透露出诗人对社会、对人生的新的认识。因而它具有新鲜的活力,使人耳目一新,让读者得到启迪和鼓舞。了解这一点,对理解这六首新诗的背景和它们本身的意义是必要的。《山中即景》写于1918年7月,发表在《新青年》五卷三期上,属于最早的一批白话新诗,它给新诗领域带来了新的意境和风格。其中的第一首是这样写的:

> 是自然的美,
> 是美的自然;
> 绝无人迹处,
> 空山响流泉。

作者一开始赞颂五峰山是大自然所创造出来的美,使这个外在的意象峥嵘突兀地出现在眼前。诗人在这里从欣赏的高处,发出了内心的喜悦:它是人们眼中多么美丽的自然风景啊!事实正是这样,只有热爱大自然,并能从大自然中发现美、发现诗的境界的人,才能用这看似平淡朴质的语言,表达出对于山的深沉蕴藉的爱!这使我们联想起辛稼轩的"我见青山多妩媚,料青山见我应如是"。更使人想起李白的"相看两不厌,唯有敬亭山"。使物与我、景与情契合无间,融化为一种高尚的情趣。但是,作者并没有仅仅停留在对自然美的赞颂,他笔锋一转,下面两句就寄寓了作者深沉的思想和无限的感慨。这样美丽雄伟的山中,却没有人的足迹,更没有前来欣赏它的人,只有山中发出响声的流泉。然而这一道流动的活泼的清泉,却并不以暂时的孤独而停住前进的步履。这难道不是当时一位永远奋飞向前而又感到暂时孤独的先驱者心情的写照么?第二首就进一层表达出作者积极坚定的意志,不管风云如何变幻,他都要像青翠挺拔的五峰山那样屹立人间,诗是这样写的:

> 云在青山外,
> 人在白云内。
> 云飞人自还,
> 尚有青山在。

　　这里,山的形象被人格化了。浓厚的云雾笼罩着层峦叠嶂的山峰,然而再厚的云层却不能永久占领它,最终是要悄然散去的,坚毅挺拔的青山,仍是那样坚定地立在那里,永远充满着朝气和活力。这样生气勃勃而又坚实宏伟的山的形象,和革命者乐观、明朗、坚定的性格融合在一起,使眼前的大自然充满了活气和力量。虽然这首诗还没有摆脱旧体诗的痕迹,这在新诗尝试时期是比较普遍的现象,但在诗的思想内容上已经透露出新的时代信息,它突破了古典诗词中对自然风景、山水诗的纯客观的"万物静观皆自得"的描摹,而是以作者的思想来融化自然,以诗人的情趣贯注在自然之中,使这首诗不仅有外在的完整的形象,而且跃动着内在的生命,使早期的新诗确有其"新"的地方。另一位诗人刘半农曾将这首诗的原稿影印收入《初期白话诗稿》里,排放在第一篇的位置,认为它显示出新诗的新风格新意境。1919 年写的《山峰》《岭上的羊》《山中落雨》三首诗,发表在九月的《少年中国》第一卷三期。《山峰》仍是写景诗,类似古典诗歌中的绝句,全诗很精炼:

> 一个山峰头,
>
> 长着几棵松树。
>
> 片片的白云,
>
> 有时把它遮住,
>
> 白云飞来便去。

这首诗仿佛是《山中即景》的延续,表现的手法也很相似,它虽然描写的是岿然不动的山景,却象征着坚贞刚毅的革命者的性格和品质。片片白云,有时笼罩着山,遮掩了它青翠的面目,但那只是暂时的停驻,过眼的云烟会很快飞去,屹立的山峰和峰顶的青松,却会"依然露出"。它含蓄地暗示出一种思想,一个信念。它说明对真理的坚贞不渝的高尚品质,是任何东西也不能将它掩盖的。这首诗从生动的山、青松、云雾所构成的形象中,烘托出了一片深远的意境,让读者从暗示中得到启迪。《山中落雨》这首诗的内涵就更丰富。它从一阵烟雨迷茫中,展现出一幅山中雨景:

> 忽然来了一阵烟雨,
>
> 把四山团团围住,
>
> 只听着树里的风声雨声,
>
> 却看不清云里是山是树?
>
> 水从山上往下飞流,

　　顿成了瀑布。

　　这时前山后山，

　　不知有多少樵夫迷失了归路？

　　我们看到山中的云气、雨水把整座山层层包围的景象，作者没有直接去写雨，却从树里透出波涛澎湃的风雨声，进一层写出雨中的迷蒙，辨不清云气中的山和树木，他没有直写雨怎样越落越大，而写山间陡涨的流水，骤然间飞流直下，顿时成了震响千山万壑急流飞湍的瀑布。在层层展现的雨景中，在越来越紧凑的节奏中，作者并没有单纯沉浸在自然界的雨景里，他面对着风雨逼人的形势，心潮澎湃，想到的仍然是人的走向，是前山后山的樵夫，不应该在这风雨苍茫中迷失归路。有的论者联系到作者当时的处境和思想，以及他对于当时新文化运动已经开始有分化迹象的现实状况的认识，作为革命者的李大钊，站在时代的高处对某些知识分子的迷失归路，甚至退隐或转向，感到十分痛心和惋惜，因而借山中风雨寄寓一片深意。这种理解和领会不无一定的道理。但是，诗又往往有另一种情况，那就是形象大于思想，形象所包含的内容，常常不是某一条抽象思想或概念所能包容得了的。这首《山中落雨》，就几乎将现实中的雨景加以形象化，提升到了一个哲理的境界。启示人们在任何狂风暴雨中，也不要迷失方向，失却归途，它引人走向对革命坚定信仰的道路，它所包含的哲理是具有普遍的意义的。这类情况在诗中常常见到，例如唐代陈子昂的《登古幽州台歌》："前不见古人，后不见来者。念天地之悠悠，独怆然而涕下。"它所包容的历史感和诗人即兴的情绪，和巨大的空间感交错在一起，瞬息之间上升到了哲理的高度。又例如与《山中落雨》同时或稍后出现的沈尹默的诗《生机》《月夜》，周作人的《小河》，冰心的《繁星》，朱自清的《光明》等诗，几乎都是在自然景物外貌的描摹中，隐藏着作者的思想和哲理，给人以启示和深思。正是这种表现方法使尝试时期的新诗提高了一步,摆脱了直白浅露,只讲具体描写的幼稚阶段,使新诗别开生面,更上一层楼。可贵的是,李大钊这首《山中落雨》不仅是始作俑者,开风气之先,而且是以革命者的思想、气魄、眼光来揭示生活的真理,因而这首诗较之以上同类的诗作,确乎是出类拔萃,不同凡响,我以为这正是值得我们十分珍视的,也应该看作是早期白话新诗中的珍品。

另一首《岭上的羊》,作者已经在探索早期现实主义创作的路向。通过对高山大岭上羊群的描绘,小羔羊凄惶的叫唤声,诗人怜爱这些"纤弱带着仁慈,悲哀含着战栗"的弱小者,激发了人道主义的爱和同情,同时也流露出作者对强暴的压迫者无比的痛恨与诅咒:

> 你不曾伤过别的东西,
> 你不曾害过你的伴侣;
> 天天只傍着那山水,
> 吃些草叶或是叶子;
> 只有你怕人,
> 没有人怕你。

作者描写的羊群是这样善良、温厚,备受欺凌之苦,正是劳苦群众悲惨的生活命运的写照。诗人站在人民一边,由衷地喊出:"我不怕你,并且怜你,就是你的胜利。"不但表达了革命的人道主义的精神,而且倾诉出为了劳苦群众的解放,革命者在人民面前"俯首甘为孺子牛"的真诚愿望。这首诗的感情真挚,形象生动,在语言方面也做到了口语化,通俗晓畅,新鲜、精炼,体现了作者在运用表现工具和形式上的大众化的最初倾向。这首诗的弱点在于:它在全诗中没有指明或暗示出一切被压迫者和劳苦大众应该走的斗争的道路,因而削弱了它的鼓舞人心的力量。这在早期的白话新诗中也许近乎是一种苛求,思想和艺术形象的完美结合,本来应该有一个相当长的实践过程。

从以上几首诗的总体来看,在五四新诗的萌蘖时期,李大钊同志首先注意到了诗的思想内容与艺术形式的有机的统一的关系。他不像那些形式主义者们单纯地从西方硬搬一些模式当成新诗的唯一形式,而是以新的思想内容、新的感受、新的题材来创造新的风格,把作为表现工具的语言文字严格地服从着作品内容的支配和需要,强调内容决定形式,这种对新诗的探索和引导无疑是正确的。其次是注意继承古典诗词和民歌的传统,使新诗形式从旧的形式中发展出来。鲁迅曾指出过:"旧形式是采取,必有所删除,既有删除,必有所增益,这结果是新形式的出现,也就是变革。"①充分说明了新旧形式的科学的辩证关系。李大钊同志的诗不但强调现实内容的生动反映,在形式上也极力做到朴实自然,不尚雕饰,采用接近民歌的口语,使用群众喜闻乐见适合于内容的表达方式,并吸取了古典诗词和民歌传统的表现形式。另外,他和鲁迅先生直接以新诗为武器,参加新文化革命运动,使白话新诗在与反对者的战斗中成长壮大起来,不但在占领旧诗壁垒,开拓新诗领域方面起了巨大的作用,而且为未来的无产阶级革命诗歌播下了种子,使革命诗歌得到迅速的发展与推进。

李大钊同志是伟大的无产阶级革命家、思想家,他的遗著是中国革命史上和现代文学史上极其光辉和珍贵的文献。对革命先驱者留下来的这些"遗产"和"丰碑",我们应该认真研究,努力学习,从中汲取无穷的思想力量。他亲手点燃的革命火炬,将永远照耀着我们在革命的道路上奋勇前进。

(原载《河北学刊》,1984 年第 4 卷第 5 期)

---

①鲁迅:《论"旧形式的采用"》,《鲁迅全集》第 6 卷,人民文学出版社,1981 年版,第 24 页。

公刘的诗

最近，读了公刘同志的三本诗集：《神圣的岗位》《边地短歌》和《黎明的城》，其中有些诗已引起了文学界的注意，并且受到了读者的欢迎。

其实，这种注意和欢迎不是偶然的。近二三年间，文学界的新生力量虽然不断地涌现出来，不少有才能的青年诗人都从不同的生活道路，带着新鲜的艺术风格走进了诗坛，但在生活上和艺术上有过比较切实的准备，写作上比较丰富，而又比较迅速地显示了诗的才华与抒情特色的，公刘同志应该说是其中值得重视的一个。我写这篇短文的目的，也就是希望介绍一下他的创作上的一些特点，对于我们了解一个新的诗人的成长，或许不是无益的。

公刘同志在八九年前——1948年，便投身到部队生活中去了，一直到现在，仍然从事着部队文艺工作。就我所知，他在参军以前，还是一个年轻的大学生的时候，便已尝试着写了些诗，这些诗是在前辈诗人臧克家、艾青、何其芳等人的作品影响下摸索着写的。这几位诗人在当时的诗坛上，不但是时代与人民的歌手，并且是直接继承了五四以来新诗的传统，而又创造了各自不同的艺术风格的诗人。许多青年最初尝试写诗时，大都受到他们的影响，承受了他们的诗的雨露和阳光，他们对于诗的要求很严格：诗不仅首先应该忠实于时代生活，而且诗还应该是诗：要有诗的思想，诗的独特构思和意境，形象、比喻、想象、音韵、节奏等等。诗的艺术不是一件轻而易举的事情，它不是分行押韵的标语口号,也不是缺乏思想的华丽辞藻的堆砌。艾青早期的诗和"诗论",引导着许多青年追求生活的真理和艺术的美感,诗人对时代和人民的深沉的思想,火把一样的革命热情,不仅照亮了他的诗篇,也是直接点燃青年人内心的火焰。臧克家深刻反映劳动人民生活和抒发爱国主义情感的诗,和他在抗日战争时期的呐喊与对反动统治者辛辣的讽刺,以及诗人在艺术表现上的精炼和朴素,教育了青年直接面对着生活现实来写诗。而何其芳早期的热情而忧郁的思想,和他的抒情诗里优美、纯洁,而又十分真挚的感情,以及他后来生活道路彻底的转变,诗人是以整个身心来歌唱生活,号召青年走上革命的道路的。这几位诗人的诗,是当代诗的艺术上几座高峰,尽管他们在思想发展上是曲折复杂和各自不同的,但在诗的影响方面却是很广泛和深刻的。当时许多青年在爱好他们的诗的影响下,做了他们部分的忠实的学生,开始了自己的诗的创作道路。公刘也同样走着这条路。我们从他很早的一首诗《跨过》里,可以明显地看到这种学习的步履,他几乎像直率的告白:

> 我读着《夜歌》,
> 就想起我自己,
>
> 多少年以前呵,
> 何其芳同志,
> 我一直默默地喜欢着你,
> 读着你的《夜歌》,
> 流着快活的眼泪,
> 并且举着你的步子学你,
> 走一切你所走过的路,
> 哪怕在前面

正有着你曾经滑倒的痕迹。

他甚至重复着何其芳同志在去延安之前那种热情的苦恼的呼喊：

中国！中国！

你的热情的苦恼的儿子，

能为你做些什么？

做些什么？公刘在这里就直接走向诗人何其芳的生活道路，并且下定了决心为人民歌唱。他在另一首《告法兰西》里，又一次表白了他对艾青的诗的向往：

我爱在法兰西的土地上，

用调色板交换了芦笛的艾青；

这个时代他写诗，

而为了诗歌，我也抛弃了原来热衷的事物。

的确，公刘在读了《大堰河》《芦笛》《雪落在中国的土地上》《火把》等诗以后，他不但倾听了时代的声音，也尝试着用诗来参加战斗。他写了不少直接反映劳动人民生活和反抗旧中国黑暗社会的诗，从主题和题材的角度来看，能看出他受了诗人臧克家那种呼之欲出的义愤填膺的激情，而又很质朴和真实地抒写生活。这在公刘开始几年写的诗里有着鲜明的痕迹，这一切都在他的创作上起了重要的影响，变成了他以后属于自己的诗的音调与色彩。当他和现实生活一旦紧密结合时，便能够比较迅速地走上自己独立发展的道路，我以为谈到这一点是必要的。这不但使我们可以了解公刘现在的一些比较优秀的诗作里，那种反映生活的真实性和抒情性、富于独创的构思，以及形式上脱颖而出的新鲜风格，同时也可以说明青年诗人的创作，和前辈诗人的历史关系显得多么重要。目前在某些青年诗人中，的确存在着一种忽视或轻视五四以来我国新诗传统的情绪，往往以为只凭一些生活实感,就可以写诗。当然,这中间也会带来一些生活直接的抒发,但由于艺术上缺少必要的准备和修养,作品往往不凝练、不深厚,不能经久。就像一件赶制出来的粗糙的陶器,而不是为人民所喜爱和愿意保留的艺术品。这对公刘说来,就显然和这种情况有些不同,也就由于他和这个诗的艺术传统有着一段历史联系,因而进行了一定的艺术准备。

当然,我所指的诗的艺术传统的影响,甚至包括诗的技巧在内,只能看作是诗人修养的一个方面,更重要的是:如果没有生活实践,没有在革命的火热斗争中重新锻炼自己,改变知识分子的思想感情以及小资产阶级出身的学生的气质,没有逐步地树立无产阶级的世界观,那么,任何属于诗的修养和技巧都会是没有用场的东西。真正的诗,总是时代生活的反映,总是先进阶级的前进的号筒。因此,决定一个诗人能否为人民做些什么,能否为人民歌唱,革命的斗争实践、与工农兵长期生活和结合,并由此改造自己的思想感情,就是直接的决定性的因素。也正因为这样,公刘在1948年参军以后,部队解放西南的严酷的斗争中,和战士与广大群众的生活,特别是部队的党的思想教育,给了以后生活上的准备和锻炼。在七八年部队的战斗生活中,他随着部队从华南解放战场,走过了艰险的四川峡谷,直达云南高原的边疆,这期间,他经历了一个轰轰烈烈的西南解放战争的年代,经过了剿匪、土地改革、民主建政以及西南兄弟民族惊天动地的历史性的变化。这不仅扩大和丰富了青年诗人的生活眼界与斗争知识,而且在人民的革命的生活改造当中,诗人同时改造了自己,逐渐变成了一个战士的思想感情,体会到了战士的愿望、心情,甚至微小的生活习惯,使他成为战士中间的一员。这就是公刘的三本诗集中,绝大部分的诗,都是歌唱边防战士的爱国主义和乐观主义精神,以及兄弟民族新的生活的原因。指出这一点很重要:生动地说明了这个青年诗人的创作,不仅从开始就在严肃地寻求着诗,他更以一个无产阶级战士的理想,与革命生活斗争的崇高的思想,作为他的诗里的土壤,构成了他的抒情诗里的特色。

公刘的诗的第一个显著的特色:便是诗的抒情性与政论性很自然的结合。这在他的三本诗集中表现得比较明显和突出。所谓政论性,我以为就是诗人强烈的政治热情,和自己对生活直接的干预和评论,这一点对于我们了解公刘是格外重要的。对于一个诗人来说,没有强烈的政治热情,他即使在生活中也不会有内心的感动,那也就不会产生真正的诗,也许他对生活,对重大的政治事件不得不勉强发些议论,但那不是真情流露,不是从心里流出来的东西。无论怎样装饰词句,那也首先就失掉了诗,更不可能有真正的艺术生命。过去许多经验证明着这一点。公刘却是有着强烈的政治热情的,这促使他成为火热斗争中的参与者和评判者,成为战士与群众中的一个代言人。他在最初的诗集《神圣的岗位》后记中,曾经谈到这些诗的创作经过:"很大一部分反映了几年来的重大政政治事件和响应了各个时期的斗争号召,……在写作过程中,我希望能够通过它们达到宣传的目的。同时,我当然希望它们是诗。我之所以写下它们,完全是由于责任感,由于真实的激动……我以为,我们的诗歌为政治服务不是太多,而是太不够和太不好,我确信,做工人阶级的真理的宣传员,乃是写诗者应该毕生追求的最大的光荣。"公刘同志这些话是真实的,最好的证明,便是这三本诗集里的作品。

读着这些诗的时候,诗人对于边疆战士的战斗生活与重大的政治斗争,以及新的人新的事物的抒情,能给人留下很深的印象。这种强烈的"宣传员"的政治情感,充满在诗行中间,构成了这三本诗集里一个共同的可贵的特色。他总是怀着诗意,真挚而亲切地歌唱着战士的一切,抒写他们对祖国和人民无比的忠诚,他们保卫边疆的神圣的岗位,他们充满英雄色彩的战斗行为以及战士日常的军营生活,这些抒情诗的主人公始终是战士。他们的声音总是那么强烈而深情地发自边疆高原上,呼唤着祖国和人民。这些诗是:《这颗心无比忠诚》《祝福边疆战士》《兵士呵,你们要小心》《明天的边疆》《登高黎贡山》《我们是伐木队》《母亲的心》《纪念碑》,以及包括 30 首短诗的《佤佤山组诗》《西双版纳组诗》等。我们不能用很多篇幅引征原诗,为了读者留下一个具体的印象,我们不妨举出代表这种特色的几首短诗。例如《山间小路》:

> 一条小路在山间蜿蜒,
> 每天我沿着它爬上山巅,
> 这座山是边防阵地的制高点,
> 而我的刺刀则是真正的山尖。
>
> 这条小路我走了三年,
> 对于它不复是崎岖难行;
> 因为我心上有一条平坦大道,
> 时刻都滚过祖国前进的车轮……

这是多么深刻而又强烈的热爱祖国的情感!这是只有一个真正的边疆战士才能体验到的内心的情感。"这座山是边防阵地的制高点,而我的刺刀则是真正的山尖。"短短的两句诗里面包含着一个多么大的思想,同时一个战士的英雄形象也在读者的联想中完整地显示出来了,却又显得多么真实!这思想情感几乎不依赖任何动听的辞藻,它是一种强烈的政治热情闪现出来抒情的火花,它单纯得就像一个很容易懂得的比喻,这样能够将最复杂的事物表现得异常明确、清晰、形象化,这不只是诗的文字,简直是诗的图画,而这种诗在三本诗集中是屡见不鲜的。我们再举出另一首《礼赞佤佤山》中描写自然的

几行诗,可以看出他那抑制不住的政治激情。诗人描写佧佤山:

> 像一只攥紧的拳头,
>
> 像一顶发亮的绿色的钢盔,
>
> 像一曲唱不完的战歌,
>
> 像一座矗立云霄的丰碑,
>
> 不,不,佧佤山不能像别的任何东西,
>
> 佧佤山只能像佧佤山自己!

> 佧佤山能显示它本身的面目
>
> 全靠如今在山顶插着的一杆红旗,
>
> 是手擎红旗前进的军队
>
> 为佧佤山安上一副铁骨,浇上一层钢皮,
>
> 把它变得这样威震四方,不可摧毁!

骤然间接触这类诗的意象时,读者也许会奇怪,为什么诗人在描写自然,也会把它比拟成一个战士的形象,呈现一种突兀峥嵘的精神气氛!甚至还来不及细想就被诗人这种情感和形象所打动,其实,奥秘原来也就在这里,由于青年诗人强烈的政治热情和战士的气质,使他在描写生活、描写自然时,一刻也没有忘记自己是一个战斗的宣传员在歌唱,使他和新中国成立初期充满着革命的豪迈气魄结成一体。我们不妨再举一首短诗《谒侦察兵墓》:

> 在这不知名的山岭,
>
> 埋葬着我们的侦察兵,
>
> 为了解放佧佤山,
>
> 他献出了年轻的生命。

> 他像一只矫健的鹰,

> 只有折断的羽毛，
> 没有折回的路程。
>
> 边疆呵，你应该骄矜！
> 能埋葬这样勇敢的儿子，
> 这是你的荣幸！
>
> 岭上的荒草长得格外挺劲，
> 无数须根通向侦察兵的心；
> 这颗心借着山风怒号，
> 召唤我们前进再前进！

这是多么明亮的悲哀！这是多么富于英雄气概的豪壮的死！"他像一只矫健的鹰，只有折断的羽毛，没有折回的路程"，简直是这个年轻的英雄的象征。他是不会在战士的心灵中死去的，他们英勇的牺牲变成了一面召唤我们前进的旗帜，生命在这里换得了最高的意义！这种深刻的思想和真挚感人的抒情本身，就是最有教育意义的政论。它们在生活血肉中得到了很自然的结合，即使是抒写悲哀，也是十分坚强有力，能够激发人们的英雄思想。在上面提到而没有引证出来的那些抒情诗中，几乎每篇都闪烁着这种强烈的政论性的光芒。

当然，强调地指出诗人的政论性，并不意味着他在艺术性方面不注意诗的表现。相反地，公刘的诗在许多青年诗人的作品中，可以说是最富于诗的气质的，它是艺术的、和谐的，显示了诗人深厚的抒情气质。我总相信别林斯基说过的一句话："诗应该首先是诗，以后再谈表现这个和那个。"这个见解对我们今天仍然是适用的。前面提到公刘曾经接受过新诗的传统，这里便显出了它的影响。

这三本诗集的第二个显著的特色，便是他的诗的形象丰富。有独特的构思,他的思想、情绪、感觉、情境都富有诗的意味,他是学习过从诗的角度来观察周围的生活事物和自然的。这个诗的角度,有时往往需要诗人有在一瞥之中迅速观察到事物本质的能力,有时又常常需要最富于形象的概括本领,有时要借助画家的彩色和音乐的声音……当然,这一切最后都不能离开诗人的思想!我所以谈到它们,正因为在今天诗的创作中常不注意或避讳这一点,我们往往只强调青年诗人应该体验生活,这是不错的。但是青年诗人连自己也不去注意怎样观察和体验生活,别人看到的他看到了,别人没有看到的,他也没有看到和想到,不能够给人多带来一点新鲜的东西。结果,一般化表面化的诗便产生了。公刘自己注意和培养了这个诗的观察和艺术感受能力,而且是在比较长的时间深入生活当中培养起来的,对他说来,便无须乎为自己的作品故意选择诗意的景象,所有经历过的斗争生活与祖国边疆的自然景象,对他都充满了诗情画意,无论是西盟山上的战士,或者在帐篷里唱着民歌的哈尼族姑娘,或者是第一个穿上军服的傣族士兵……无论诗人在哪里看见他们,都会很熟悉和自如地走入他的画幅里,也正因为这样,公刘能在西南边疆的生活里"发现"了大量的诗的材料,提炼在他的作品中,他的诗的形象丰满,有独创性的构思,也就由于他在生活中培养了自己的观察和感受,而又注意了艺术的表现的缘故,我们不妨举出一首短诗《西盟的早晨》作为例子:

> 我推开窗子,
> 一朵云飞进来——
> 带着深谷底层的寒气,
> 带着难以捉摸的旭日的光彩。
>
> 在哨兵的枪刺上,

凝结着昨夜的白霜，

军号以激昂的高音，

指挥着群山每天最初的合唱……

早安！边疆！

早安！西盟！

迎接美好的生活中的又一个早晨……

像这样单纯而深厚的小诗，不但表现了生活的真实，而且显示了前面说过的，公刘具有艺术家观察和描绘的本领，它不只像一幅庄严的早晨的油画，同时还能使人听到激昂的音乐的声音，甚至山谷的白云、寒气、旭日的光彩……这一切气氛显得多么新鲜与和谐，使人想着阳光和美好的思想！这种特色所表现的艺术魅力，同样存在于别的作品中，它们有构思，有丰富的想象和比拟，有色彩和音响……这一切构成了绚丽多彩的抒情诗的形象。

另外，诗集的第三个显著的特色，便是他在反映兄弟民族的生活的诗中，吸收了民歌的单纯，并且在民歌的基础上注入了深刻的思想。公刘这些年和兄弟民族的友爱的接触中，青年诗人的一颗心是献给他们的。公刘不但亲眼看到了西南各兄弟民族前所未有的生活变化，同时他也为各兄弟民族的历史、文化以及绚烂美丽的生活色彩所震惊和感动了；对于一个青年诗人来说，他读到了兄弟民族血与泪的生活史诗，同时他也见到了今天欢乐的生活中，一片令人迷醉的民歌的世界。他从民歌中吸取了营养，丰富了自己的想象与诗行，但我们应该注意到：民歌尽管是生活中最抒情的歌，它的感情、形象、语言，达到了非常高的境地，但它毕竟属于民歌，而不是诗。只要设想一下，如果把诗模仿成完全的民歌，那也就不成为诗了。问题还不在于两者艺术形式上的区别，民歌比起诗来，它并不像诗那样善于表现概括性的复杂深刻的思想,它的单纯优美的长处,在表现今天现实生活复杂巨大的变华时,就带来了它自身的限制,这是为许多诗人学习民歌所感到的。公刘在学习民歌中,能够吸取它的长处而同时注入了自己的思想。若干反映兄弟民族的诗中,不仅表现了民族生活的色彩与民歌的气息,同时有着比较深刻的思想内容,因而显出了别具风格的特色。许多诗写得优美、轻快、沉着和深刻都兼而有之,例如:《第一个傣族士兵》《夜间木鼓》《岩可和岩角的舞蹈》《我穿过勐罕草原》《在大勐龙有这样一个池塘》《黎明的城》《格朗和情歌》《菩提树,菩提树》《心窝》等等。像《夜间木鼓》就是其中写得比较深沉而有意境的:

是哪个佧佤寨
在把祖先祭奠
木鼓咚咚
叫人想起往年的征战?

是那个佧佤寨
在祈祷五谷丰登
木鼓咚咚
叫人想起往年的荒歉?

鼓声彻夜不停,
像是一只执拗的手
频频把大地摇撼
尽管你闭着眼
然而心已失眠……

战士的责任叫我热血沸腾

　　一个心愿油然萌生

　　我要努力帮助佧佤人民

　　换一套欢乐轻快的鼓点!

　　整首诗,就像被一种深沉的木鼓,敲出了历史的声音,这种沉郁的情感,被最后一节抒写战士的愿望,把整首诗的思想提高了,这个鼓点的结束显得多么有力量,而与另一首《格朗和情歌》的轻快、优美,爱情的期待和缠绵,恰好成一对此:

　　我等待着黑夜降临,

　　我等待着月儿东升,

　　我等待着天边飞来一朵乌云,

　　我等待着乌云抱着月儿西沉。

　　我等待着那惊慌而又甜蜜的一声低唤

　　我等待着他用红毡子将我突然裹紧,

　　我等待着那等待了许久的邀请,

　　我等待着我自己的大胆的应允……

　　这个哈尼族的少女,初恋中的爱情的期待,那种优美的却也是奇妙的心理状态,倏忽一现的少女内心的羞涩的特征,都被表现在这一连串的缠绵的等待中。而这种青春的情感,简直使人感到一种无名的快乐和哀愁……正是这样,这个哈尼族姑娘纯洁无疵的初恋的爱情,被动人地描绘出来了。

　　这三本诗集的显著的特色,我以为就是诗人的抒情性和政论性的很自然的结合,诗的独创性的构思、形象的丰满以及具有民歌的单纯和比较深刻的思想性等等,这在一个青年诗人的作品中,表明他已经有了属于自己的独特的风格,并且在逐渐走向成熟。

　　这三本诗集中,当然也有一些比较薄弱的诗,在《神圣的岗位》这本最初的诗集里较多,缺少生活的深度,也还不是一只熟练的手写成的,因而不够含蓄和精炼,甚至还掺杂了一些概念化的说教等等缺点,但和这里提到的许多优秀的成功的诗,以及最近一年发表的组诗对比来看,那些缺点已经得到很大的克服,并且有了一段遥远的距离,那些比较薄弱的诗,从严格的要求来看,今天应该重新加以删除和淘汰。

公刘的诗,总的看来,的确闪着光彩,我们可以预见到他诗创作上的光辉灿烂的未来。

(原载《处女地》,1957 年第 5 期)

一组出色的抒情诗

公刘的《在北方》(见《人民文学》1956年8月号),我觉得是近来出现的一组出色的抒情诗。这九首短诗可贵的地方,就在于它们有着深厚的热爱祖国的情感、诗意的抒情的真挚性,和精炼优美的形式。

这九首短诗,都是歌颂人民和平幸福的生活的,都是诗人在辽阔的北方和首都的生活和感受。当诗人跨过黄河,亲眼见到了社会主义建设蓬蓬勃勃的生活图景,在那一马平川的古老的平原,看到社会主义带来了成群的合作社和机耕,或是在三门峡工地上,钻探机在尽情歌唱,正在改变黄河的面貌,或是昔日遗留的一片古战场,如今却矗立起了数不清的钢梁,繁荣的田庄上,掘土机又怎样翻起了一阵阵泥土的波浪……诗人在生活的每一片段中,都看到祖国正在经历翻天覆地的变化,使他由衷地倾吐出这些激动人心的话语。然而,诗人在描绘这片生活情景,和这些内心生活经验时,却有着自己独立的见解和艺术的构思,他不但善于把握具体的事物,并且能在表面观察下迅速揭示出内在的深刻的东西,因而这些就饱和着诗人自己的思想,使它们意味深长而音调响亮。像《夜半车过黄河》《中原》《烽火台》等等,就都具有这样的特色,甚至一首只描写了一个场景的短诗《运杨柳的骆驼》,也是这样:

> 大路上走过来一队骆驼,
> 骆驼骆驼背上驮的什么?
> 青绿青绿的是杨柳条儿吗?

千枝万枝要把春天插进沙漠。

明年骆驼再从这条大路经过，
一路之上把柳絮杨花抖落，
没有风沙，也没有苦涩的气味，
人们会相信：跟着它走准能把春天追着。

在这首单纯得像一支民歌的短诗里，仅仅能从骆驼身上驮运的杨柳，诗人看到了一件不平凡的事物，使他联想到已经开始了大规模绿化沙漠的工作，人们脚步又在怎样地追赶着社会主义的春天呵！这里面蕴藏着非常丰富的想象和广阔的思想。

但是，最动人心弦的是书写首都北京的几首诗。北京，是我们每个人心中的诗！生活在这里的人们都知道，中南海朱红的宫墙里，是我们党中央和毛主席工作的所在地，全国人民的眼睛都朝向这里，用一句民歌的比喻：这是太阳居住的地方，无论谁走过这里，都会唤起庄严的思想。诗人以无比的敬爱歌颂了这一切，同时还归结到这一个愿望和思想：

我愿把我比作一滴水，小小的一滴水，
我要反射出你全部辉煌永恒的阳光！

诗人就在这首《致中南海》的诗中，表达了我们人民心灵里的共同的语言，创造性地表现一个光辉的诗的意境。

这种"言有尽而意无穷"的艺术力量，同样表现在另一首诗《五月一日的夜晚》中：

天安门前，焰火像一千只孔雀开屏，
空中是袅袅的云烟，地上是人海灯山，
数不尽的衣衫发辫，
被歌声吹得团团旋转……

半个世界站在阳台上观看，

中国在笑！中国在舞！中国在狂欢！

羡慕吧，生活多么好，多么令人爱恋，

为了享受这一夜，我们战斗了一生！

整首诗的画面多么生动，只有用画家的彩笔，才能描绘出这一幅狂欢节日的情景呵！但是他并没有停留在画面上，最后一句"为了享受这一夜，我们战斗了一生"！这是多么富有概括力量的历史的声音，这样深思而充满智慧的语言，只有深刻地体会了革命斗争的艰苦与欢乐，有着伟大的革命情感，才能直接地抒发出这种人生体验的。同时，也就是这种情感一下子把读者的内心情绪唤起了，使人不能不引起共鸣，想起我们生活中更多高尚的事情！

因此，整个一组诗，每首诗的思想，就像钻石一样闪烁着光芒。合在一起看，又像一幅和平建设的绚烂多彩的巨大画幅。

同时，这组诗的八行体的形式，也是值得特别提到的。这种严整的短诗形式，从五四以来的诗歌中常被运用的，许多老诗人都用它写出过优美的抒情诗，但新中国成立以后，这种诗却很少了，公刘坚持地运用了它。由于诗人掌握了新的生活内容，不但使这些短诗有着精炼优美的形式，并且使这种八行体也获得了新的生命力。这不能不说是很可贵的。

当然，要认识公刘这组诗的全部优点与艺术特色，不是这篇短文所能说明的，我愿先向读者推荐，这应该是抒情诗中的一束新的花朵。

（原载《文艺报》1956 年第 18 期）

白桦的长诗《鹰群》

《鹰群》是一部描述第三次国内革命战争时期,滇康边境的群山中, 一支藏族群众组成的游击队伍, 参加党领导的斗争事迹的叙事诗。这部五千多行的长诗可贵的地方,就在于它所表现的爱国主义和英雄主义的精神,诗意的藏族生活的风俗画和作者奔放的抒情范围,作者白桦,在诗的创作上走的路并不是很长,但这部长诗的完成,却使他在自己的创作历程上攀登了一个新的阶段。

白桦最初从事诗歌创作的主要内容, 就是西南兄弟民族的生活和感受,他参加了西南解放战争,在以后七八年的边疆生活当中,他走过了云南高原上许多的民族地区,接触到藏族、彝族、苗族、傣族等兄弟民族日常的和重大的斗争,看到他们日新月异的变化。在 1955 年出版的抒情诗集《金沙江的怀念》和其他短篇小说中,就以丰富的色彩与抒情笔触,描绘了西南兄弟民族新的生活图景,引起了文学界对这位未来的诗人的注重和期望, 这些作品被列为新中国成立以来最初反映兄弟民族生活的创作的一部分。

但是,从诗的严格的要求来看,这些抒情短诗毕竟是作者初露头角的作品,说它们是出自一支成熟的笔,或者说有多么深刻的艺术内容,那是不完全对的。作者多情善感的艺术气质,对新鲜事物的敏感性,耀人眼目的抒情才华,暂时掩盖了他对现实生活作真正深入的体察与概括。因此,这些抒情短诗,感受的性质多于观察的性质,生活印象和情绪多于思索,他的诗显得华丽、轻柔和新鲜,但也还没有达到那样的思想深度与艺术概括。

直到近二三年来，白桦才逐渐深刻的观察和体验了西南兄弟民族的现实生活，进行了比较坚实的创作准备，在诗的风格上也在探求着新的变化。他在写这部长诗之前，曾经和藏族兄弟一起飞驰过雪山草地，和边防战士一同走在国境线上，千里迢迢的旅途中，他和藏族战斗英雄耶尼玛、康斯等同志成为知己朋友，在帐篷里和山林舞会里，结识了许多藏族同胞中的普通人——像经历过红军长征的老人，参加过解放战争的藏族青年和珠玛们，草原上流浪的热芭人等等。从他们那些生动的牧歌、民谣、口头传说和活生生的英雄事迹的叙述中，使他获得了丰富多样的生活知识，了解到他们的斗争历史、风俗人情和真正的民族情感。特别重要的是，他从实际中体会到党的民族政策，对各族人民来说，就是真正创造新生活的泉源，新的社会关系和观念不但在迅速形成，并且已经产生了许多值得在诗篇中歌颂的光辉的新人形象。

对于生活多方面的观察和感受，不但扩大和丰富了诗人的眼界，提高了认识生活的能力，同时也重新滋润了作者在 1949 年解放战争中亲身经历过的战斗生活，特别是藏族群众参加游击战争的许多回忆和材料。这个英雄民族在滇康边境的英勇斗争，就像一幅多彩的历史画在作者的眼前展开了，那些原来积累过的材料，现在变成了真正感动作者心灵的眼泪，这首长诗产生了，就像作者自己所描写的：

　　喧哗的金沙江是从雪山和峡谷中流出来的！藏族人民是从受辱的岁月里站起来的！红军长征在藏族人民心里留下了希望——真理！共产党给予了藏族人民智慧和力量！滇康边境人民近二十年的斗争是一页壮丽的历史！这一页历史流传在牧民的歌曲里，热芭人动人心弦的琴音里！

当我和解放了的藏族人民一起在雪山上纵马高歌的时候,常常激动地流出了眼泪;我为这个英雄民族的胜利而兴奋,我为这个诗歌民族的以往而心酸,我为这个勤劳民族的今天而欣慰!我用心底里的兴奋、心酸和欣慰写下了这一部诗体故事!

这一片激情的真实的告白,不仅表明作者对藏族兄弟有着深厚的感情,同时也说明了只有对生活有了明确的认识和体察,和人民有着同甘共苦的心愿,这种情感才能从生活中很自然的产生。这在白桦的创作上显然是可贵的, 这也就容易理解这部五千多行的长诗能在他笔下汹涌而出的原因。

白桦的这部长诗里确实包含了藏族人民的痛苦和希望,这里面有受屈辱的黑暗年月,而更多的篇幅充满着英雄气概的斗争的颂歌,充满着对共产党的崇敬和热爱的情感,正是由于党,藏族人民才开始找到自己光明的道路。

白桦在《鹰群》里,以热情奔放的抒情笔调,描述了从 1936 年到 1949 年这一历史时期里,藏族人民在滇康边境群山中的生活和命运,描述了红军长征和藏族人民群众第一次会合的场景,刻画了藏族人民群众心目中的共产党员——贺龙同志的光辉形象。长诗里着重描写了震动人心的西南解放战争,描写了藏族群众参加共产党领导的游击战的英勇事迹。诗里通过许多普通的,但精神品质上绝不平凡的人们——党的地下工作者李文、藏族人的儿子、骑兵队长培楚,纯洁的牧牛姑娘洛娃和英勇牺牲的青年战士顶珠,顽固而又善良的老牧人旺阶,以及那些淳朴的热芭人和珠玛们,游击队里那些藏族青年战士们,从他们战斗、流血牺牲、爱情和友谊的生活中,表现了他们爱国主义和革命英雄主义的精神。作者强调地指出了这一点:他们除了忠于祖国、忠于党,为了自己民族的解放而斗争,世界上再没有比这更美妙更崇高的事物，再也没有比这更好的地方，这正是长诗的主调，正是这部叙事诗里的基本思想。

在《鹰群》里的许多人物形象中间，最引起注目的是培楚——这个藏族青年英雄的形象。他是作者在藏族人民生活中观察的结晶，他是作为现实生活中一个概括性的人物肖像出现在叙事诗里的。这个人物的真实性不仅在于作者赋予了个性化的特征，刻画了他在战斗中、爱情生活中的笑貌与一些内心活动，同时这个形象还凝聚了许多藏族青年普遍遭受到的共同命运。他们原是穷苦的猎人的儿子，童年和青年时期就在受辱和艰难的流浪生活中过去的，直到解放战争的风暴来了，他们只要接近了党，受到了党的教育，便容易自觉地成为一个革命战士，在艰苦的考验中能够坚贞不渝，在革命集体生活中迅速滋长出强烈的爱国主义和英雄主义的品质。这个形象集中的表现了藏族青年战士这方面的共同特征，是一幅比较动人的肖像。

与这个肖像同时存在在长诗中，闪现了新人的光辉的是另一个藏族青年战士顶珠的形象。他不过是普通人中间的一个，但他为了藏族骑兵队的前进，和他父亲一起成为勇敢的侦察兵，两个英雄的尖刀战士，就在胜利的前夕，他用自己的身体作了渡向胜利的桥梁，他英勇的牺牲了！长诗用第九章整个一章献给他，作者在这一章里的描写很出色和动人：

> 在大苔口一棵白桦树下，
> 在无数占有前进的路边，
> 就在伟大胜利的前夜，
> 年轻的顶珠在这里长眠……
>
> 他就像他坟前的小白杨树，
> 刚刚走进自己生命的春天，

他才刚刚知道爱美，
他才知道儿戏的弓箭……

他曾经第一次沉迷于爱情，
战场上他已经像老战士那样作战；
能无限忠实于自己的集体，
他对远大的革命前途那样乐观；

天空上可爱的是风云中不迷路的鹰，
海洋上可贵的是能定向的航船，
人间最可贵的是觉悟的革命阶级战士，
哪怕他还是一个少年；

……　……

死对于他是痛苦吗？
不，如果他是为了战友们前进；
如果他在枪声中没有犹豫退缩，
如果他首先想到的不是自己"宝贵的生命"。

他是一个普通的藏族少年，然而他同时是一个英雄。正如英雄民歌中对这样的新人所歌颂的："失去一个勇敢的为人民的人，人民心中升起一颗亮星。"诗中描写他牺牲的场面，和他父亲抱起他尸体，又继续侦察前进的情景，也突出了这个藏族老牧人的勇敢的形象，他们都是在鹰群中飞翔的雄鹰，围绕在培楚的周围，使巍巍的雪山上有着他们掠过的巨大的身影。

和他们同样有光彩的，是藏族牧女洛娃的形象，她和培楚恋爱时不过是一个纯洁无知的少女，但在这一场斗争风暴中，她迅速的成长了。他背叛了父母亲,和培楚结婚,又只身在雪山上去找培楚,她成为游击队里的一员时,她就勇敢地去劝说藏族千总参加游击队,她在千总面前表现得多么英勇:"要杀对着我杀,要砍对着我砍",和她相辉映的是另一个热芭女人娜吉的形象,她也是一个普通人,但在国民党反动军官的凌辱、威逼和迫害面前,她却像金刚石那样倔强,丝毫也不屈服,表现了兄弟民族妇女坚贞的性格,敌人的子弹将要射向她时,她却从容镇定地选择了死,因为跪在敌人面前活着,这不是热芭女人的性格,何况她的心早已献给了一个游击员。她就用温柔的死表白了纯洁无瑕的爱情:

> 她对着四周雾沉沉的夜色,
> 她留恋地看一眼对岸的火光;
> 在丰满的胸上垂下美丽的头,
> 她希望静静地度过最后的时间;
>
> 她在枪声中摇晃了一下身子,
> 就像是谁惊醒了她的安眠;
> 她用灿燃的眼睛再看一眼黑暗的大地;
> 旺阶把她无力的身子接在自己的胸前……
>
> 娜吉再也不想什么;没什么了;
> 她走进永远睡不醒的梦境,
> 热芭们把她抬进河水里,
> 滔滔的东流就是她的坟墓……

就是这些英勇的人们,他们自身的行为、情感和思想,都从不同的角度体现了崇高的爱国主义和英雄主义的性格,并且他们是从藏族人民自己的眼光来审视和表现这个庄严的信念的。

　　《鹰群》里的这些英雄的形象，也许有人觉得他们不是每个人都那样高大、完整，像一尊英雄偶像那样竖立在长诗里，这也许是一个弱点。但我却以为这是一个优点。英雄，我认为就是那些相信群众的力量，以自己的英勇行动唤起别人觉悟并推动别人前进的人们。因而他们本身也就是那些普通的但精神品质上超越平凡的人。《鹰群》着重描画出这一批普通的藏族人民中间的英雄形象，看起来还是真实的，能表现藏族群众中间青年一代新的精神品质的。正如藏族民歌中所说："我们听见过一些神话，原来神话里也是一些常人……"也就是这部长诗的艺术创造的原则。

　　这部长诗的另一个明显的特色是描绘了藏族的生活风俗。在第一章里描写根觉活佛的讲经场，那些草原的人们怎样在黄色的帐篷里虔诚地呼吸着清新的檀香，以及洛娃和培楚在泉水边谈情说爱的方式和语言，以及千总官寨里的生活情境，藏民出征前夕的告别等等风俗画面，不仅从第一章里就有鲜明的描写和渲染，而且这种特点几乎贯穿在整个长诗里的每一章。正因为它们是那样鲜明，有着强烈的民族和地方的特色，所以，这里不用引征什么，读者在读这部长诗时也许首先被吸引的，就是对藏族这种特有的风俗、习惯的描绘。需要指出的是，长诗中虽然着重渲染了这种风俗画面，但它们是服从人物和环境的，特别是作者注意到了一个民族的风俗习惯，是怎样强烈的影响着生活、思想、感情，而又从日常的行为中言谈中具体而微的表现出来。离开了这些对藏族风俗习惯的描写，也就无从谈到描写他们的生活，更谈不到塑造人物的形象了。因此，作者在长诗中引用了许多藏族民歌，例如《布谷》《茶赞》《拉萨姑娘》《思乡之歌》《忧伤的歌》等等，根据它们原有的加以发展、改作，穿插在诗里，表现某些特定环境中的情绪、活动，这样不但有助于长诗的藏族生活气氛，而且在塑造人物心理、情感方面也很有特色。

在《鹰群》中,作者热情、奔放的抒情笔调是很吸引人的,而且抒情性和叙事性的原则结合得比较自然。作者在许多章节中都有着他抒情的素质,同时也注意到了比较概括的叙事原则。它们燥和在一起,使长诗在这样漫长的篇幅中,并不减少作者的热情,和诗的感情的浓度。他运用了不少民歌、民谚、俚语,使叙事中很自然的有着抒情的音响。例如爱情描写的场面,游击队出征的场面,游击队和珠玛们相聚的场面,培楚和洛娃在战争中相会的场面,骑兵战斗的场面,等等,都有这种抒情性和叙事性和谐的结合的表现。

我们应该提到:长诗中也存在着薄弱的部分,在人物形象的塑造上,李文的形象是刻画得比较差的,虽然他也有自身独特的遭遇,但这些遭遇的叙述中却显不出他独特的性格、面貌,在游击战争开始以后,这个人物应该显示出更加饱满的力量,但在事件中人物反而逐渐消失了。另外,在第五、六章中也有拉杂冗长的地方,尾声中存在的问题也许是比较大的,由于作者着力想刻画这一章——这里接触到我们的领袖和几位国家领导工作者的形象,而又缺乏这方面的实际感受,这就违背了前几章那种流畅、奔放、自然、真实的性质,这个尾声是值得作者重新考虑和修改的。在语言运用上,如果整个长诗还能够加以压缩,在章、节和语句之间加以适当的精炼,许多人物的对话要求诗化和洗练(现在还有更多的散文化的痕迹,冲淡了诗的单纯性和精炼性),这样,对于整个长诗会显得更好些。

无论如何,白桦作了很勇敢的尝试,并且已经取得了这样显著的成绩,在他的创造经历上攀向了一个新的阶梯。他对生活充满了激情,对于生活和创作有着旺盛的精力,现在他重新深入在生活中,我们有理由相信,他将会获得更加光辉的成绩。

(原载《文艺报》,1957 年第 14 期)

公刘近年的抒情诗

一

早在 20 世纪 50 年代的诗坛，公刘的抒情诗就赢得了读者和评论界的赞誉。他的作品热情、真实，有浓厚的时代气息，尤其是那些动人的想象、深沉的思想和独到的艺术构思，深深受到读者的喜爱。

谁不喜欢读这样凝练、奇峭的诗句呢？

> 一条小路在山间蜿蜒，
> 每天我沿着它爬上山巅；
> 这座山是边防阵地的制高点，
> 而我的刺刀则是真正的山尖。
>
> ——《山间小路》

谁又能忘记这样明亮的诗行呢？

> 我走着，径直走向中南海的朱红的宫墙，
> 泉水般汹涌的诗句，一起化作了庄严的思想；
> 我愿把自己比作一滴水，小小的一滴水，
> 我要反射出你全部的辉煌永恒的阳光！
>
> ——《致中南海》

更耐人寻味的是这样富于生活诗意的图画：

> 天安门前，焰火像一千只孔雀开屏，
> 空中是朵朵云烟，地上是人山人海，

数不尽的衣衫发辫，

被歌声吹得团团打转……

整个世界站在阳台上观看，中国在笑！中国在舞！中国
在狂欢！

羡慕吧，生活多么令人爱恋，

为了享受这一夜，我们战斗了一生！

——《五月一日的夜晚》

还有歌颂党的阳光照亮了西南边疆的《西双版纳组诗》《佤佤山组诗》；描绘社会主义建设的组诗《上海抒情诗》《在北方》和诗集《边地短歌》《黎明的城》中充满着诗情画意的篇章。

这些真实优美的诗，显露出作者真挚的抒情气质，和忠实描绘现实的卓越才能，笔触流畅，图画鲜明。这些赋予了时代色彩的抒情诗里饱含着诗人的思想，正是这种思想力量，构成了他全部才能的主要方面。当他用朴素的语言表达革命真理，或用生动的形象描绘有时代意义的画幅时，作品透射出思想的亮光显得特别强烈，能照亮读者的心灵，引起共鸣。因此，在 20 世纪 50 年代崛起的一辈新诗人中，公刘的抒情诗是颇具特色的。

公刘在 50 年代后期遭到了冤屈。这个转折影响了公刘以后的创作生涯。20 多年的青春年华，像无声的流水一样在山西黄土高原上流失了。他从朝气蓬勃的青年时期，走进了现在 53 岁的生命的秋天。

然而，公刘的性格和经历证明了：一个真正有才能的诗人，是没有什么力量能剥夺他的思想，迫使他放弃自己对党和共产主义理想的追求，对时代和人民的责任，以及对历史和生活的看法的。言如皎日，有死无贰，诗人的执着正表现在这里。因此，不管是什么样的生活遭遇，只要他周围有人民，有群众的生活（群众中有多少正直、高尚和有道德的人呵），诗人的才能和思想总和他同在，他和群众也总会血

肉相连在一起，越是遭到打击陷害的逆境，越发磨砺了他的诗的风骨，锤炼了诗的灵魂，思想境界和艺术造诣也将愈趋于深邃和成熟。"风格即人"，一个诗人真正的作品，往往就是他的生活经历留在内心凝结的形象结晶。

他和共和国一起经历了狂风暴雨的年代，看到了极"左"思潮、封建主义和现代迷信泛滥成灾，度过了林彪、"四人帮"乌云压城魑魅横行的日子……他对被残害得遍体鳞伤的祖国，受到惨重的精神创伤的人民，爱得真挚！爱得深沉！当历史新时期的黎明到来，他立即拿起笔，为时代和人民发出了诗的强音。他说："诗人的行动就是诗。"今天，更要用诗的武器来行动，进行战斗。

公刘在战斗的坎坷途中，用诗来叙述自己的行动，用生命的血泪谱写出风骨遒劲的诗章。

二

我记起公刘的一首抒情诗《鲜血与诗歌》（1956 年）：

> 假如我要死去，
> 我的每一滴血，
> 都将渗透到地下，
> 鲜血和诗歌一样，
> 能营养我的国家。
> 我的声音将活着，
> 但同时也将沉默。
> 就让它沉默吧，
> 它愿听新的歌，
> 听新歌，是最大的欢乐……

这声音多少年萦回在我心里，它却像预言一样，成了从 20 世纪

50 年代通到 70 年代的一座桥,虽然桥底下跨过了时间漫长的幽暗的峡峪。现在,当生活美好的火花——第二次解放的火花亮起,把他沸腾的热血燃烧起来了,而且烧得多么旺盛。当我们在广西当代诗歌会上握紧双手时,我感到他手掌上发烫的感情,诗人不再沉默,唱出了新的歌。

从粉碎"四人帮"的三年来,他创作发表了近百首抒情诗,一首长篇叙事诗,出版了诗集《白花·红花》和即将出版的选集《离离原上草》(与此同时,还发表了不少具有战斗性的诗歌评论、报告文学等)。这么多动人的诗作,就像喷泉一样迸射出来,然而,它流出的却是诗人大量的心血。公刘说过,"诗应该是诗人的血",奉献给读者的每一首诗,都是"对自己不断施加压力'挤'出来的一杯胆汁"(《〈白花·红花〉后记》)。这是深谙创作甘苦的箴言。正因为有这种献身的精神,使他数十年如一日地坚持严肃的创作态度,不断增强自己抒情诗的创作能力。他把自己的血化成一颗颗红玛瑙,把自己的胆汁化成一串串翡翠。他呕心沥血地琢磨着时代给自己的欢乐与痛苦,然后交给人民所需要的诗,这是他的抒情诗始终能保持旺盛生命力的重要原因。

这里,有着一段动人的插曲:1976 年初,"四人帮"还在横行,公刘在山西忻县,早被剥夺了写诗的权利。在一月哀思中,他遥望北方,雨雪霏霏,人民在悲痛地设灵冢祭敬爱的周总理。诗人的心上飘落着雪花,却在心底里滴着血……他禁不住思想的火焰燃烧,暗夜中写下了《誓》《骨灰呵骨灰》《白花》等八首抒情诗。这束破晓前的黎明的花朵,是由思想、火焰、血、眼泪和革命者的胆汁凝成的。诗人在《骨灰呵骨灰》中以颤抖的喊声哭唤着:

> 每一条江河呵,每一个土坡,
>
> 大张开颤抖的颤抖的胳膊;
>
> 伟大的周恩来呵,不朽的共产主义者,

人民的心窝,就是您的陵墓与棺椁!

我就是在一个荒僻的山区之夜读到这首诗的,它使我因感动留下的热泪比起因痛苦而流下的多得多,所有悄悄读到这些诗句的眼睛都是通红的,抑制不住内心的悲哀,而每个人的心窝,都成了周总理安息的陵墓与棺椁!

这不是偶然的例子。又如1978年春发表的《大军行》。这首诗的中心思想是,应当恢复毛泽东同志本来的伟大面目,反对神化,同时阐明了无产阶级领袖应该是一个革命的集体领导。但它构思和发表都在三中全会之前,报刊上还从没有见到这类"提法"。当然,这首诗不是也不可能对领袖人物作出评价,作者只是从人民真实的思想情绪,纪念堂前亿万群众跳动的脉搏中,感受到了这个严肃的主题。他敢于走在现实前头,"冒险"地用形象表现出来了。令人惊叹的是,它完全符合了后来三中全会公报的评价和精神。今天,当人们揭露出群众愤恨的"造神运动"的"红衣主教"及其他"阉宦巫师",这首诗仍有着鲜明的现实意义。其他如《大地以红心为盾》《沉思》《诗的复活》等许多诗,都能大胆思考,切中时弊,发聋振聩,启人深思。

公刘之所以能够思想解放,干预生活,"诗歌合为事而作",决非发泄个人一时愤慨,或得自偶然的灵感,更不是追求所谓的"尖端题材"。他深刻观察现实,又有着饱经沧桑,与人民共忧戚的生活阅历,使他具有"但歌民病痛,不识时忌讳"的见识和胆量。特别是党中央三中全会关于解放思想的号召,实践是检验真理的唯一标准的讨论,"双百"方针的开始实行,无一不成了诗人打开思想闸门的金钥匙,使他迎风破浪,甘当时代的"弄潮儿",大胆思考,勇作诗坛的"闯将",面对新的现实,新的诗苑,真实、大胆、深入地写出有血有肉的崭新的作品。这种精神是符合他的性格的本质的,是在他的创作上合乎逻辑的发展。

三

公刘坚持现实主义的诗歌创作,他的特征是:忠实于生活,从中取得丰富的体验和真切的感受,提炼出诗的形象,因而这些形象表现得比较真实。

公刘认为,现实主义就是文学艺术中的实事求是。忠于现实,才能从中引出结论,指明人的命运的现状和前途。因此,在他的新作中,尽管有思考的漩流,激情的浪花,战斗的火焰,哀悼的泪珠,希望的星光,欢欣的太阳……但在这一切中间突出地闪现的仍然是生活,"显出生活实际存在的样子"(别林斯基语),真实的生活才能在他的心里化成诗歌。

从《铁脚歌》《哀诗魂》《星》《刑场》《琴》《七公尺、一百公尺和四千公尺》《上访者及其家属》等等抒情诗中可以看出,公刘是一个诚实的现实主义者,他不能离开现实中亲切真实的人物,平常生活中决不平凡的英雄事迹,富有生活哲理的事实和思考……因而它们被反映出来以后,就转化成了读者日常生活的一部分,人们掩卷以后会从心里说:写得真实,再真切不过了。例如在《星》中,开头就这样问你:"条条大路通向天安门广场,而广场……怎么通向了'四人帮'牢房?"这一问真是问得人惊心动魄? 天安门广场在人们心目中是革命、理想、光明的所在,阳光和鲜花铺满的地方……谁能想到"四人帮"就在这里使革命者血流成河,通向最黑暗的牢房……然而它确实是生活中确凿的事实。又如《哀诗魂》中,对郭小川的诗人性格,战斗风采,音容笑貌,喜怒哀乐,写得栩栩如生,语语都在眼前,写出了真情景、真感情的境界。他最后这样评价了郭小川的诗:

> 你属于党,属于人民,属于中华民族,
>
> 呵,诗人! 你的诗是子弹和珍珠!

> 应高悬于国门呵，
>
> 须深藏于武库……

真是大气磅礴而又实事求是。表明了作者"所见者真，所知者深"（王国维语），才能从常见的生活中寻找到出人意外的独特的东西，使他从全新的角度来描绘对象，令读者感到既新奇而又真实。又例如在《刑场》中，诗人把人们带进了张志新烈士的殉难地——沈阳郊外的大洼：地上蓬蓬乱草野花，紫色的野花是"血痂"，杨树也像被割断喉管，旷野死一般禁绝了喧哗……诗人悲愤地问大洼："中国！你果真是无声的吗？"读者却从无声中听到：张志新呼唤真理、呼唤太阳的喊声，她就在大洼发出了响遍中国大太阳的喊声，她就在大洼发出了响遍中国大地的英雄的回答。这是多么真实的声音，多么崇高的精神境界！

诗人郭小川活在世上最后的几年，已经在认真考虑诗的真诚和真实性问题了，他生前曾对公刘谈过，后来公刘在《哀诗魂》中用诗句表述了他的思想：

> 我相信诗的真诚，
>
> 我相信战士的觉悟；
>
> 只要心上没有迷雾，
>
> 就能采到远在天边的花束……

他肯定诗的真诚。这里的"迷雾"，就是形象地指斥极"左"思想扩散的虚伪的浊气，诗人期望的"远在天边的花束"，难道不就是今天公刘和其他诗人已采撷到的现实主义的鲜花！

四

近年来，公刘的诗不再像50年代属于乐观、活泼、热情的即兴创作，也没有类似别人的诗中那种美丽、虚渺的梦幻，黄鹂鸣啭所唤起的轻飘飘的情感，他没有那些空洞苍白的抒情诗句。他的思想深沉了，意境扩大了，他全力以赴地把自己的诗句放在铁砧上一锤一锤地锤炼起来，他提取经过选汰的属于诗的本质的东西，沉思、启示性和哲理的结晶，寻求生活的解答，挖掘新的精神境界。他把诗看成贵重的"子弹和珍珠"，那样具有威力和光彩照人。他刻意追求每行诗都是一个新的发现和创造。诗人知道这一切的真正取得，必须勤奋学习，在马克思主义世界观、艺术观的光照下，更加深入生活，才能创造出新的手法、新的风格。诗人说过："既然历史在这儿沉思，我怎能不沉思这段历史？"我们看到了他在历史面前沉思的面容，也读到了他在作品中沉思的抒情风格。此外，独特的构思、生动的比喻、精练的语言、鲜明的色彩，占据着公刘的抒情诗的领域。既包含着他的艺术思想，又有着复杂的艺术技巧。公刘十分重视诗的构思。他认为"必须理解构思乃是一个最单纯、最有共性的思想和一系列最有个性特点的形象相结合的过程"。也可以说，构思就是诗人的主观和客观事物的复杂的辩证的"合金"。

在整个分解、化合的过程中，始终需要诗人的想象、热情和独创能力。公刘在这方面是倾注全力的。例如《星》这首诗，酝酿写作了两年多，没有写成，直到在天安门广场，从夜空中偶然发现了黑云缝隙中闪烁的星，就像囚徒深情凝视大地的眼睛……他得到闪电似的启发，终于找到了诗的"主旋律"，点醒了全局，写成了这首壮丽的诗篇。这说明构思的艰苦的过程。他往往依照不同的内容采取各样的构思。例如《沉思》，只通过周总理那幅"最后的时刻"照片上沉思的面影，引发出一系列富有哲理的意象，使全诗达到形散神聚，理重而情深的构思效果。又如《为灵魂辩护》，则以"我"为中心，展开想象的翅膀在生活的旷野上空飞翔，"精骛八极，心游万仞"，而又如辐之于轴，造成既散开又不脱离中心的精巧构思。《哀诗魂》又不同，诗中的"我"只是陪衬,突出描写诗人郭小川,选择了初识、重逢、生离死别等特征性情节,烘托出诗人一生的战斗情景。人物如此鲜明,情节、对话在构思中起了关键作用。又如《献给科学大会》这一类诗的构思,很难捕捉具体形象,作者以政论和抒情柔和,上下几千年,纵横数万里,重在说理,而有理趣,启迪思想,发人深省。上述各种构思例子不胜枚举。它生动说明,诗人熟悉的生活越丰富,内心感受的印象越多,想象的羽翼越强劲有力,他的构思方式就越能多样,并且能得心应手地驾驭形式、语言、音韵等技巧。

公刘诗的形象鲜明,善于运用准确、新鲜、生动的比喻。有时在诗里比喻一个接一个,深化诗的感情,加强形象的密度;有时用的比喻和描写的事物本身初看似无直接关联,一经咀嚼,意味无穷,出人意外地加深了印象。例如:"遍布于大脑皮层的回沟呵,谷何其深,峪何其长!"用深幽的"谷"与"峪"比喻头脑中的绵长的回忆,避开"脑海"一类陈词,新奇准确,词义精当。一般用"心房""心田"比喻人心,诗人别出心裁,用了"人心是卷宗呵,件件桩桩,一万年也要立案归档"!用"卷宗"比喻仇恨"四人帮"的人心,意义深刻,新颖生动。又如描写吴淞口风景:"当中天月华如水,趁江海水如月华。"以水喻月,以月喻水,相互辉映,境界全出。诗人为了深入所描写的对象,使之纤尘毕露,刻画入微,进行了复杂的对比、联想、精心推敲,才能创造出这样生动、确切的比喻。

公刘认为"音乐之于诗的重要意义不亚于鸽哨之于鸽子"。他注重语言的音乐性。"春雷在残冰上敲,/春雨在薄云下飘,/春风在柳梢上把手招,春天,你好!"(《春歌》)就汲取了徐志摩式的流畅、舒曼的韵调。有时用古典戏剧中的垛字,这类双音节词汇,如"掏枕槌床披衣推窗""拧眉咬牙沉思默想"(《星》),以音响效果增强主题的紧迫感。同时他也注意诗的绘画美。在形象的捕捉和描绘上,自然景物的日月星辰、山川草木,固然能在诗人的敏锐视觉里,社会生活中人的活动、精神状态、音容笑貌和细微的感觉,也能进入诗景。《沉思》中对周总理形象的描绘,《琴》中对战士的抒写以及《上访者及其家属》中的女儿……对许多人物形象描绘中都显示作者的追求。

不过,公刘这些诗,思想虽然更深刻了,但比起过去的诗,形象显得不够丰满;有的议论脱离了生动的形象,妨碍诗人把热情贯注到诗里面,显得枯涩,削弱了抒情诗特有的表现力量。有些诗句由于试验口语与古诗词汇结合,显得不够和谐。这些,都有待于进一步的探求。

公刘是一个认真探索的诗人,勇于思考,热情真挚,他把抒情诗当作点燃人们心灵的火花,不断燃烧自己,照亮别人。他说:"果真能八千次爆发希望的火花,我甘愿在光明中化为灰烬。"他的诗带来了希望和光明,帮助人们思考。人们将怀着对他真挚的谢意,因为诗人用生命的"血和胆汁"为读者呈现出自己的抒情诗。

9 月 18 日深夜写于兰州甘肃师大
（原载《文艺报》,1980 年第 12 期）

论邵燕祥的诗歌创作

邵燕祥同志十四五岁时（1947 年—1948 年）已发表《望祖国》《橘颂》《金菩萨》等早期诗作，当时是在北平地下党的引导下从事写诗的，在白区——那个"白日黑如夜"（《囚徒歌》）的反动年代里，文学就是战斗，抨击黑暗，追求光明，为迎接人民的解放而歌唱，抒情诗的旋律是在革命斗争的生活中产生的。这个诗歌创作原则，指导着 20 世纪 40 年代白区所有进步的诗歌工作者，也一直到后来都对他留下了深刻的影响。有的评论家说他在没有任何准备的情况下就开始写诗，我们只能微笑地予以反驳，随着 1949 年解放战争的硝烟飘散，中华人民共和国成立，未来的诗人邵燕祥已经跃跃欲试，站立在生活的朝霞中，沸腾着他那霞光般年轻的诗的血液，唱出了自己的歌，很快就和 50 年代一群青年诗人起飞了。

从 1950 年—1957 年，是他创作的丰收期，出版了诗集《歌唱北京城》（1951 年）、《到远方去》（1955 年）、《八月的营火》（1955 年）、《给同志们》（1956 年）、《芦管》等五本诗集。近两年来出版了《献给历史的情歌》（1980 年）、《含笑向七十年代告别》（1981 年）等诗集，以及散见于各报刊的诗作。

他原是在红旗下成长的诗人，尽管政治风暴迫使他搁笔近 20 年，三中全会后党的阳光重新普照大地，他迅速恢复了嘹亮的歌喉，续唱出了一个中年诗人成熟的歌。邵燕祥全部诗歌显著的特征是强烈的时代精神，抒写劳动的美，现实主义明朗、朴实、健康的诗风——

这是一般的特征;还应该强调的是他那富于浪漫主义理想的色彩,总是充满活力的青年人的情绪、音调,始终流贯在他的诗篇中——这是个别的特征,属于他个人性格气质里的那种精神。我认为,探讨一下像他这样有特色的诗人的创作以及他在艺术上的得失,对于今天诗坛上争论的某些问题,仍将具有新鲜的现实意义。

诗人的创作有哪些特点呢?

首先,他是一个时代的歌手。

20世纪50年代社会主义的蓬勃兴起和大规模的建设,创造了一个崭新的我国历史上从未有过的盛世。它标志着社会主义社会正在诞生,腐朽的旧社会正在崩溃,为创建这个新的革命大业,在当时六亿人民中间蕴藏着不可估量的热力,到处燃烧着爱国主义、英雄主义和革命乐观主义精神的火焰。我们的党为了保证社会主义的胜利前进,组织了千千万万的先进人物投入这场伟大的斗争。我们处于举世瞩目的社会主义革命和建设的壮丽时代。诗人们莫不以歌唱这个新时代而感到自豪。邵燕祥从开始就表明自己是属于其中的一个最年轻的歌手,他歌唱:"我们是年轻的接力人!"(《到远方去》)"在我们每一步脚印上,请你看社会主义的诞生!"(《我们架设了这条超高压送电线》)这是多么自豪、乐观的音调。他一出现就把诗的音符跳动在社会主义的脉管上,使他的诗具有鲜明的时代色彩。

热爱社会主义新中国,当然不是一个抽象的概念,而必须是十分具体的——热爱它的首都、城市、农村、森林、田野、工厂、矿山、边疆、草原……更有这个社会的新人:先进工作者、共产党员、共青团员、少先队员和千千万万普通劳动者。这一切出现于新中国的新事物和新人物,他总是以强烈的时代感情来歌颂,用美好的形象予以诗意的动人的描绘。他赞颂首都:"北京城是红旗一面,高高迎风,北京城是太阳,亮在空中。"(《歌唱北京城》)而遥远的鄂尔多斯草原又是那样深情地牵动着诗人的心弦:"我的心呀在高原……白天,高原上闪着金光,黑夜,高原上闪着银光……革命的、社会主义的鄂尔多斯啊……我歌唱你明天的无限的希望!"(《我的心呀在高原》)诗人热爱社会主义的蒙古草原,鄂尔多斯的太阳和月亮都焕发出了新的光芒。他的眼光落到了祖国的大森林,森林便化成了色彩斑斓的"绿色的画廊"。甚至从最偏远的淘金船上矿工的心里,他也窥见了"金子般的阳光照着金子般的心"!喊出了中国矿工赤诚的心愿:"用黄金镀亮我们的地球,先镀亮东方——社会主义中国的部分。"(《淘金船》)邵燕祥就是这样挚爱着我们社会主义祖国的土地、森林和矿山。这里,还只不过是从诗人描绘社会主义常青树上随手摘下的几片绿叶,更令人感动的是通过诗人的眼睛和声音,使我们认识和熟悉了众多的社会主义新人的形象。在《到远方去》《给同志们》等诗集中,新人们成群结队地从诗篇中涌现出来。优秀的党团员、边疆青年建设者、钢铁工人、建筑工人、战士和许多平凡岗位上精神世界绝不寻常的普通人,他们一个比一个更富于理想,更具有英雄主义和乐观主义的精神力量,他们的进取精神和忘我劳动,把生活推向了旋风般前进的速度,表现出了社会主义新人的时代风貌和可贵的精神品质。这一切,诗人在20世纪50年代做了真实的、积极的反映,用诗歌做出了符合时代精神的回答。就是在今天看来,也是弥足珍贵的,值得在现实主义诗歌创作上继续发扬的。

尽管历史有过曲折,有过"文化大革命"的阴暗岁月,诗人自己也同历史一道历尽沧桑,沿着崎岖路途走进了80年代。但是,由于他一贯保持着一个时代歌手忠诚于党和人民的强烈感情,使他在那场"史无前例"的噩梦中,仍然借用李商隐的诗句"我是梦中传彩笔,欲书花叶寄朝云",想的仍是社会主义的红花绿叶,寄托给未来新历史时期的黎明,表明一个党员诗人对革命、对社会主义的理想和忠诚。他一旦重新执笔,就不能不大声欢呼:"我呼喊——以 80 年代第一个春天的名义"(《沙漠吃不掉北京》),写下了一系列感人的富有时代气息的诗篇。例如揭露"四人帮"的罪恶,歌颂人民的英雄,气贯长虹,情真意切的《致窦守芳同志》《1979 年清明祭》等等广为传诵的力作。

我就在一次朗诵会上,听到一位青年朗诵下面的诗句,整个会场化成一片深情的唏嘘声:

> 我不知道在心的哪个角落,
> 能够让你安静地长眠
> 小小的,破碎的心容纳不下
> 你的灵魂——充塞在天地之间!
>
> 三十年前,我们用松枝告慰英烈,
> 为了一个人民共和国的建成,
> 而三年前牺牲于祭台前的,
> 可能当时还没有出生!
>
> ……
>
> 死者,请闭上,闭上眼睛吧——
> 相信我们今天睁开着的眼睛。
> 死者,安息吧,安息吧、安息吧——
> 相信我们能不停步地长征!

——《1979 年清明祭》

这痛定思痛的眼泪里,浓缩了多么壮阔的时代生活内容,革命者的庄严、艰辛和壮丽,充塞在字里行间,读者和听众不能不为之泫然泪下,而又汲取到巨大的精神力量。

在《献给历史的情歌》《含笑向 70 年代告别》两本诗集中,像上述那些优秀的诗作,清晰地表明它们是时代生活的记录,是诗人拥抱客观现实出自肺腑的真实的歌,正如他自己所说的是"血管中流出的血:真诚的血"。(《后记》)邵燕祥 32 年来的创作历程,证明了一个颠扑不破的真理:在现实生活中,谁能把握时代的脉搏,谁就能发出时代的强音,就像插上腾空的双翅,在诗的领空任意飞翔。应该说,邵燕祥就是这样一个时代的歌手。

其次,诗人善于抒写劳动的美,社会主义建设者的忘我劳动和创造生活的诗意,成了诗人创作的源泉。他在《做好写诗的准备》中说过:"我决心用诗歌来反映我们建设者怎样为社会主义工业化而劳动,并且在劳动中提高自己的精神品质。……我认为能在自己的诗里表现同时代的先进人们的思想感情,这是我最大的光荣。"(《文艺学习》1955 年第 8 期)他是这样说,也是这样做的。

值得注意的是,在 20 世纪 50 年代年代初期的诗歌领域里,工农群众的创造性劳动的主题,在当时是个刚开始探索的全新的课题。如何站在生活的高处,理解和感受劳动的壮丽图画,挖掘出劳动者心灵的美,在创作中是有一定的难度的。他的诗作却展示了劳动本身所具有的实践的深广意义。它首先使人们了解到:劳动的概念根本不同于旧社会的干活,也不同于蝼蚁筑穴、蜘蛛结网的盲目劳动,使人异化为"非人",变成盲目的必然的奴隶。我们社会主义的劳动,是解放了的工人阶级和人民群众主动自觉的有理想的实践活动。劳动不但创造了世界,也创造了社会主义的新人。他在诗篇中歌颂的劳动,不但是我们新时代的光荣的象征,也是照耀我们社会主义前进的辉煌的火炬。其次是他努力通过艺术形象揭示出劳动创造的美和浓厚的诗意。例如《我们爱我们的土地》《在夜晚的公路上》《我们的钻探船轰隆轰隆响》《我们还是拓荒者》等等这一类诗篇中,无论田野上播种"美好的种子"的农民,还是"炼钢炉倾泻着火的瀑布"的鞍钢工人,在"高山塔顶"上架设超高压电线的组塔工人、放线工人,一直到"70 年代的拓荒者"、小兴安岭的林业工人……无一不是对社会主义新人自觉的劳动的歌颂。诗人带着热情的火焰透进了工人、农民的心,热火朝天的诗的火流简直是从劳动的峰巅一直倾泻下来,使读者能在炼钢工人、采矿工人燃起的火焰上烤暖双手,照亮心胸。我们看到从祖国的东北到南方,哪里有巨大的建设工地,诗人就插足在哪里留下脚迹,把心和工人们连在一起。试看长江的钻探船上,大桥还没有竖起第一根钢梁,却已在江面画出了别是一番风光的劳动景象:

> 宽阔的长江上闪闪发光,
> 是太阳在江心洗它的翅膀。
> 我们的钻探船就泊在江心,
> 从日出到日落,从黄昏到天亮——
> 我们的钻探船轰隆轰隆响。

> ——《我们的钻探船轰隆轰隆响》

过去的评论者认为这些诗句只是"具有高度的想象力",我以为这种理解流于表面,它恰恰掩盖了诗人极力揭示劳动创造的诗意的那颗赤诚的心,如果他的心不和工人们的心灵融化在一起,跳动在一起,那么,无论具有怎样高度的想象力,也是写不出来的。理解了这一点,我们就会看到在《到远方去》这本诗集里 19 首优美的诗篇,真是"春城无处不飞花",处处在努力挖掘和表现我们社会主义劳动的诗意和美。

《到远方去》这首诗很有代表性。通过一对恋人在天安门广场告别,到远方去参加建设,表现出人们对社会主义建设前景的向往和自信心:

> 在我将去的铁路线上,
> 还没有铁路的影子。

在我将去的矿井，
还只是一片荒凉。

但是没有的都将会有，
美好的希望都不会落空。
在这遥远的荒山僻壤，
将要涌起建设的喧声。
那声音将要传到北京，
跟这里的声音呼应。
广场上英雄碑正在兴建啊，
琢打石块，像清脆的鸟鸣。
……

这正是 50 年代建设初期颇具典型意味的景象，却深深体现出青年一代为社会主义劳动的豪迈的感情，也刻画出了新人富有理想的浪漫主义色彩的内心世界。《十二个姑娘》也有异曲同工之妙。它抒写了刚走进鞍钢的十二个姑娘，她们怀着新奇、激动、胆怯的心情，通过劳动——"每点钟都像在考试"，终于在机器轰鸣中成长，越过一个又一个新的思想高度，展示出劳动者勇于向理想高峰攀登的心灵美。另一首《五月的夜》中，描绘了在白茫茫的雪原上的边疆建设者，"冒着狂风扎好帐篷，牛粪堆在暮色里冒起青烟"，尽管在劳动中冰雪冻僵了手指，但他们的心却和北京合着一个节拍，流露出心中对社会主义祖国深挚的爱情。

在表现劳动主题时，诗人并没有绕过生活中的困难和斗争的艰苦，也没有放过那些"旧社会的残余还在发散着臭味"（《做好写诗的准备》）所带给劳动者的毒害和不幸命运。而是按照生活本来的面目，从中挖掘出它的积极的发展的因素，就是在抨击旧封建思想残余和官僚主义的鬼影时,也没有忘记对社会主义未来理想的追求。《贾桂香》这首诗就是明证。它抒写了一个年轻的阶级姊妹、优秀女工贾桂香,在旧封建意识和旧习惯势力的"软刀子"下被迫害致死的悲剧。诗人义愤填膺,呼吁读者思考不该在社会主义制度下发生的这类事件的根源,愤怒地喊出:"不许再有第二个贾桂香!"读者喜爱这篇作品,诗人却遭到了封建卫道士们的诬陷和围攻,长达 20 年之久。但是,正义之树常青,真理终归战胜邪恶,昔日的诬陷恰恰从反面证明了诗人对社会主义劳动者的真诚和热爱。正因为这样,使他的诗震响着现实主义洪亮的声音,鸣奏出劳动群众的纯朴、明朗、优美的心曲,使他避免了当时已开始露头的廉价的"假大空"的东西的污染,这点是我们所不应当忽视的。

诗人直到 80 年代抒写劳动主题时,也没有消失上述特征,在《地质队诗抄》《化雪》《北大荒》《绿色的长廊》《给我以电》《淘金船》等诗中,仍然刻意描绘劳动者高尚的思想情操和丰富的内心生活。在今天,社会主义建设的新时期中,在诗歌创作中抒写劳动主题是时代的需要,也是现实主义诗歌发展中亟待深入探索的重要课题。邵燕祥在这方面所作的努力和取得的成绩,是应当肯定并加以研讨的。

我们在很大程度上已经涉及他的作品内容和主要特征。还应强调指出的是,他那富于浪漫主义理想色彩,充满青春活力的青年人的情绪、音调,始终流动在他的抒情作品中,这个特征是这样显著,甚至不需要多作分析就使人一眼看得出来, 是属于他个人性格气质里的那种精神。

需要说明的是,他这种从青年人的角度出发对待生活,对待诗歌艺术,关键并不完全在于年龄,年轻固然富于朝气,感觉敏锐,但是,从他的全部创作来看,青春意味着另一种更宝贵的东西,那就是从不妥协的勇于进取的性格。我们知道,他是在"北平"那个古老衰飒的世界度过寂寞的童年的，当他在青少年时代又接触到另一种全新的革命力量。这个力量的坚决性和彻底性简直使他惊愕，他在那个古老的世界里，再也忍受不了像故宫散发出霉味的生活，地下党外围组织的教育，使他学会在黑夜中睁大黑亮的眼睛，用叛逆的精神来寻找光明，不向生活妥协才能前进，形成了富于青春气质的性格。他发现诗歌恰恰是最妙的武器，能使自己和世界都变得年轻起来，从内心发出了激动的吼声。他这种性格气质最初看来是不明显的，打一个跛脚的比喻来说，正如我们从山区偶然拾回一只刚出生的小山猫，它表面看来像小猫一样温驯、贪睡，却露出四只特别大而尖硬的爪子，可以断定它将来也许不是一只猫。果然，不多久长大了，它的小老虎性格毫不含糊地表现出来了。这种联想不是没有根据的，我们看到诗人刚解放不久唱出的歌：

　　——我们的年纪十八、十九，

　　顶多不过二十挂零；

　　有一个波涛澎湃的大海，

　　歌唱在每个人宽阔的前胸。

——《在夜晚的公路上》

他一出现于诗坛，就带着虎虎有生气的青年气概。随着诗人创造力的不断发展，个性风格也越显著，他在诗里不断增添新的生活，新的理想，新的音符，新的旋律，为新的世界和新人而歌唱，成了他的诗歌的首要任务。因此，诗人的创作恰好表现出他个人性格里那种精神，他那富于理想的浪漫主义的青年人的情绪、音调，也能从他的性格里找到解释。

当然，任何诗人的道路都不能完全取决于他自身，在更大的程度上要取决于时代、生活和文艺环境。我们谈邵燕祥的诗，就不能不看到50年代的文艺风气，给他创作上带来强的和弱的两方面的影响。

毫无疑问,忠实于生活的现实主义诗歌是当时的主流,邵燕祥的诗最大的优点是和他运用现实主义创作方法分不开的,他的长处正在这里,形成了朴实、刚健、清新的诗风,这是他强的一面,我们在前面已谈到了。但也不能说他没有受到一些创作偏向的影响,表现出他薄弱的一面。

20世纪50年代中期以后的诗创作,曾经出现过两种极端相反的偏向:有的诗人把自己的思想和语言形式装进一个概念化的框子里,认为只有用豪言壮语才配写诗,只要注重政治思想,不必有个人的体验和真情实感,甚至把诗人独特的感受和独创性的表现,也看成"个人主义"性质的东西,加以排斥。这种教条的理解,使每个重要的生活内容,乃至真正重大的政治内容都消失了,后来发展为"假大空"的东西。另一方面,也有诗人由于写得精练,浓缩内容,却模糊了本质和非本质的区别,甚至产生一种错觉,只以个人主观随意性的幻想、感受作为创作的主要内容,而撇开时代现实于不顾,表现得非常狭隘和晦涩,特别是前者还冒充现实主义得到合法存在,影响相当大。后者由于表现的亮度较低则时隐时现。

邵燕祥在生活和创作的道路上一贯是严肃的,但是,当他一旦沿着抵抗力较小的方向往前走,对生活只作浮光掠影的观察时,冒充的现实主义便乘虚而入,悄悄地溜到他的笔端,使他有的诗降低了质量。例如《母亲》这首二百多行的长诗,政治思想内容是正确的,却缺少个人深刻的感受和体验,只借助于抽象概念的叙述,真情实感减弱了,生动的艺术形象不见了,使人感到惋惜。还有个别的抒情短诗,也由于感受不深,又在语言上直接套用鼓词、民歌,来不及提炼,不免失之于直白浅露,不够含蓄深刻,没有能使诗人的主观感受、印象、感情等等,化为对生活的形象的概括,同时浓缩为诗人在瞬间存在的轮廓。别林斯基说过:"抒情诗歌主要是主观的、内在的诗歌,是诗人本人的表现。"①这个要求在当时是很难实现的,我在这里只是作为一种历史的考察,为诗人未来的创作提供一点"温故而知新"的参考。

时间总要冲走一些东西,也要带来一些东西,诗歌创作就更是这样。

诗人,鼓起翅膀飞翔吧!

社会主义新时期更需要充满青春活力的歌唱。

（原载《西北民族学院学报》,1982 年第 4 期）

---

① (俄)别林斯基:《诗歌的分类和分科》,《别林斯基选集》第 3 卷,上海译文出版社,1980 年版,第 5 页。

西部诗歌的开拓精神

——评新疆三诗人

新疆——祖国西北辽阔而邈远的边疆，这片富饶而又荒漠的大地,这块多民族文化荟萃的土壤,不会不产生大气磅礴、卓有才华的诗人。前些年,我们读到维吾尔族诗人克里木·霍加、铁依甫江等才气横溢、热情优美的抒情诗篇。近几年,新疆三位青年诗人章德益、杨牧、周涛,又以他们豪放、雄浑、健朗的歌声登上诗坛。尽管他们的歌中还有不够谐和的音调,但从他们出版的诗集和发表的大量诗作来看,在思想性和艺术性方面,他们已经翻过了一些高山大岭,沿着现实主义的创作路标,攀登得很高了,引起了人们的瞩目。特别是近些年来的诗坛上,对生活作微观的精细体察,悄声细语、婉约纤丽的诗作比较多。虽也出现了一些好作品,但像他们这样对生活作宏观的概括加工,力图对时代历史作剖视,并且用强烈的热情来歌唱西部边疆,宛如大漠风沙中的铁板铜琶,铮铮鸣响,充满了阳刚之气,目前这类的诗作还比较少。作为一种新的诗风,并由此来观察一下我们西部诗歌创作的走向,尤其是在大力开发西北的今天,我想对他们的诗哪怕是作一些粗浅的探索,应该说都是有益的。

这三位青年诗人在创作倾向上带来了什么新的特色,透露了哪些可喜的信息呢? 我以为,他们的诗饱含着昂扬的精神,表达了对祖国的热爱,对开发西北、建设社会主义新边疆的向往,描绘西北大自然和由大自然所引发的内心感受。他们以宏大的气势,炽热的感情,袒露出自己阔大的襟怀,咏唱出年轻人的理想和希望,也抨击阻挡时代前进的障碍物,力图传达出新时期边疆开拓者、建设者们的心声。因而他们的诗具有强烈的时代精神和历史的责任感,构成了他们创作倾向上第一个明显的特征。

他们三个人的身世经历各不相同。作为上海支边青年的章德益,从秀丽的南方到了风雪天山,在塔里木盆地军垦农场做了农垦战士。杨牧从20岁离别四川乡土,远走边疆,来到了准噶尔盆地,做了农工家族中的一员。周涛比较单纯些,是新疆大学中文系的学生,毕业后在部队做宣传工作。论年龄,他们都跨过了二三十岁的青年的门槛,却多年"冷藏"着他们内心真正的青春,现在仍然属于青年一代。论经历,他们都经受过那场"文化大革命",却没有被创伤所压倒,没有被个人琐屑的悲剧性的遭遇所羁绊。他们中间有的在1972年已动笔写诗,有的稍晚,但放开喉咙歌唱,大量发表诗作,却在党的十一届三中全会以后。他们生活在群众之中,深入于生活,穿行在沙海,出没于莽林。天山南北,丝绸古道,维吾尔村落,哈萨克毡房……都留下了他们辛苦跋涉的脚印、勤奋探索的步伐。他们朝气蓬勃的思想,在希望和朝霞升起的地平线上,紧紧跟随着揣摩着时代进步的倾向。他们敏锐的感官,迅捷地汲取健康思想的汁液,捕捉现实中重大的引人深思的生活作为素材,然后用自己强烈的感情,豪雄壮美的形象,富于批判力的思想,对它们进行诗意的艺术概括。他们身在西北边陲,心却系在时代的中心,倾听着历史的声音,注视着社会主义前进的方向,把自己和时代紧紧联系在一起。杨牧的《在历史的法庭上》《站起来,大伯!》《我是青年》,章德益的《地球赐给我这一角荒原》《远方,有我神圣的野火》《生命》,周涛的组诗《马蹄耕耘的历史》《我的长长的冬天》等,早就显示出他们这方面的特色。例如,杨牧的《在历史的法庭上》的引言中引用了马克思的一句话说:"历史本身就是审判官。"表明作者力图站在时代的高处,对这场史无前例的"文化大革命",作一次时代的解剖和历史的审视。诗中运用奇谲的幻想和寓言形式,尖锐而辛辣地对空头政治进行了抨击和揭露,也倾诉出了人民的愿望和理想。作者大刀阔斧、披沥肝胆的诗笔,在当时许多控诉“四人帮”的诗篇中显得不同凡响,至今在读者的脑海中还留有较深的印象。《站起来,大伯!》这首诗感情深沉、执着。它以一个小生产农民的特殊经历,反映出时代曲折行进的脚步。诗人对这段历史作了严肃的审视,终于大声喊出:“站起来呀! /大伯,大叔,大爹们——就像我们自立于世界民族之林的中华那样,/凭着大地,/立成一个顶天的/——直角! ”只有诗人心灵的铁锚,深入于时代历史的广阔海洋里,和我们整个民族一同沉浮,才能在时代磅礴的交响乐中,找到如此激励人心的主旋律。《我是青年》抒写的虽是真实的自己,但他的思想的触须,却伸进了一代人的历史的痛苦与希望,闪出了时代的亮光。这一代青年失去的决不仅是十年光阴,在那个疯狂的年代,祖国和个人是怎样被埋进劫后的死灰之中,这是谁都清醒地看到的事实。但诗人正是从这复燃的灰烬中烧起了炽热的火焰,升起了坚定的信念,喊出了强烈的心音:“我是青年/我的瞳仁永远不会拉上雾幔。/我的秃额,正是一片初春的原野,/我的皱纹,正是一条大江的开端。”“祖国啊……/把我们划入了青年的梯队,/我们就有青年和中年——/双重的肩! ”这里,不仅呈现出了具有时代光彩的青年形象,也使这一代人的青春和生命的意义,在历史的天平上增添了重量,因而能拨响一代青年的心弦。我有意提到杨牧这几首诗,说明从他创作开始就具有这种明显的特色。

　　章德益同样是拥抱时代很紧、思路开阔的青年诗人。他的诗的时代感情是浓烈的,有时简直像青春期的火山,巨大的痛苦与欢乐如倾泻的岩浆,一泻而不可收拾。他比杨牧粗犷,却更有豪情。像《地球赐给我这一角荒原》的结尾,作者热情地喊出:“啊,地球赐给我这一角荒原。/赐给我一个——/大漠万里的铁砧,/让我的心灵,/在这儿锻成真理的利剑;/赐给我一个——/天地铆合的锅炉,/让我血汗的蒸汽,/推动一颗星球的旋转;/赐给我一个——/华盖般覆地的圆天,/让一代代人的追求,/驾驭着天地之车向前;/赐给我两张——太阳与圆月的唱片,/让时间进行曲,/伴人类的历史高歌向明天。"诗人这种把捉住时代生活的主旋律的能力,使他抛弃了那些个人琐屑的愿望、陈腐的情感和温情脉脉的絮语,而总是把自己诗的抒情和当代现实问题紧紧扣在一起。像《风的肖像》《天山偶忆三题》等诗都是这样。这种特色也不同程度地贯串在周涛的一部分作品中。例如组诗《马蹄耕耘的历史》,歌颂的是风暴中从来"不肯跪着求生的"野马群,永远迎着风沙向前的勇敢性格。《我的位置在这边远的角落》抒唱出当代边疆建设者的壮志和柔情,"把我当成种子我就是种子/是种子,就为它生根结果/……我的爱情属于这边远的角落/全世界最崇高的山峰就属于我/全中国最浩瀚的大漠就属于我。"诗人充满了乐观和自信,把个人对集体、对社会和国家的职责,提升到了时代精神的高度,因而他的咏唱是动人的。

他们这样扎根于时代历史土壤的歌唱,这份发自衷心的信念和激情,就在于他们有一颗和人民紧紧相连的心,应和着时代的思潮,和当前现实结合在一起,歌唱生活,歌唱社会主义。正如别林斯基所说:"如今,作一个诗人,——这意味着用诗的形象去思索……要想作一个诗人……需要的是与当代现实问题的强烈的共鸣"(《1845年的〈流星〉》)他们三位诗人也就在于忠于时代现实,而拨响抒情诗的琴弦。

其次,是诗中展现了西北边疆拓荒者、建设者们大气磅礴、光彩照人的形象。三位青年诗人跃上天山,立志高原,在开发大西北的战斗生活中,极力开掘西北人的豪雄壮美的精神世界,抒写各兄弟民族艰苦卓绝的战斗风采,描摹瑰丽灿烂的丝路文化,把早就储存在人们心目中的审美经验,通过历史的多棱镜和诗意的笔触表现出来,他们歌唱的中心:就是社会主义时代革命者的拓荒精神。尽管他们的努力还处于试探阶段,甚至带点试验性的探索,但我认为,这在我们诗创作上不能不说另辟了一条新径,为我们西部诗歌做了艺术上的拓荒者,显示出西部诗歌一个崭新的特色。

在古代的边塞诗和人们的印象中,新疆塞外的风沙与天山皑皑的冰雪,是一个旷古荒凉的世界,"瀚海阑干百丈冰,愁云惨淡万里凝""九月天山风似刀,城南猎马缩寒毛"(岑参)。但在新历史时期,茫茫戈壁、莽莽沙海、早已是军垦战士和各族拓荒者们施展革命抱负的广阔天地。尤其是开发大西北的新潮正在掀起的今天,社会主义建设的交响乐章在边塞奏响,这是何等的大气磅礴啊:大漠驼铃、荒原野火、塞上新城、天山牧场、戈壁绿洲、沙漠水库、盐湖矿厂、油田井架……就像新的丝路花雨,色彩缤纷地出现在他们的画幅中。他们的诗就带着这个历史层的特殊脉纹,反映出一种时代的情绪,使边疆开拓者们的形象,在历史的册页上光辉夺目,长留人间。

原野烧荒的野火是辉煌壮丽的。章德益的《远方,有我神圣的野火》写道:"啊,野火,/人生途中——/进取的光芒;人世道上——/精神的闪烁,/开荒者的宣言,/开创者的声明,/就是借这火笔,/大写在瀚海深腹;/探求者的路条,/先驱者的遗嘱,/就是借这火笔签署进人类的史书。"拓荒者高举火炬,向荒漠进军之后,诗人在结尾高唱出:"啊,人生多么需要野火呀!/历史多么需要野火,/这才是人间的希望之光,/这才是生命的光辉的归宿,/我要与野火合化为一……熊熊燃烧进我们民族的一切荒漠,/在一切寂寞中扬起变革的火旗,/在一切荆棘里大放振兴中华的雄歌。"诗人为了改变大漠的面貌,呼唤野火,呼唤太阳,呼唤一切开拓者投入战斗。这样豪放高亢的激情,使形象与哲理吻合无间,很富于激动人心的力量。再以杨牧的《致拓荒者》为例:

塑造一座纪念碑吧，

　它的背面——刻着占领，

　它的正面——刻着开拓，

而那永远前倾的脊柱，

　正是——"我"！

这种拔地而起的新奇意象，正是把感情的迸发和哲理的思考暗合起来，使得"思想渗透形象，如同亮光渗透多面体的水晶一样"。(别林斯基《来蒙托夫诗集》)周涛的诗《致新疆》《寻找那片白桦林》等，章德益的《绿色的塔里木》和杨牧的《复活的海》这两本诗集中的不少诗作，都是献给边疆开拓者、建设者的。他们这些拓荒者的面影，不论在翻山越岭、征服沙漠、开垦拉犁、烧荒、修渠、播种……他们都把记忆与希冀、信念和热望、历史和未来、追溯与探进，甚至土地和收获、太阳和真理都播在一起，在大西北高原上播下希望的种子，创造出西北开拓者崭新的美的形象。

再其次，他们的诗对新疆的大自然的描绘，也形成了独异的特色。周涛的《积雪的慕士塔格》中："无数被积雪擦得发亮的山峰/如想象中巨人的头颅/沉思在冬日的柔光里/钢蓝色的微笑/藏着永恒的神秘/即使一万年无人造访它也决不会变成风景区/严峻和沉默只等待，探险者的足迹……"这不仅写出了慕士塔格山的外貌，更点染出了坚毅冷峻的一种精神，启人遐想。其他如《荒野的素描》《风城》等诗，对新疆自然风光的描绘，都有自启堂奥，别出心裁的创新。章德益对塞外的奇异风物更以大笔渲染，赋予了阔大深远的思想意境。例如《山》这首诗就很突出："山/一群岩石的暴乱/一次地壳的反叛/……一派野性的狰狞/一支向天空无限征服的军团/大地古老的骨脊/地球永恒的年鉴/地壳无数造山运动中/造就的奇观/在天空与大地之间/横亘着永恒的历史……"写得气势奇崛，雄美壮观。杨牧的《绿色的星》诗集中,描写新疆自然景物的诗,是他的诗集中风骨秀发的支撑点,也是富于边塞自然特色的精华部分。

最后,我们还可以看出,三位诗人由于长期生活在西北,也许养成了他们和西北高原共有的气质,在艺术表现上善于运用豪放、粗犷、雄伟的形象构思,无论对社会生活与自然风物,都具有这种概括的形象构思的魄力。他们常用前人没有用过的形象、新奇恰切的比喻、大胆的想象,这些决不单纯是技巧上的运用。加上他们长于思考,敏于感受,使他们能把生活中抽象的观念、难于捉摸的感受,通过艺术的转换,化成可见、可听、可感、可触的生动形象,把追求真理、歌唱时代的昂扬心绪融化在诗中,表现出大西北特有的魅力。同时,他们又都保持各自的个性特色。章德益的诗粗犷豪放、阔大沉雄。杨牧则诗思敏捷、风骨秀发,在近期的《野玫瑰》中,注重了民情风俗的点染,更为清新秀丽。周涛则比较冷峻、深沉、细腻。

我无意说他们的诗已臻完美。他们正在走向成熟,作品中瑕瑜互见的情形常有。例如有的诗过于散文化,辞多意少,不够精练。有的抽象观念较多,缺少形象的血肉,显得浮泛,也不足取。有的诗比喻不够恰切,矫饰、生硬之处也不少。从内容上看,如能更深入地开掘建设者面临的艰苦、矛盾和困难,就会加添诗的深度和力度。同时还应该多抒写各兄弟民族的多彩的生活和劳动的画幅。

新疆和整个大西北这片广大的土地,随着开发西北,必将出现崭新的生活天地。我们的西部诗歌,也应当力争成为响亮的号角。热切地希望三位青年诗人在新时代的召唤下,深入生活,阔步前进,走向豪雄壮美的明天。

1984 年 3 月 7 日于兰州

(原载《诗刊》,1984 年第 9 期)

新诗名篇赏析

梦

鲁 迅

很多的梦,趁黄昏起哄。

前梦才挤却大前梦时,后梦又赶走了前梦。

去的前梦黑如墨,在的后梦墨一般黑;

去的在的仿佛都说,"看我真好颜色。"

颜色许好,暗里不知;

而且不知道,说话的是谁?

暗里不知,身热头痛。

你来你来! 明白的梦。

鲁迅在五四时期对我国新诗歌运动的倡导,和他所创作的白话新诗,在中国新诗发展史上有着拓荒者开创的意义。

鲁迅最早创作的三首白话诗《梦》《爱之神》和《桃花》,在《新青年》1918年5月第4卷第5号上发表。后来又陆续发表了《他们的花园》《人与时》《他》等一系列新诗。虽然数量不多,也如鲁迅自己所说是出来"打打边鼓",但当时白话新诗的发展刚刚开始,这些诗和《狂人日记》几乎同时发表,意义是十分重大的。一是它彻底的不妥协的反封建的姿态是最鲜明的,而且它是作为"戕贼人性"的旧诗的对立物而出现于文坛的。其次是宣扬民主与科学思想,在文学革命运动冲锋陷阵中担当着尖兵的任务。因此,鲁迅和当时的新诗人一起为中国新诗的开创,跨出了拓荒者的第一步。

这首《梦》,就通过象征性的形象暗示出对旧中国黑暗现实的不满,对未来的光明理想强烈的追求。当时的中国在帝国主义和封建势力沉重的压迫下,正是黄昏风雨黑如磐的时辰,无尽的黑暗吞没了一切光明。所以,诗里说:"去的前夜黑如墨,在的后梦墨一般黑。"使人感到重压,生活在这样黑暗的世界,不能不强烈地盼望光明,寻找新的理想,发出时代觉醒的呼声:"你来你来! 明白的梦。"这可说是五四新青年的呐喊和对光明的憧憬。但鲁迅在诗里并没有单纯地发出召唤,而是更进一步指出,在这黑暗复杂的时代,各种新旧思想纷至沓来,而且它们都会改头换面自诩"真好颜色",甚至有的旧物冒充为新思想,使人盲从它还不知所得既非新,反而贻害无穷。因此对各种思想因应有所鉴别,并且希望有真正的革命新思想出现。

这种深刻的思想内涵早在鲁迅 1906 年写的《文化偏执论》里,已论述到 20 世纪初资产阶级文化思想传播的情况:"顾新者虽作,旧亦未僵,方遍满欧洲,冥通其地人民之呼吸,余力流衍,乃扰远东,使中国之人,由旧梦而入于新梦,冲决嚣叫,状犹狂醒。夫方贱古而尊新,而所得既非新,又至偏而至伪,且复横决,浩乎难收,则一国之悲哀亦大矣。"[1]这正是诗里所隐含的深刻思想,对纷至沓来的"新梦""旧梦"必须善于鉴别,有所抉择,才不至于盲从,否则所得既非新,危害却更大。因此,应该追求明确的革命理想,才能实现:"你来你来! 明白的梦。"

还应当指出的是,这首诗虽然全篇用的都是白话,也像《人与

①鲁迅:《文化偏至论》,《鲁迅全集》第 1 卷,人民文学出版社,1985 年版,第 50 页。

时》等诗一样却不能一看就懂,和胡适诗的清楚明白的"可懂性",判若两路。从这里,我们可以看到鲁迅在最初的创作实践中,就竭力用白话语言尝试表达自己现代的感情方式和思维方式,吸取和融化了西方的象征主义,因而在早期白话新诗中具有鲜明的"现代化"特征,真正打破了旧诗词的镣铐,在表现手法和新诗领域中有了新的开拓。

人与时

鲁　迅

一人说,将来胜过现在。

一人说,现在远不及从前。

一人说,什么?

时道,你们都侮辱我的现在。

从前好的,自己回去。

将来好的,跟我前去。

这说什么的,

我不和你说什么。

这首诗最初发表在《新青年》1918 年 7 月第 5 卷第 1 号,署名唐俟。后收入《集外集》。鲁迅在观察和揭示普通人的思想和命运时,有着自己独特的视角,从而形成自己独特的主题。这首诗以时间为轴心,揭示出三种人不同的思想和生活态度,但它的矛头却针对着复古倒退的"现在远不及从前"的复古派。鲁迅早就怒斥过这类历史的"屠杀者";"做了人类想成仙;生在地上要上天;明明是现代人;吸着现代的空气,却偏要勒派朽腐的名教,僵死的语言,侮蔑尽现在,这都是现在的'屠杀者'。杀了'现在',也便杀了'将来'——将来是子孙的时代。"①这是何等深刻的思想和有力的揭示。因此,诗中通过"时间"这个历史的巨人喝道:那种崇尚远古的复古派,回到三皇五帝的远古去吧;那些浑浑噩噩的糊涂人,对你没有什么可说的;对美好的将来有所追求和憧憬的人,那就应该跟着时间的步伐勇敢地朝前走去。这首诗的思想是积极的,富于进取精神的,目的仍在于唤醒麻木的国民灵魂,促进民族的自我反省,召唤人们朝着时代的前方勇敢地走去。

这首诗在艺术表现和内在结构上,有着浓重的象征性,彻底抛弃了旧诗词旧格律体的表现方式,将象征和写实的手法融化为一体,并且从平常的现代白话语言中表现出深邃的哲理思辨,虽不能一看就懂,却含蓄蕴藉,耐人咀嚼,发人深省。胡适和朱自清最早指出鲁迅、周作人代表了白话新诗中"欧化"的一路,可谓独具慧眼,也恰当地说明了他们的风格。

相隔一层纸

刘大白

屋子里拢着炉火,
老爷吩咐开窗买水果,
说:"天气不冷火太热,
别任它烤坏了我。"

屋子外躺着一个叫花子,

---

① 鲁迅:《现在的屠杀者》,《鲁迅全集》第 1 卷,人民文学出版社,1985 年版,第 350 页。

咬紧了牙齿对着北风喊"要死"!

可怜屋里与屋外,

相隔只有一层薄纸?

在新诗发展史上,早期白话诗中勇于对新诗的内容、形式作尝试和探索的,刘半农是卓有贡献的开拓者,他除了写过优美流畅,韵律和谐的抒情诗之外,更多的是近乎口语写的反映现实的诗。这类诗大都倾诉下层人民的痛苦生活,揭露旧社会的黑暗与人间的不平。诗中贫苦农民、铁匠、人力车夫、乞丐……都是诗人讴歌的人物。他的诗集《瓦釜集》就是为了"就将千年来受尽侮辱与蔑视,打在地狱底里而没有呻吟的机会"的"瓦釜"的声音表达出来。他不仅有"平民诗人"的称誉,而且也是五四时期的先驱者和人道主义的呼唤者。这首《相隔一层纸》,就是这类诗的代表作之一。

这首诗,读者一眼就可以看到一幅人间贫富悬殊生活的浮世绘。一面是"老爷"(富人)颐指气使、骄奢享乐的神态;一面却是"叫花子"(穷人)饥寒交迫,濒临死亡的惨状。当我们逼近这幅近于写实的图画面前,细细品味其深意时,便会发现它竟是一个两种情绪、两种遭遇、两个阶级剑拔弩张的情感世界。这个世界浸透了诗人深挚的人道主义感情,而且蕴含着五四时期社会的、民族的以及哲学的思想内涵。这短短八句的信息载体,确实承载着极其丰富的信息量。

首先,诗人以社会底层的下等人物入诗,并且选用"叫花子"这一具有定型指意的意象,以唤起读者对下层社会生活和人物的同情,这在白话新诗中是始作俑者的可贵的探索。五四时期,社会大动荡中社会矛盾空前激化与充分暴露,引起文学先驱者们的焦虑和注目。鲁迅的文学对象开始集中于下层社会"不幸的人们",要求"揭出病苦","引起疗救的注意"。胡适也强调反映"贫民社会"的"一切痛苦情形"。(《建设的文学革命论》)刘半农自己也宣称:"非致力于下等社会之实况之描写不可。"(《中国之下等小说》)尽管当时还不可能用历史唯物史论、阶级论的观点来考察社会现象,但诗人在新诗领域中敢于正视现实黑暗,揭露贫富不均,同情底层不幸人物,并且如鲁迅所说:"敢于如实描写,并无讳饰",确实体现了现代民主主义思想和觉醒了的时代精神。因而诗中"叫花子"这个具有定型指意的形象、有了广阔的社会意义和人道主义的内容,能激发读者对下层人物深挚的同情。

其次是多重对比的突出表现。"屋子里"的"老爷"和"屋子外"的"叫花子",一开始就把他们放置在两个不同的社会背景上,形成强烈的对照。一是富与穷的对比:一是饱食终日,一是饥寒交迫,从而形成两个不同阶层的生活。二是暖与冷的对比:"老爷"在炉火前嫌火太热,怕烤坏了富贵人的身子,对立面的"叫花子"却冷得喊"要死"。诗人用"炉火"对比"北风",老爷说"天气不冷"对照叫花子冷得"咬紧了牙齿"等等生动入微的细节,描写出一幅鲜明的残酷的生活图景。在多重对比之后,这样沉重的感受,诗人却用一句看似无足轻重的话作结束:"相隔只有一层薄纸!"这种举重若轻,把尖锐冲突的情景化入平淡的反衬手法,能达到"含不尽之意见于言外"的效果,使读者的心灵受到强烈撞击。

第三是结构的处理办法上很有特色。这两节诗很像两个大特写,也类似现代电影中蒙太奇的镜头,省略掉其他多余的东西,只将两个对比的人物具体突现在读者面前,以强烈的视觉效果来占据读者的心灵。也正如胡适所说"诗要用具体的做法,不可用抽象的说法"。(《谈新诗》)表现出早期诗人重实感、不重想象的写实主义倾向。这类写法虽然不能作为新诗审美的规范,但这首诗在当时就能运用对比、蒙太奇特写镜头一类的结构处理,确实能充分地展现诗人如实地描写生活,平实地书写生活感受,表现社会人生的创作意图,给读者留下了一幅真实得近于残酷的社会生活画幅。

草 儿

康白情

草儿在前，
鞭儿在后。
那喘吁吁的耕牛，
正担着犁莺，
眙着白眼，
带水拖泥，
在那里"一东二冬"地走着。
"呼——呼……"
"牛也，你不要叹气，
快犁快犁，
我把草儿给你。"
"呼——呼……"
"牛也，快犁快犁。
你还要叹气，
我把鞭儿抽你。"
牛呵！
人呵！
草儿在前，鞭儿在后。

1919年2月1日，北京

在早期白话诗人中，康白情是当时活跃的诗人之一。他的《草儿》集(后改编为《草儿在前》)也是最有影响的一部新诗集。康白情最重要的贡献是在日常生活和大自然中寻找到诗的题材，而且在色彩的描绘,声音的摹写和语言的音乐性方面,都有独特的创造,在白话新诗的表现领域和艺术手法上有新的开拓和发展。《草儿》这首诗就是其中的代表作之一。

诗一开始就展现了大自然中一幅田野牛耕图。那耕牛正咕着眼,担着犁弯,在水田中拖泥带水地耕作,这日常生活的景象写得多么真实。但他富于音乐才能,善于捕捉声音,耕牛"喘吁吁"的声息,在泥水中"一东二冬"的角号声,用这些声音来描写,使耕牛的动态跃然纸上。而且开头两句就点明,耕牛是为了前面的草儿,不得不忍受着背后催赶它的鞭儿, 这幅牛耕图显得活泼生动, 在语言上更加新鲜爽利,在早期白话诗中是少有的。紧接着第二节仍然从牛的加重的"呼……呼"喘息声中,写出了牛的劳累,同时也表现了农民体贴的心态,让它快犁,才有草儿给它吃。第三节,牛儿显然已经疲惫不堪,一直呼呼地喘气,使农民忍不住要叫喊出把鞭儿来抽打了。这第二、第三两节,诗人运用的是对话的方式,牛虽然只是"呼呼"出气,不会说话,难道不是一种痛苦的语言? 不能不引出跟在后面执鞭的人又体恤、又生气的一番答话,这种"对牛弹琴"式的独语,无形中道出了农民同样的辛苦劳累,又不得不跟牛一样忍辱负重,拖泥带水地走在田里。因此,在最后一节,诗人情不自禁地喊出了"牛呵! 牛呵!"的呼唤,他们不是生活在同样痛苦的位置上吗? 不同样是为了"草儿在前",而又害怕身后的有形和无形的鞭子吗? 诗人富于人道主义的恻隐之心,几乎是从内心自然而然地流露出来的,而且这样纯粹抒情,既真切而又富有人情味。难怪乎朱自清论及当时很多人以诗说理时,指出"似乎只有康白情先生是个纯粹的抒情诗人"[1]。

①朱自清:《诗与哲理》,《新诗杂话》,生活·读书·新知三联书店,1984年版,第23页。

这首诗在新诗表现领域和艺术技巧上很有特色。不仅语言上鲜活爽利,整个情绪也流畅自如,充满动感,仿佛一气呵成,得自天籁。废名在评论《草儿》集时,特别指出它的音乐性。他说:"康白情的《草儿》在当时白话新诗坛上可谓一鸣惊人,正是作者的音乐才能忽然得到一个表现的利器,没有白话新诗,这个才能便压抑下去了。"又说:"总之,这种诗的作者的天才都是音乐的,唯其是音乐的,写出来的东西才是颜色的交响。"①这些评断可说是独具慧眼,就单从指出音乐性这一点,便可以作为康白情诗的少有的知音。

立在地球边上放号

郭沫若

无数的白云正在空中怒涌,

啊啊! 好幅壮丽的北冰洋的情景哟!

无限的太平洋提起他全身的力量来要把地球推倒。

啊啊! 我眼前来了的滚滚的洪涛哟!

啊啊! 不断的毁坏,不断的创造,不断的努力哟!

啊啊! 力哟! 力哟!

力的绘画,力的舞蹈,力的音乐,力的诗歌,力的

Rhythm 哟!

这首诗,过去被信奉庸俗社会学的评论者从历史、时代背景和政治意义方面评析较多,把它还原到五四的社会整体结构中去剥出它的思想。这对于了解诗的内容,不能说毫无参照作用。但作为郭沫若的代表作,它的真正的艺术生命和数十年来传唱不衰的艺术魅力

---

①废名:《谈新诗》,人民文学出版社,1984年版,第99页。

究竟在哪里,这些评论者却只能瞠目结舌,讷讷不语。

这首诗是浪漫主义杰作之一,确实具有独创性的艺术价值。就是今天吟诵它时,仍然会把我们引向一个雄伟壮丽的幻觉世界。我们会不由自主地随着诗人敞开的心灵,面对着白云怒涌的北冰洋,站在地球边上放声呼号。诗人这种狂热追求个性解放的灵魂的颤动,不能不使读者魄动神飞,猛然惊醒,从而获得精神上解脱、超越的心境,得到一种"力的诗歌,力的 Rhythm(律吕)"的情趣和艺术享受。

开头两句就展现了尺幅万里,气象万千的北冰洋的壮丽情景,仿佛诗人有意布置的无边无框的视觉形象的美学境界。只有在如此浩渺的空间,才能放声喊出"无限的太平洋提起他全身的力量要把地球推倒"的呼声。这样气势磅礴的诗意,这种尖锐的空间对比,与其说是对自然界的破坏力的激赏,不如说是对人的自我创造力的美的赞颂。因为诗人相信,人类历史社会只有用"不断的毁坏""不断的创造"的"力",才能向新世纪前进。在五四时期,这正是彻底破坏古老中国的妥协、中庸、孱弱,代之以战斗的、创造的、倔强的民族精神!对于人的自我无限创作力的承认和肯定,对在封建统治下个人价值泯灭殆尽的中华民族,这无疑是伟大的觉醒和先驱者的希望。但是,诗人笔锋一转,指出这世界难以言状的复杂性和深邃性,喊出了"啊啊!我眼前来了的滚滚的洪涛哟"!这总共四句的信息载体,释放着多么丰富的信息量。正如这个奔腾的大海中波峰浪谷汇成滚滚的洪涛终于来到眼前了。在五四高潮中,如果说鲁迅在冷静深刻地解剖中华民族由于缺乏独立人格,成了弱国愚民,尖锐地提出了"改造国民性"的思想。那么,浪漫主义诗人郭沫若就以火热的感情,独立不羁的人格,桀骜不驯的个性,作为封建统治下的奴性心理的强刺激或是一剂疗救药方。他要在五四革命浪潮中掀起一场个性解放的轩然大波,或者是在愚弱国民的灵魂中燃烧起人性的一把火。这既是五四先进的知识分子的心灵的呼声,同时也是对民族自我寻求独立解放的大声召唤。

从这首诗的整体性来看,它是诗人幻想出来的超现实的世界,通篇充满着象征的意味,诗的核心却又具有内在生命力的巨大热力。它的秘密在于艺术构思和表达方式上。诗人建构了一个北冰洋情景交融,又富于联想和幻觉的象征境界,由它释放出强大的情感信息,尤其在诗的最后两句着重选用了七个字字千钧的"力"的形象,作为人的自我被赋予了创造绘画、舞蹈、音乐、诗歌这个精神世界和自然万物的神力,整个宇宙自然,历史社会就是一个彻底地破坏和创造过程,概括地讲,就是"动的精神"和创造的"力"。这种实质上更近于浪漫主义诗人雪莱的个性解放的思想,火炬般燃烧的诗句和五四时期青年的血泪融化在一起了。诗人用他雷霆万钧的"力哟! 力哟!"的喊声,大海"滚滚的洪涛"的韵调,把一代青年的希望、苦闷、愤怒都唱出来了。并且召唤他们冲破束缚个性的罗网,砸碎禁锢自我的牢笼,用"动的精神"和创造的"力",向着新世纪飞奔。使读者第一次听到,作为独立的人站立在地球边上放出时代的呼声。

这首诗的艺术特征很明显。一是直抒胸臆的特色,"抒情诗歌主要是主观的、内在的诗歌,是诗人本人的表现"[1]。感情充沛,思想深刻有力,有独特的感受。二是有动人心魄、紧张的力度,在诗行和结构上,能抓住紧张跳动的脉搏,追求"力的诗歌""力的 Rhythm"。这种写法在当时不多见,富有创造性。三是自由联想丰富,充分运用想象、直觉和幻想,给作品带来象征的、印象的、立体的感觉和色彩。四是语言生动,采取比较复杂、长短参差的句法,以表现现代人的思想感情,所有的语言富有动感,犹如大海波涛汹涌而出,造成磅礴雄伟、排山倒

---

[1](俄)别林斯基:《诗歌的分类和分科》,《别林斯基选集》第 3 卷,上海译文出版社 1980 年版,第 11 页。

海的气势。这些特色更增添了这首诗传诵不衰的艺术魅力。

晨　安
郭沫若

晨安！常动不息的大海呀！
晨安！明迷恍惚的旭光呀！
晨安！诗一样涌着的白云呀！
晨安！平匀明直的丝雨！诗语呀！
晨安！情热一样燃着的海山呀！
晨安！梳人灵魂的晨风呀！
晨风呀！你请把我的声音传到四方去吧！
晨安！我年轻的祖国呀！
晨安！我新生的同胞呀！
晨安！我浩荡荡的南方的扬子江呀！
晨安！我冻结着的北方的黄河呀！
黄河呀！我望你胸中的冰块早早融化呀！
晨安！万里长城呀！
啊啊！雪的旷野呀！
啊啊！我所畏敬的俄罗斯呀！
晨安！我所畏敬的 Pioneer 呀！
晨安！雪的帕米尔呀！
晨安！雪的喜马拉雅呀！
晨安！Bengal 的泰戈尔翁呀！
晨安！自然学园里的学友们呀！
晨安！恒河呀！恒河里面流泻着的灵光呀！

晨安! 印度洋呀! 红海呀! 苏伊士的运河呀!

晨安! 尼罗河畔的金字塔呀!

啊啊! 你在一个炸弹上飞行着的 D'annunzio 呀!

晨安! 你坐在 Pantheon 前面的"沉思者"呀!

晨安! 半工半读团的学友们呀!

晨安! 比利时呀! 比利时的遗民呀!

晨安! 爱尔兰呀! 爱尔兰的诗人呀!

啊啊! 大西洋呀! 晨安! 大西洋呀!

晨安! 大西洋畔的新大陆呀!

晨安! 华盛顿的墓呀! 林肯的墓呀! Whitman 的墓呀!

啊啊! 惠特曼呀! 惠特曼呀! 太平洋一样的惠特曼呀!

啊啊! 太平洋呀! 晨安! 太平洋呀! 太平洋上的诸岛呀!

太平洋上的扶桑呀! 扶桑呀! 扶桑呀!

还在梦里裹着的扶桑呀! 醒呀! Mesame 呀!

快来享受这千载一时的晨光呀!

《晨安》是郭沫若在"诗的爆发期"的佳作,在这前后写过《凤凰涅槃》《立在地球边上放号》等诗,总的创作意向是大胆的反抗精神和对祖国前途新生的渴望。但这首诗中却出现了一种新的意识、新的音调,那就是诗人面向人类,走向世界,反映出崭新的现代人的全球意识、全人类意识和新的时空观念,构成了这首诗的特色。

我们知道,随着现代科学文明的发展,人类对自身和物质世界的认识在一天天加深,逐步进入了宇宙观、宏观、微观等认识的不同层次,人们愈来愈懂得宇宙的太阳和人的太阳、世界的复杂性和人的复杂性是不能分割的,东半球和西半球的人类不再是各个孤立的存在,任何民族再也不可能生存在自我封闭的土地上。这种人们的共识,迅速形成现代人的全球意识、全人类意识和新的时空观念。五四高潮中的郭沫若看到这一点,使他仿佛看见了人的太阳在升起,他的诗句有了一种早晨的欢欣,他要向世界、向人类致以"晨安"的问候。我认为这种感觉在新诗中是前所未有的。

从这个基点出发,诗人一开始就从"年青的祖国",越过大海和万里长城,向"敬畏的俄罗斯"致以晨安,这里,俄罗斯已不是地域的概念,显然是诗人对"十月革命"的敬礼,他将目光投向社会主义的俄罗斯,并且称为"先驱者"Pioneer,也蕴含着对自己民族未来的期望。从这以下,凡是对于全人类的和平、理想、科学、民主、文化、艺术各方面有卓越贡献的人物,诗人都满怀欢欣地纳入自己的怀抱,认为他们是人类的智慧和骄傲,是人间的星座和太阳。诗人情不自禁地跨过辽阔的时空,向他们一一问候,并带回人类新的信息。诗人越过"雪的帕米尔高原",找到印度孟加拉(Bengal)的大诗人、哲学家泰戈尔(Tagore)。这位伟大的哲人为了实现国际和平、人类和睦相处的理想,他在孟加拉显替尼克丹森林中创设了和平大学,主张将生活和教育融化在大自然中,并且认为调和东西方文化可以为国际和平创造基础。诗人歌颂他和那"自然学园里的学友们",认为泰戈尔的和平民主思想是"恒河里面流泻的灵光"。接着诗人越过印度洋,赞颂埃及的金字塔,那是人类历史的丰碑,人类智慧永远在塔顶闪光。诗人的视线掠过亚洲、非洲,转向欧洲,他对意大利文艺复兴时期的伟大画家、最早幻想飞向天空的达·芬奇问候,难道不就是歌颂的"提起它全身的力量来要把地球推倒"的理想? 诗人还望见罗丹的雕塑作品"沉思者",坐在法国巴黎的万神祠(Pantheon)前对人类思考的庄严形象。全诗的高潮是跨过大西洋,向华盛顿、林肯、惠特曼几位伟大的民主斗士致敬,他歌颂"大海一样"的惠特曼,更寄托了对祖国民主理想的向往,诗人相信中华民族必然会冲破封闭的亚洲,走向世界,屹立于世界民族之林。最后,诗人回到东方的扶桑,"Mesame"是作者采用日文汉字"目觉"的读音,意思是觉醒,他也要把裹在睡梦中的扶桑唤醒。我们看到:诗人不仅以五四新时代巨人的目光注视世界,在早晨的阳光中向全人类发出民主自由的呼唤,而且描绘出世界人民理想生活的巨幅彩图,从中强烈地表达了中华民族未来的希望。我认为,当时没有一个诗人像他这样气魄宏伟地面向世界,他的广博的胸怀和远大的眼光,就是在中国新诗史上也应该说是前无古人的。

这首诗在结构和风格上表现出特有的磅礴气势,虽然仍用惠特曼的自由诗式,但在组织上能将各个孤立的实体和形象,以"晨安"为统摄,有机地连缀在一起,尤其重复每行的句首,一气呵成,造成节奏铿锵、连续回应的效果,诗句喷薄而出,前呼后应,具有强烈的艺术效应。这种爆发式的磅礴气势原是作者诗中共有的特色,但在此表现得尤为突出,因而在当时诗坛反响较大。同时也应指出,这首诗受惠特曼的长诗《向世界致敬》的影响较深,尽管长诗规模宏大,涉及世界各国人文、地理、历史、民族等,这首《晨安》只是一首侧重情感的抒情诗,但不难看出它是一种浓缩后的结晶,另外,这类不受限制的自由诗式,要运用恰当,如澎湃的激情一旦消失,很容易流于感情沉浮,粗浅滥俗,这在诗人以后的作品中已得到证实。

骨灰(选六首)

罗大冈

一

> 古旧的怀念或许口多微辞,
> 落寞的诗情却不缺少折叠。
> 此人曾经在远行的天边不甘孤独,
> 万千面目中让他的面目渐渐消灭。

(Lyon,1942)

六

请别抚摸我的脸用你毛森森的手掌呵夜！
我熟悉你的重门叠户你有千层百合的心。
罪过罪过容我背负你的一切秘密像骆驼：
深怕世上还有一人二人在远方为我受苦。

（Lyon，1940）

八

二十年来不曾走到的小院子，
梦中一夜盖满了婆娑的树叶，
正想重寻树干上你刻的名字，
唉，树叶萧萧淋我一身雨滴。

（北平，1931）

九

草木之间风雨老有不尽之意；
噙着泪重新织网的蜘蛛，
我们过往的岁月蛇一般冷落，
腐叶堆中蜒蜿着不肯死。

（Paris，1942）

十三

大海可并不刻意磨灭它的心迹，
试读沙滩上巡礼者纵横的脚印。
不含明珠的老蚌含大海的真谛，
而你我的相思正是海的宿命论。

（Pointe-Noire，1940）

十四

我是个无能的风景画家；

山水之间最怕点染人物。

人物？

白云深处如何勾出老人发白？

（Paris, 1938）

《骨灰》发表在《文学杂志》月刊 1947 年 2 卷 9 期上，每首都是四行体短诗，共 20 首，大部分收入《无弦琴》诗集中。这里选录了六首。

老诗人、翻译家罗大冈是年近八旬的老人，毕生以研究法国文学为专业，对介绍、翻译法国文学做出过重大贡献，但很少人知道他是一位忠诚于诗歌艺术的诗人。其实他从初中时代就用笔名在校刊发表小诗，60 多年来，他一直在业余坚持创作诗和散文。正如诗人引用屈原的诗："余少好此奇服兮，年既老而不衰。"每次发表都用不同的笔名，正如施耐庵在《水浒传》序言中所说："不求人知，人亦不知。"

他曾经写过许多诗篇，没有发表，抄在手册上，兴致来时，便拿出来自己观赏一遍，感觉到心弦颤动，欣然若有所得，就达到写诗目的。所以他说，他是自己写诗的唯一读者。但这绝非孤芳自赏，他这样写，这样读，是有着对诗歌艺术的更高的要求的。在本文的末尾从他给笔者的一封信中可以证实。

这里先介绍一点《骨灰》的来源。1933 年诗人毕业于中法大学，被送到法国留学。1939 年学业结束，本应回国，由于第二次世界大战爆发，东西方交通阻断，他困居于里昂中法大学宿舍，使用法文翻译了唐人绝句百首，后来在瑞士出版，经过译诗的锻炼，他对于写四行诗发生了兴趣，于是创作了几十首四行诗，抄录在小本子上，没有发表，1947 年回到祖国，到天津南开大学外文系任教。当时北京大学教授朱光潜主编《文学杂志》，向他约稿，他便抄了残剩的四行诗十首寄去，总题为《骨灰》，因刊物要求用真名，这才第一次用真名发表诗作。

为什么叫《骨灰》？因为他留在里昂中法大学宿舍的书籍行李,在德国纳粹侵略军占领里昂时被毁掉,剩下带在身边的小诗,可说是劫后余烬,所以总题为《骨灰》。仅从这里选录的六首来看,无论在巴黎、里昂、北平……诗人都怀着一颗真挚的诗心,将世界、异国的感受,以及个人生活遭际,都内化为自己精神世界的结晶,通过生动凝练的形象表现出来。写异国孤独情绪,则"万千面目中让他的面目渐渐消灭"(第一首)、"深怕世上还有一人二人在远方为我受苦"(第六首),何等深沉委婉,富有唐人绝句的韵味。写眼前景,胸中事,可谓"景中生情,情中含景",达到了妙合无垠的美学境界。写风景画(第十四首),多是即景吟成,寓目占得。诗人不仅用肉体的眼睛,而且也使用心灵的眼睛。这种观照:"人物? /白云深处如何勾出老人发白?"真是做到"以小景物作大景物坐标"(钱钟书语)的小中见大,置大于小的画境。这些四行体小诗,是诗人融化古典诗词又吸收西方古典、象征诗的结晶,内容丰富,意境深远,读者可以自己的审美情趣,加以细心品味,必然会得到很深的思想启迪和艺术享受。

1987 年,中国和法国分别出版了诗人汉语诗集《无弦琴》和法语诗集《破盆中的玫瑰》(包括《骨灰》),已在法国引起反响。这里仅摘录几条:法国《新观察家》周刊登著名诗人兑洛德·卢瓦的评论说,罗大冈法语诗集"显露出一位不屈者的自豪,同时透露着中国唐代诗人们的雅洁";《里昂人之声》上若昂拜蒂尼说:"他这部直按用法语写作的诗集","从形象和主题上看,是非常有中国意味的,但同时又具有法国意味和世界普遍意味。"《革命》周刊上昂利·吕克斯评论道:"这些诗里,冥思与卓识借着诗人惟妙惟肖的表达,融会贯通于每一个诗句","甚至显然是产生于另一传统的那种抒情的豪放,也在我们的语言里站住脚了。这是一种奇观,这是诗歌的一种奇观。"(以上见《文艺报》)

诗人还有些诗论,我摘录几条,作为鉴赏他的诗时参考:(一)诗,是心声。必须心中真正有所感触时，如骨鲠在喉不得不吐，才提笔写诗。切忌为写诗而写诗。(二)诗是高尚的艺术，写诗不容许有庸俗的打算，比方说为了赶时髦，或讨人喜欢，等等。(三)诗之为艺术，主要以内在的节奏与旋律表达心声，重点不在于格律、韵脚，或其他固定的形式。(四)诗与散文不同，不能以散文的语言、逻辑的语言写诗。切忌抽象思考和空论，要用具体的感情、形象，要用"实物"表达诗情。(五)诗是严格的"个人艺术"，每一首诗要表现诗人的个性、诗人的灵魂、个人的与众不同的语言。从个人语言中提炼诗的语言。(六)诗美不表现在形象、色彩或音调中，而表现在内在的节奏中。内在的节奏表现诗人心弦的颤动。象征派诗人(如法国诗人魏尔伦)强调诗的音乐成分是肤浅的，主要是内在节奏。(七)我写四行诗目的在于形成自己的风格，但我还远远没有达到自己对于诗艺的理想，还须继续努力(1988 年 4 月 3 日的信)。

我觉得这些诗论，是老诗人几十年创作经验的结晶，非常珍贵，对理解和欣赏《骨灰》也是有帮助的。

自画像
胡品清

并非孔雀石的雕像
且透明如水晶
只是一个永恒的夏娃
从无壮志

知道一些经史子集
被祖母的严厉逼出来的

通晓一些英文

自平克劳斯贝的歌词中悟出来的

掌握一些巴黎语

由于七年的观望

于塞纳河畔的垂柳之间

但有一些不渝的向住

室内　无瑕的情思

人间　无私的天平

以及各种美丽

　　　有形或无形

　　　有声或否

而经验说

台风夜的待月草是你的名字

　　当人在沉静中思考生命时,生命在默默思考人。生命过滤人已知的过去,生命默想人所未知的将来,生命思索人之外的存在的意义和价值。这首《自画像》,从语言的表层就透出了女诗人内心的信息,因为生命的思考已使这已知的、未知的和生命之外的一切内化为诗人的精神世界。

　　当诗人沉思于过往的岁月,她首先凝视一座水晶般透明的雕像,虽不是孔雀石的,却是自己的生命激情穿刺出的一个美丽的形式,一个真纯的诗人的灵魂。所有人的杂质和非诗的成分在这里都会顿然消失,我们面前站立着一位纯粹的女诗人。

　　她说自己:"只是一个永恒的夏娃/从无壮志",这句诗藏匿着多少女性生命的秘密。当俄狄浦斯从斯芬克斯那里取得了神秘之谜:什么是人? 当人代替了斯芬克斯时,却难以回答自己在宇宙中的困惑:人是什么？这个困惑同样使诗人苦恼，诗中有了反讽和调侃的声调，一切女性在上帝(造物主)面前，只能屈从于夏娃的位置和命运。然而，诗人非凡的气质时时在升华自己。在老祖母严厉的教育下熟读儒教文化的经史子集，精通外国文字，辛勤的努力使她的才情成为一个成熟的学者，但在人情方面却未能尽如人意。七年的塞纳河边的观望，人生的不可预料的挫折，使她把世上的一切看透了，满怀的花草只剩下一把荒烟，孤独迫使她开始同自己(也是同上帝)对话，以解脱内心的困惑与骚动。她看到和听到"各种美丽/有形或无形/有声或否"，这无数的美丽中，终于找到了诗。正如诗人在诗集《冷香》前面所说："因为看透了，于是只为纯艺术化而写诗，只为生活艺术化而写诗，只为不被注意、不受重视的真、善、美、纯、恋而写诗。就这样，我至少有点用处：救救自己，也提升若干向往真、善、美、纯的心灵。"

她在诗的绿岛上漂泊多年，生命的优越感和失落感一同迫使她用全部心灵去寻找一种解脱和超越的东西：诗。

通过诗，她成了歌者，各种有形和无形的美丽，都是她歌中的音色。海洋、塞纳河、日月……万物的灵魂溶进了她的歌，她凝视美丽的花朵与图像，描绘独特的纯白的情愫，她用真、善、美、纯、恋的经纬编织生命，用纯情的诗歌创造这世上没有的东西。

真诚的诗人都是谦虚的，她用台风夜的待月草作为自己的名字。我们通过这首《自画像》，却读到了她许多美丽的诗。正如评论家史紫忱说的："胡品清的诗有淡泊的悒郁美，有哲学的玄理美，有具启发力的诱引美，有外柔型的内刚美，还有诗神在字里行间起舞的韵影。她的文字用东方精神作骨干，以西方色彩作枝叶，意象独特，风格清新，笼罩万古长空的'无'和一朝风月的'有'，像一杯葡萄酒，既醉人又醒人。"我以为这些精当的评论，是《自画像》最好注释和补充。

骑马的夜

扬　禾

石槽边栓下马，
坐在播散着谷香的打麦场，
我一声不响，
扣了发热的额角，
望着北方的天上，
第一颗星星出来。

第一颗星星出来，
还有
　　千颗，
　　　万颗。
像千缕，
　　万缕的红络缨，
在林立的枪矛的梢头
　　披洒，
像千只
　　万只的灯笼，
在船桅的长杆上
　　燃灼了。
像千朵，
　　万朵的
榴花开放！

灿烂的星星们，
眯着绿色的眼睛，
从沾着露水的枝叶，
从隆起的房屋的背脊，
　　喘息着
　　出来！
出来，
　　照耀着没有月亮的夜晚。
我的马呀，
要走多么长远的路啊。

就是这样的夜晚，
豆秸一样发响的
　　星光下，
我曾蜷弓着腰，
在打麦场
　　打谷，
　　簸谷。
有枣紫脸的老汉，
　　红绒辫的姑娘，
　　伴着我度过
　　这黄花的九月。

小姑娘，
她给我小板凳坐，
嘴角流出远古的神话，

野生花一样美丽的。
她捉着我的衣袖,
隔着篱笆,
听月光下菜园的胡瓜,
在地上簌簌地爬蔓。
呃,那些日子
我是快乐的:
老汉教导我
成个好农人;
小姑娘也答应了
花烛的时辰……

我的马刨着蹄子,
咆哮着
不再嚼芬芳的干草;
我站起来,
抚摸着它露湿的鬃毛。
因为这回忆,
一时间,
我的心,
悲伤!
马鞍放好了,
我把这些全丢掉;
扬起鞭
向星光下的
遥远的军营,

急急奔去。

这首诗发表于 1942 年 3 月桂林出版的《诗创作》第 9 期,是我国抗战诗中的一首佳作。

全诗以农家子的"我"为抒情主人公,抒发自己离家前刻的心路历程,表现了他内心矛盾的情绪,他对要去的地方,无限向往,对要离开的家乡又充满留恋。

真是将去还留,他把马从棚厩牵出来,并没有径直骑上去,而是拴在石槽旁,在打麦场稍作延留,望着天上出彩的星星出神:这些千颗万颗的星星在他看起来,就像枪矛头上披洒的千缕万缕的红络缨,又像航船桅杆上点燃的千朵万朵的红灯笼,还像千朵万朵五月开放的红石榴花,对要奔赴的目的地,向往之情溢于言表。这不是一般的望星星,而是有其隐喻存焉。

诗人在主人公"我"的恋乡情结中,精心选择了农村两个具有代表性意义的人物:一个是被太阳晒成枣紫色脸庞的老农(概括提法,不一定是血统长辈),他教导"我"今生要作个好农民;另一个人物是"我"的恋人,一个扎红头绳的农村少女,她已经应允作他的妻了,这样,"我"的未来之路已经确定,"我"将沿着千百年来祖先的足迹,照传统的生活方式和生活准则,过平安自足,代代如斯的生活。

但是日本强盗来了,打破了他的幻梦,他必须走一条新路,一条救亡图存,到光明地区持枪杀敌的路。这个巨变对于一个农家子弟来说,是不可能没有痛苦和离别之悲的,诗人毫不讳言,而且用了诗的一半篇幅来抒写主人公对家乡和往事的忆念。

诗人是忠于生活,忠于自己的内心世界的。他本人就是个农家子,诗第五节写主人公在星光下的打麦场上打谷簸谷的情景,第六节写扎红绒辫的少女给他讲天上的神话,同他一起在月光下听菜园瓜蔓生长的声音,都是农村耳熟目详的事。同年发表的《四月的诗》,也有类似的抒写。

诗人早年的创作思想,兼益于现实主义、浪漫主义、现代象征主义,而以"诗是心灵迸发的火花"作为自己的箴言,并注意诗的含蓄和音乐性。他不停留在表相的抒写上。在这首诗里,他用内心独白的方式,来表现人物精神世界深层次的东西。久蕴于心,一朝喷发,主人公所见群星壮丽的景观,是带有喻义的,也闪烁着诗人的心灵之光。

这首诗的英雄主题是在极大的程度上,隐藏在诗的背后,通过主人公的视角和呈现的画面,特别是通过他的内心活动而呈现出来的。这不是一首通体壮志凌云的诗,里面的人物也是寻常的有凡人之情的人物。然而正因为他有内心矛盾,而且战胜了内心矛盾,才有英勇献身的自主意识和坚实的心理依据,并使作品的思想内容得以深化。主人公的意念几乎在一瞬间,就直转而下,完成了人生的一大转折,义无反顾,跃马奔向前方。

作者不喜欢标语口号,浮泛浅露。不停止于形象,而着力于意象的经营。在他长长而有间歇的半个世纪的创作生涯中,写出了不少意象生动、感情真挚的诗篇。随着他的视野的扩大和思想的革新,他的诗风也由早期牧歌情调的优美,一步步走向宏观与奔放。

花环——放在一个小墓上

何其芳

开落在幽谷的花最香,
无人记忆的朝霞最有光,
我说你是幸福的,小铃铃,
没有照过影子的小溪最清亮。

你梦过绿藤缘进你窗里，
金色的小花坠落在你发上，
你为檐雨说出的故事感动，
你爱寂寞，寂寞的星光。

你有珍珠似的少女的眼泪，
常流着没有名字的悲伤，
你有美丽得使你忧愁的日子，
你有更美丽的夭亡。

　　这首吟咏少女夭亡的诗，如一只纯白美丽的花环。诗人在生命的旷野上走着，一片宁静的大自然中，一个青春的生命夭折了。诗人在这个小墓前低诉着温柔的独语，哀婉的独语，诉说她像幽谷的花，像朝露，甚至是没有照见过人影的清亮的小溪。生活单纯得连小小的忧伤也只有窗前的绿藤和寂寞的星光才知道。终于，"生命不过是死神唇边的微笑"（李金发诗句），不应该消亡的生命却过早地死去了。诗人在这里没有用文明把自然的生命掩盖起来，没有以尘世的痛苦来看待死亡，甚至没有恐惧和悲哀，诗人仿佛只将诗意的抒情、短暂的生命的美，置于世界之上。对于诗人来说，少女的夭折，有如音乐一般，它只是一种美丽、温柔的渴求，而不是最后的痛苦的外在的终结，甚至超越了死亡的痛苦和悲哀："你有美丽得使你忧愁的日子，你有更美丽的夭亡。"因而诗人并不仅仅把这样的死亡表现出来，而是通过少女的夭折转化为内心世界中一个美丽的幻象，一片对生命幽秘的凝重的忧思，从而唤醒人们对于生命关联域——命运、变故、死亡的哲理性的思辨，启迪人们领悟生的真正地位和价值。奥地利诗人里尔克早就真诚地说过："我完全是通过两种人的形象去以我的内心推测一般的人，一是那些在青春妙龄之际死去了的人，一是那些无条件地、纯粹地去爱的女人。并以宁静的权威迫使我去倾听。这两种人的形象纠缠交织在我心里,使我无法摆脱。"(刘小枫《诗化哲学》)里尔克正是在《杜伊诺哀歌》中这样吟咏死亡的。何其芳写这首诗时还很年轻,未必能自觉地如里尔克那样深邃地洞察生命的奥秘,带给人们以启示。但年轻的诗人内心世界所创造的惊奇而陌生的具有独特的艺术形象——一个夭亡的少女,却有着永久的感人的艺术力量。同时也有力地说明,新诗的创造性不只在于它总是富有振奋精神力量的语言,或者是放声歌唱的政治概念,而是另有蹊径:一首优美的抒情诗就是一个艺术世界。诗评家李健吾(刘西渭)在 20 世纪 30 年代就说:"我爱他那首《花环》",仿佛是"帽上亮晶晶的一颗大红宝石, 比起项下一圈细碎的珍珠……还要夺目。同样是《柏林》,读来启人哀思。"(《李健吾创作评论选集》)

力求严肃认真思考的札记

黄永玉

气球　飘浮在高空的斑斓的巨物,但是哪怕,是针尖大小的批评它也受不了。

鞋　几乎跟婚姻一样神秘,舒不舒服,只有脚趾头知道。

遮羞布　愤怒的时候,随时扯下来当武器的东西。

手套　办一个十个人"学习班"。

水　像狡猾的宗教一样,总是以多种形态出现:一会儿是硬的,一会儿是软的,一会儿又是捉摸不定的,以适应不同的气候。

无知　毫无疑问这是一种早为历史定评的美德, 因为它具备了满足与自得其乐的内涵。

拔牙　极恐怖但很有教益的活动，首先要自己端正态度。

喷嚏　一秒钟不到的忘乎所以，往往使旁观者惊喜交集。

刷牙　假笑。

合唱　谁也不服谁，于是都各用声音互相征服。

1980年

诗人越是严肃认真思考，得到的东西越是荒诞可笑，而对于荒诞的东西却必须严肃对待。所以他写诗，用诗的语言符号来记录它的奇形怪状的射线，使人免于因它过多的辐射，诗人怀着善意向人们微笑，好像在说，他的本意是让人的心灵变得高尚、透明。

笑，是泡沫很多的光滑的洗涤剂，是发出响声的吸尘器，这首诗使人在笑声清醒、干净。

他没有把诗写成商店的发票或旅游的公园门票一类的东西，也没有写成教训人的指示之类，而是一个诚实的人在生活中发现了不平凡的意义、经验，比如以"刷牙　假笑""手套　办一个十个人的'学习班'""气球""鞋"之类的无可辩驳的真实。因而，不能不同诗人一道去严肃思考点别的什么。

他对美和丑，像诗人一样感觉到特别新鲜，对于色彩、构图又有画家的敏感和亲切。他具有诗人和画家的双重品质，他是诗人中的画家，画家中的诗人。

他画的绝非漫画，没有漫画的油滑浅露，却有着某种哲理的机智、讽刺和幽默。因而它真实，发人深思。

背水姑娘

王　余

白杨树生长在水头，

黄莺儿歇落在水尾，
树叶子顺着水流去，
去托黄莺儿带个信。
背水姑娘，
你带个什么信？

昨夜我做了一个梦，
梦里看见北斗星，
我清早起来去背水，
窗前的太阳暖我心。
背水姑娘，
为什么暖你心？

窗前台上有盆花，
小蜜蜂天天去看它，
我每天带水去浇花，
看见了金花想起他。
背水姑娘，
为什么想起他？

忘不了他的一句话，
搭一座金桥到拉萨，
立功挂一个英雄章，
给我买一条花围裙。
背水姑娘，
你爱花围裙？

我爱拉萨的花围裙，

爱他戴上英雄章，

我们相会在花开时，

我们跳舞又歌唱。

背水姑娘，

你要把歌唱？

我本想给他唱首歌，

又怕风吹断了歌声，

我日夜在等候喜讯，

白塔呀请你做个证。

背水姑娘，

又何必做证？

1953 年 11 月写于康定

背水是藏族妇女日常生活中的劳动。六世达赖曾经为背水姑娘写过情诗，后来相传为最美的弦子歌词。因为大都是背水姑娘在背水时编的，"背水姑娘"至今成为最美的称呼了。

诗人王余在西南一带搜集整理过藏、侗族民歌，那些出自肺腑的天籁之声，又有民族生活中强烈的感情色彩，自然会受到深深的感染，使他"下笔情深不自持"（龚自珍语），写下民歌风味浓郁的诗篇。《背水姑娘》就是其中之一。

读着这样的诗，我们也像是随着藏族姑娘走到清清的水边，一个明亮的早晨，太阳照着高高的白杨树，黄莺在树叶间鸣唱。姑娘们有的还沉浸在昨夜的梦境，有的放下了长长的水桶，轻轻地唱起了心中的歌。歌声是那样嘹亮，像金色的翅膀飞过水面，震撼着沉寂的远山。

歌中倾诉出美好的愿望,自己化作小蜜蜂去看望心爱的花朵。最后,终于泄露了爱情的秘密,她在想着意中人,"搭一座金桥到拉萨,立功挂一个英雄章",还要给姑娘带回一条花围裙……姑娘请求白塔来作证,日夜在等候着喜讯。这些真挚优美的歌,给人一种热烈而又含蓄的情调。尽管诗人并没有具体描写藏族姑娘的音容笑貌,但通过许多美丽的比喻、巧妙的问答和一句句出自肺腑的歌声,我们已经走进了藏族姑娘的心灵世界,为她们朴素的风姿和委婉优美的情感所打动。民歌的艺术魅力也就在这里。

应该说,诗人抓住了一种内在本色的美,不用华丽的文采,没有刻意求工的修饰,却自然质朴,句平意远,有一种沁人心脾的感染力量。真像高尔基说的:"真正的诗是朴素的。"

寄向泰国的诗笺(选二)
高 缨

蔷 薇
——致蓓西·堪西丽

为什么我的花瓶里,
常开着不谢的蔷薇
我这零乱的书桌
又总是花气如醉?
啊,是你赠我的小磁盘
闪烁在我的壁柜
绘制的花儿全活了
满室里飘舞翻飞
花瓣散落在

一叠刚刚译出的
你的诗稿上
诗与花融合了
像你一样真
一样善
一样美……
我知道你的鼻尖儿
一年四季萌发新的蓓蕾
有许多蔷薇

名 片
——致甘乍娜·斐玛妮

你总爱开玩笑,你说
——我真穷啊,连名片也
印不起!
你却有一个最富贵的名字
——金子、宝石
金子是纯真
宝石是智慧
全装在你的心里
所以你的目光明净
你的容貌美丽
你的性格闪光
你的语言风趣……
你始终没递给我一张名片
却馈赠我价值连城的友谊

没有名片又何妨

只要我心之宝库,珍藏着

——甘乍娜·斐玛妮　甘乍娜·斐玛妮

　　高缨于 1987 年去泰国访问,与泰国著名诗人、小说家,在蓝色的海滨之城帕塔亚相聚。回国后诗人时常思念他们,便以诗代信,款叙离怀,发表了《寄向泰国的诗》四首,分赠友人,友人用的都是第二人称,如重逢相谈,显得非常亲切。

　　这里所选二首,一首《蔷薇》,是赠给诗人蓓西·堪西丽的,她是泰国作家协会副主席。访泰期间,高缨同她建立了真诚的友谊。席间,她将自己的诗作《只用你的叹息》《母亲的爱》等交给他,深情地说,"我热爱中国,我愿不久便去中国访问旅行,描写那里的山水。我这里有几首诗作,希望你把它变为中国字,那就是我最高兴的事了。"后来高缨请诗人、翻译家邹绛担任翻译,在《华夏诗报》发表了。这两首诗,一首写泰国女子对遗弃者终生不渝的深情,一首写一泰国母亲,"她的心永远是奴隶"般的爱。这是两首罕见的感人肺腑的诗篇,只有用燃烧的心灵才能写出。《蔷薇》所提到的"那一叠刚刚译出的/你的诗稿……"就是蓓西·堪西丽交给他的诗稿。

　　《蔷薇》起兴于女主人所赠的小磁盘。诗人有一次见到放在壁柜里的它,睹物思人,不禁浮想翩跹,那个小磁盘绘制的蔷薇花在他眼里,仿佛全活了,"满室飘舞翻飞"起来,使他感到"花气醉人"。然后,这些小磁盘上的花,同放在案头上的她的诗,"融合"在一起了。然后,这些融合在一起的"诗与花",又变成真善美的化身——"像你一样真/一样善/一样美……"于是诗人赞叹着,她有着真善美的心灵,作为诗人,她的笔尖儿定会"一年四季萌发新的蓓蕾",开出"许多蔷薇"来的。不过 18 行的一首小诗,诗人就这样情致殷殷,委委婉婉,笔走龙蛇,通过四个层次,升华到了抒情的极致。

诗如其人，整个诗显得那么感情真挚，那么精致，那么透亮。这也就是他在长期寻找自己中所形成的诗风。然而从表面上看起来，使人感到一切是平朴、自然。这首诗的取材、结构也很讲究，显得平易，然而又回环往复，使之顿生珠圆玉润之感。

第二首诗赠泰国著名作家、泰国作协秘书长甘乍娜·斐玛妮。他们是在泰国蓝色的海冰之城帕塔亚同中泰两国的同行一起相聚的，赠诗用的也是"你""我"，如重逢对话的语气。她是个同蓓西·堪西丽完全不同的人：性格豁达，爱开玩笑，然而玩笑中透露她的真情。她说"我真穷啊，/连名片儿也印不起！"高缨认为她又在开玩笑了。然而她始终没递给他一张名片，证明她的确那样"穷"。这是诗人与她交往中颇有戏剧性的一个小插曲。诗人却由此起兴，抒写了这首也只有18行的小诗。

这首诗比前诗内容更单纯，是用物质的穷与精神的富这一尖锐明快的对照建构而成的。诗的这一主旨在人类历史上乃至现今的世界上，都具有极大的涵盖面。在人类的生活方面，我们是物质和精神的统一论者。在难以两兼，甚至出现两者对立的情况下，诗人肯定了精神的富有，友谊更不表现在物质的馈赠上。"你始终没递给我一张名片"，这"又何妨"！你"赠给我价值连城的友谊"，不是更可珍贵吗？诗人用赞誉的语言说，她"有一个最富贵的名字——金子、宝石/金子是纯真、宝石是智慧"。在不长的接触中。她的友谊。她的高尚的情操品德。都成了他"心之宝库"的珍藏、诗人两行结语，在数千里外热情地连声呼唤着："——甘乍娜·斐玛妮/甘乍娜·斐玛妮"，语尽而诗韵缭绕。

（原载《中国新诗名篇鉴赏辞典》，四川辞书出版社1990年）

第三辑

诗歌回忆片断

在诗歌探索的道路上,我走过一段不算短暂的行程,至今仍在默默地向前走着。我有时也回想过,什么时候写起诗来的? 怎样开始的呢? 又是什么力量使我醉心于这个事业,尽管有过挫折和波澜,却在我的一生中再也放不下这支写诗的笔的呢? 同时,我也深深体会到:经验是痛苦的(无论是生活经验或创作经验),但是,一旦它们在岁月中变成回忆,又总会给我带来一些不曾凋谢的花朵。正如一位年轻的歌者唱出的:黑夜沉淀下来的,有几颗闪光的星粒,照耀着我接近黎明的晨曦……

童年和诗

我的童年和少年时期是在南方度过的。曾住在南昌钟鼓楼十号一幢半新式的住宅里,我父亲在邮局工作,从原籍苏州调来江西,靠比较优厚的工资维持家庭生活。父亲虽然大学毕业,但从私塾出身的母亲柳德芬,却更懂得知识的贵重,她不置办任何产业,而甘愿挥霍在我们姐弟的求知的花费上。她给我们开蒙以后,就聘请了一位辍学的大学生给我们当家庭教师,住在家里教读国语、英语、数学这些新课,在我 12 岁时又请了一位花白胡子的老先生,隔晚来教两个课时的《孟子》《诗经》……他们几乎一直教我到初中。在我十一岁时,为了取得小学毕业文凭考中学,才把我送进小学读六年级。南方阴雨连绵的天空,和这两位教师的课本一样令人窒息,直到我进了小学,我才发现背上书包走在清晨的路上是多么有趣,石拱桥、东湖的绿波、岸边的柳丝、啼叫的小鸟、热闹的街市,从乡下推来吱吱扭扭的独轮车……使我对生活充满了好奇和惊喜。老先生教的《诗经》,我能背诵不少,却不能理解它,只觉得朗读起来抑扬顿挫,铿锵悦耳,当我背向着先生,晃动着肩膀用一种他教的特有的江西腔调背诵时,仿佛有一道和谐的韵律流贯我的全身,感到一种歌唱似的愉快,但真正启发我对诗发生兴趣的还是我的母亲。她经常和比她大四岁的姑母一道悄悄写旧诗,她的姑母(我称呼她姑外婆),就住在我家不远,常抱着一只银制水烟袋兴致勃勃地走来,在晚上和母亲娓娓谈论她们的新作。她们以为我什么也不懂,偏偏只有在这时候,我在旁边听得非常入迷。我心想,她们怎么能把一朵我平常看过的荷花写得那么美丽,连荷叶上滚动的晶莹的露珠都写出来了。还有南方的夏夜,在她们的笔下出现了月光、池塘、蛙鸣……诸如此类的自然景象,显得多么生动有趣,在我眼前展现了一片新奇而又神秘的世界。它的神秘还在于:写的这些都是我平常在生活中见到的,感觉到的,为什么她们用四句诗、八句诗就表现得那么新鲜,不平凡,仿佛是重新认识了它们一样,难道这就是诗的奥秘么?母亲在琐碎庸俗的家务之外,仿佛另有一个神秘的诗的世界。这给我童年和少年阴霾的天空,撕开了一角,透射来一线阳光,我经常好奇地偷偷打开母亲的抽屉,找到她用毛笔端端正正写下的旧诗,细心揣摩着里面的意思。后来,我父亲调到甘肃邮局工作了,母亲的诗里就出现了边塞风雷啦、阳关柳色啦、思念故人一类的词句,这时她也发现了我已能背出"少年不识愁滋味……"一些诗句时,她开始对我认真起来了,给我讲解一首一首的唐诗,教我如何对课,如何对仗和押韵……我沉浸在一种似乎摸不着,看不见,也说不清的美的幻想和形象的世界中。我开始喜欢观察赣江滔滔不尽的波浪,东湖小船上的月光,冬天马路上第一场静静的初雪,春天开遍山村的红艳艳的桃花……后来对舞台上的戏剧、电影就更加入迷了，一个十二三岁孩子眼中的世界是变幻多端和充满新鲜感觉的。这一切，我在多年以后才理解到，艺术的准备也许真有一个"原始积累期"的过程吧，尽管"积累"的方式和道路各不相同，对于我来说，母亲播撒在我幼小心灵里的种子，难道不就是她梦幻中自己写诗的愿望么，她在有意无意间培养了我对诗的喜爱，几乎像乳汁变成了我身体里的血液一样。这种深刻的印象，不是刀刻下来的痕迹，而永远像经过我自己的味觉、视觉、听觉得来的心的记忆，使我一生沿着这条喜爱的道路愉快而又艰难地走下去，为了感谢她——我的诗的启蒙者和导师，我在27岁在上海出版我的第一本诗集《诗第一册》时，在扉页上虔敬地写下了一行字：献给母亲柳德芬。

我的第一首诗

1933年—1938年，我在南昌私立豫章中学读书。那所学校管理严格，弥漫着基督教会沉闷的宗教气氛。我印象最深的不是高耸的教堂、明亮的课室，绿茵茵的草坪和幽静的林荫小路，我和比我大两岁的同学文健，我们最喜爱的是学校后面一片空旷的沙地。南昌人叫它"沙窝子"，我们管它叫作"沙漠"。那里真是一个空阔自由的世界，人迹罕至，只有不远一座古龙光寺，早晨飘出一声声令人战栗的荒凉的钟声。沙地后面还有一个长满栗树和松树林的小山冈，春天飞鸟云集在树枝上鸣叫，使它更显得像一只深沉静穆的小森林。我和文健从小就不信仰上帝，星期天我们就约好从去教堂做礼拜的长行列中逃出来，偷偷跑到我们的鲁滨逊漂流的这块"沙漠"里。那时我十三四岁，文健十五六岁，他比我高两班，彼此志趣相投，我就像他的影子一样跟随着他。我们占据这块圣地很久了，不但熟悉它的全部地形，而且知道哪段浅沙里能挖出骷髅头骨，哪里能掘出一些破罐罐，发了绿锈的古铜钱。那荒草丛中几间荒废了的养鸡场的破房子,几乎就成了我们快乐的天堂。就在这个破败的木屋里,我们读过拜伦、雪莱和济慈的诗。到了1936年,我们醉心的是巴金的《海底梦》、何其芳的《画梦录》、曹禺的《雷雨》……还有当时的一些刊物《萌芽》《奔流》《诗刊》《水星》等等。巴金的小说使我们热血沸腾,想远走高飞。卞之琳、何其芳、丽尼的散文、诗歌使我们沉浸在美丽的幻想里,用想象的彩线编织着一个个年轻人的金色的梦。我们正从少年的脚步走向青年绿色的门槛,对世界上任何美好的事物都想探索和追求。我们贪婪地如醉如痴地读着书,既没有人指导,也无从问津,图书馆里各种杂七杂八的书籍,都使我们像河马一样吞吃下去。尽管生活圈子狭小,但中学里外国牧师的伪善和趾高气扬,中国牧师可怜巴巴的生活和卑屈的眼神,隔壁姊妹学校——葆灵女中(经过我的姐姐和女同学)传出来的奇闻轶事,使我们在校园生活这堵墙的里面,一种被隔绝而又突破不了所产生的空虚和寂寞,往往使我们把这片"沙漠"既作为逃避之所,又作为抗议教会学校禁锢我们的灵魂,有意把它变成我们一块真正自由的精神阵地。这种潜在的叛逆思想和被禁锢的寂寞,就是我们想写诗歌的重要的诱因。我断断续续写了一些幼稚的篇什,文健更是写出了一批早期的诗作。记得1935年尾,就在"一二·九"运动那一天,我们和学校寥寥几十个同学偷出校门赶在游行队伍的后尾,参加南昌各中学的队伍在马路上的游行,后来队伍被反动当局冲散了,我和文健回到了"沙漠",很长一段时间里,都感到无比的愤懑和惆怅,但思想上又苦于找不到出路。一个十五六岁的青少年,却过早地被一种人生的忧患意识笼罩着,尽管这种意识是朦胧的、抽象的,正如文健对我说过,我们不会有少年维特那样的烦恼,黑暗、寂寞的生活却有可能使我们早熟。记得过了年,寒假中的一天上午,冬天淡淡的阳光照在小树林顶上,我躺在沙上望着飞絮般的白云,听着龙光寺的钟

声,仿佛是一声声的问询,我们将向哪里走?我觉得浑身发热,百感交集,坐起来就在笔记本上很快写成一首诗——《在森林中》:

> 我漫步,
> 在森林中,
> 叫,岁月里
> 悠悠的风。
>
> 我听到:
> 远处的山上的钟,
> 像永久的歌声
> 上升到天空。
>
> 谁的一个声音,
> 在森林中?
> 谁的一个声音,
> 又在森林中?
>
> 远处的风,
> 山上的钟;
> 我将向哪里走,
> 在森林中。

我颤颤抖抖地递给我的第一个读者和评论者文健,我怀着一种极端的恐惧感望着他凝神读诗的眼眉,看他扬起眉毛还是垂下来,如果他说一声:"不行!"那么我在写之前所感到的纷纭复杂情感,也许一下就会变成一堆死灰,在风中化为乌有。如果他说一声"行!"我可能在眼前立刻出现霞光万道,感到眩晕。没想到,他沉默了很长的时间，才认真严肃地望着那片小森林，并没有面对着我轻轻地说，你刚满十五岁，才过了十六岁几天，怎么就对人生发出问号了呢?! 就这样写下去，我们一生就这样写下去，不管遇到什么挫折和失败，再也不要停下这支笔……在沙地上的这一次谈话，是我受到的第一次严肃的文学评论，也许就是我们青少年时代的一个盟誓，一个开始，不管诗的种子多么嫩弱，我们却在心里顽强地萌发起来，我们真的就这样一直写下去了。

后来，我写诗了，再也没有间断过……

1939 年，文健在武汉大学中文系用"易铭"的笔名写诗，已在大学闻名。闻一多先生当时教他，曾对同学们说过，文健是他教过的学生中的一个诗的天才。不料日本侵略者轰炸四川乐山，武大遭到轰炸，文健不幸被炸而亡。他的女同学肖子璜把他的遗作和当时的情况写信告诉我，给了我最大的悲痛，我回想起"沙漠"上的许多可怀恋的日子，感到两个人的工作将由我一个人承担，更坚定了我走上诗歌创作的道路。我将我的第一首诗保留下来，作为对他永久的纪念。

诗歌的海洋

1938 年，我从南昌到了甘肃。在西北六年多的时光，我经历了抗战，读完了大学，漫游过甘、宁、青一带游牧草原。使我睁大了看到了广阔的世界，而印象最深的是我在兄弟民族地区，看到了"诗歌的海洋"。当我听到美妙的民歌、牧歌、"花儿"从草原升起，正如蒙古民歌中唱的："我的心就沉入了诗海的深处。"

我一到兰州，考进了甘肃学院文史系。很快就参加了抗战宣传活动——演话剧、朗诵诗。当时写诗的青年朋友夏传才、犁荒，和稍后从四川来的女诗人陈敬容……我和犁荒不但在群众中朗诵艾青、田间、高兰的诗，我们也都为赵西主编的《现代评坛》和报纸副刊写抗战诗。

我写了《我们的七月》《冰原的故事》《游牧人》等等,写得很快,数量也多。当然,这些诗都是不成熟的、幼稚的,不过是一点激情的火花。但它有了一个新的起点。那就是从现实出发,要求有战斗性和鼓动性,这和茅盾先生在兰州给我们讲的抗战文艺的要求是一致的。另一方面,我和文健从开始学习写诗,就是沿着闻一多、戴望舒、卞之琳、何其芳、艾青的诗歌道路走下来的,我们酷爱诗的美和它的艺术性,注重意象和象征性抒情。古典诗词中则崇爱李商隐、纳兰性德,而抗战诗需要明朗、畅晓,直抒胸臆,恰好要求自己走向另一个极端,这个创作上的矛盾,直到我漫游草原,从生活中接触了许多兄弟民族优美的民歌以后,才逐渐得到解决,摸索到一条艺术道路。

我在另一篇《在诗探索的道路上》(发表于 1983 第 8 期《诗探索》),曾经谈到少数民族兄弟给我的滋养:"回族朋友帮助我了解穆斯林的宗教生活,维吾尔族兄弟向我叙说他们古老而又辉煌的历史,蒙古族的猎手给我描绘沙漠中可怕的沙暴,蒙古老牧人的马头琴奏出了成吉思汗英雄的史诗,藏族的女歌手给我们唱出了一支又一支好听的歌, 我不知不觉地渐渐生活在他们中间……许多生活里的故事实在太多,所见所闻足够我写一本小书……"这本小书就包括他们给予我的诗歌的营养和艺术的血液。他们在告诉我这一切时,没有一个人是用枯燥抽象的语言来表述的,而总是运用最优美和丰富的形象。例如藏族的一部格言诗《水树格言》和萨班·贡噶坚参的另一部《萨迦格言》,尽管它们是深奥的哲理诗,仍然充满了生动、鲜明的形象。在这深深的感染下我从新诗的角度作了探索,写了《蒙海》《拉伯底》《回教徒》《旅行》《故事》《穆罕默德》《辽远的故事》(关于仓央嘉措的传说)等诗。我甚至把我熟悉的西方十四行诗的形式、格局、构思……和民歌、牧歌经过嫁接,或者说经过渗透、溶解、化合提炼成一种中国式的移植改造过的十四行诗。有些在 1946 年发表于郑振铎、李健吾先生主编的《文艺复兴》上，得到了两位前辈的肯定与鼓励。在若干年以后，我才进一步理解到，兄弟民族的民歌、史诗、传说……给我无形的滋养是丰富的，概括地说来：一、民族的气质；二、生活的源泉……三、诗的真与美、想象的翅膀、即兴的灵感、夸张的比喻……四、诗歌中民情风俗的描绘、气氛的渲染；五、语言形象的提炼、结晶，等等。

这些试验我一直在默默地进行，它们并不成熟，好像矿穴中一个寂寞的采矿工，并不能预测出矿石未来的结晶究竟会是什么……

在西北联大的四年，我依然把深藏在内心的"诗歌的海洋"带来了。恰好联大不少的老师是北大教授，弥漫着北大（应该是北平师大——编者注）所固有的学术思想自由和诸子百家争鸣的传统气氛。这对我们喜爱文艺的学生非常有利，我的诗歌探索得以继续进行。我们当时写诗的同学有杨禾、郝景帆、李满红、姚昕……我们的风格是各不相同的，就像同一片阳光照耀的园子里几棵不同的树，通过各自的根须枝叶并排地生长着。教授中我特别感激杨晦、盛澄华两位可敬的老师。杨晦先生讲授"作家论"（讲艾青、田间、曹禺等作家）、"文学概论"、"各体文习作"等课程，他一贯以进步思想引导和影响学生。盛澄华先生那时才29岁，为了回祖国参加抗战，刚从法国巴黎回国，他讲授《英诗》《法国现代文学》等课程。他对法国作家纪德，诗人艾吕雅、阿拉贡都有精湛的研究。我经常在课外到他家向先生请教，他对欧美前期现代主义既有深刻的分析研究，对后期又有敏锐的批判，对法国浪漫主义的得失利弊也多有阐发，启发我们从比较、分析、鉴别中得到实事求是的看法。我所尝试的中国式的十四行诗，他在内容、形式、音韵、结构等等方面，都耐心给予指导，使我慢慢探索到它完全有可能移植（经过改造）成为中国新诗的形式之一，后来我运用这个形式写了不少西北十四行诗。

盛先生对自己写作和翻译都认真严肃，他教会了我：一、为了完整地表现进步的丰富的思想和认识,需要丰富多样的形式,也需要高度的艺术技巧。二、诗歌创作要在艺术方面起点作用,要提出新的东西,创新的东西;没有创新,诗的生命也就停止了。三、应当终生禁止自己写得马虎、草率。这三点他和我相约彼此遵守。我以先生的教言作了座右铭。这也许就是我日后虽然不停地写,却发表得特别少的原因之一吧,当然,自己对作品总是感到不清意则是更大的原因。(盛先生在刚解放不久在北大西语系入党。1948年他参加南下工作团时,我在上海森林出版社,他要求我把他已排印的翻译的纪德小说,自己的散文集《浴》烧毁,可见他对自己思想要求的严格,和对文学的严肃态度,可惜他在"文化大革命"中不幸逝世了。)

在我学习写诗的道路上,我能遇见许多教导我、帮助我的老师,是我最大的幸福。

雾重庆的阳光

从西北联大毕业后,我回到兰州教书和从事剧运,第二年反动当局要逮捕我,我得到地下党同志的帮助,到了重庆。由于参加了当时进步的戏剧活动和民主运动,我结识了诗人力扬、孟超同志,他们又介绍我认识了何其芳同志,他当时在中共代表团负责重庆的文艺、戏剧工作。我青少年时代就读过他的诗,很快就变得亲近。为了当时的活动,他们常来我教书的学校和剧团商量工作。他对于知识分子的思想改造、对于诗歌许多精辟的见解,都对我有很深的教益。宛如雾重庆的阳光,使我感到明亮和温暖。我只是一个刚毕业两年的青年,精力充沛,就跟着力扬、孟超他们工作。我投身到当时反勘乱、揭露美蒋黑暗统治、争取民主的火热的运动中去了,也有机会深入到学校、煤矿和社会生活底层。我写了一些较有生活气息的《严肃的时辰》《女犯监狱》《挖媒工人》《雾》《你走了》《最末的时辰》等等诗作,国民党为了全面发动内战，表面上请来了美国马歇尔作调解人。我们为了揭破它的真相，《新华日报》让我在头一天赶写了讽刺诗《五星上将》，在他到达重庆那天，就在副刊上"欢迎"他了，起了一些讽刺作用，1946年民主战士闻一多、李公朴先后壮烈牺牲，我们对美蒋特务的血腥罪行无比愤怒，在重庆我们布置了庄严肃穆的追悼大会，我当时写了《圣者》《墓旁》，后来发表在上海《诗创造》上。还有《雾》《时间的焦虑》等诗，都是及时配合政治形势、任务的习作，也是"遵命文学"。但它们从火热的斗争生活产生，不但弥补了我过去远离现实生活的缺陷，而且在我思想上升起了一线阳光，使我懂得诗歌永远是献给伟大的母亲的，这位伟大的母亲就是人民！

《中国新诗》片断

1947年，老诗人辛笛、杭约赫（曹辛之）、陈敬容、唐湜准备在上海创办《中国新诗》，约我参加编委工作，我从重庆到了上海。

由于篇幅的关系，我只能撷取回忆中一个片断。

这个诗刊在临近上海解放前一年多的复杂斗争形势下诞生。当时地下党的文艺人最高领导雪峰同志，通过蒋天佐同志给予刊物以很大的帮助和指导。它的现实斗争目标是明确的。与此同时，我们主张沿着"五四"以来新诗优良的传统，继承各种创作方法和流派的艺术特色，并注重吸收西方诗的表现技巧，形成自己独特的艺术风格。这种共同的认识和要求，使我们会合了西南联大三位诗人穆旦（查良铮）、郑敏、杜运燮。他们三位是老诗人卞之琳、冯至的学生，和我们过去所接受的影响是很接近的。这使我们在诗歌艺术风格上有共同的倾向，同时又保持着各人自己的独特风格，特别是诗人艾青在整个抗战诗歌中的巨大影响，使我们在诗歌的战斗性与艺术性方面受到较大的启示。

在《中国新诗》中，我发表了抒情长诗《时间与旗》，揭露国民党反动统治的全面崩溃，欢呼人民的旗帜将在解放战争中高高升起，迎接人民共和国的到来。还有《游行日所见》《兰伽夜歌》等等作品。出版了诗集《诗第一册》。

这个阶段，创作热情很高，写得也比较多。但感受最深的不是作品的得失，却是愈来愈深的发表之前的恐惧感，不是害怕特务的追捕和搜查，而是由衷地害怕读者对我的诗作感到枯燥乏味。觉得读者花费了时间读一首诗，总应该得到一点新东西，一点思想上的收获或者是艺术享受，结果作者给予的却是一块硬蜡或者是一坨棉花，那为什么要白白浪费读者宝贵的时间去嚼它们呢？在写《中国新诗》时，这个体会是深切的，一直影响到后来，1950年以后我在《人民文学》工作，几乎有四五年虽然也写却没有发表，就是这个原因。

1981年，江苏人民出版社出版了诗合集《九叶集》，选了我们九人当时的一些作品，时间隔了33年，我们对读者所怀有的深深的敬意，使我们有着更为不安的恐惧感，据曹辛之同志不久前来信，他将全国报刊上发表的41篇评论文章告诉了我，以便我在一篇回忆《中国新诗》的文章中作非常有益的参考，我怀着感谢的心情认真读了每一篇评论家们的文章，对我们检查、回顾过去，是一个有力的鞭策和鼓舞。正如我前面写到的：黑夜，沉淀下来的，是几颗闪亮的星粒，照耀我们去接近黎明的晨曦……

近四年的诗

从1979年—1983年，我把这四年发表的诗编成了一集：《抒情诗集（1979—1983）》，共87首，也许今年能和读者见面。

我感到党的三中全会以来的几年，我一直沐浴在灿烂的阳光里，我感到青春的血液又流贯在我的心里，让我在诗歌的道路上继续向前走去。

最后,我感谢《飞天》杂志的编辑和读者同志们的关怀,让我把过去的零散的回忆,从时间的流水中打捞上来,岁月将会消逝,而诗的盛情却会使我们永远在一起……

(原载《飞天》,1984年第8期)

诗的回忆与断想
——我与外国文学散记

一位诗人说过:"'我与外国文学'这个题目太使人着迷和动感情了……"确实,对于我来说,外国文学犹如一片烟波浩渺的大海,无边无涯。我就像一只小船在上面漂流过很久,每次回想起和它的往来,总有纵一苇之扁舟,凌万顷之茫然的感觉,而又不免勾起许多令人迷醉的回忆,一些富于诗意的断想。

这次,我又遇见了这个题目,在这个深夜的三楼的灯光下,正好没有别人,我就写下一点我与外国文学回忆的片断……

馈　赠

人生中很多事情充满了偶然性,而且回忆起来很有趣。我早在读小学和初中时就偶然接触过外国文学。

我的小学阶段原是在两位家庭教师的庇护卜读的,直到高小六年级才进入南昌豫章小学。那是基督教美以美会办的,收费昂贵。教英语的是一位美国人休斯敦小姐,她是一位虔诚的基督教徒,能说一口音调古怪的中国话,人很温柔善良。下课后她常找我们一些走读生谈话,讲故事,讲得最多的是教我们信上帝,说世界是上帝创造的,她、我、粮食、树、小毛毛虫……都是上帝造出来的。还说有受难的耶稣基督。她教我要做礼拜、受洗礼、做教徒,才不会受魔鬼的诱惑。我当时才 12 岁,我不信上帝,对耶稣也没有印象。我读过《西游记》,听过《聊斋》的故事,我只信中国的神仙鬼怪,我只觉得我家那座废楼上有狐仙。而且她对我讲话时离得很近，我看不惯她手腕上长着一层黄毛，特别是嘴唇上那一道浅黄的绒毛似的微髭，配合她那两颗盯着我笑的灰蓝色眼珠，在我眼前晃来晃去，总使幼小的心灵里升起一股调侃的不敬。我想，万能的上帝为什么要给一个很好看的女老师长出不好看的胡子呢，你为什么不跟上帝说说，或者做祷告让它不长出来呢？我们之间总感觉到有种种说不出的不和谐。比如，她就不爱听我说七月十五日晚上有鬼出现，也看不惯当我见到一对美国男女告别拥抱时，羞得低下头来……诸如此类。那时我太小，根本不知道我们是在两种文化——基督教文化和礼教文化的背景下，两种不同的意识、情感、表现方式在一大一小之间来回冲撞，即使在语言上沟通了，思想、心灵上一时也难于调和。直到初中时，我暗自读了她送给我的那本很精致的厚书《圣经》，读了《旧约全书》中的《创世记》《洪水记》《出埃及记》，尤其是《雅歌》里那些很美的诗句……那远古的神话、传说、人物都模模糊糊地浮现在眼前，就像我读过的古书上开天辟地、女娲补天、《诗经》里那些食鸟卵而生商一类动人的故事一样。我开始对休斯敦小姐有了好感和敬意。尽管我还是不信她心目中的上帝，但她给了我一份馈赠，使我一颗幼小狭窄的心中，懂得了天外有天，地球上还有许多外国，还有我许多未知的广阔的世界，我一定要了解它的存在……

我把休斯敦小姐给我的这份珍贵的馈赠带回家来了。我找到我的家庭教师（我叫他郭老师，27岁，一位辍学的大学生），我把《圣经》看不懂的东西，没完没了地问他，开始他还支吾几句，后来大概对我这样不惮其烦的提问感到讨厌，就干脆回答不知道，甚至还联合逢双日来家教我读《孟子》的张老先生，让他翘起德高望重的白胡子，训斥我乱读邪书，有违圣贤教诲，过了很久，不知郭老师从哪儿弄来一本英文的《安徒生童话》，又陆续弄来什么《莎翁轶事》（林琴南文言文译的莎士比亚故事）、苏曼殊的小说……这以后，每晚教完英语、数学之后，就讲童话故事。他这一个偶然的举动，却无意中打开了我的眼界，从郭老师讲的那些想也想不到的、离奇的遭遇，我懂得了北欧丹麦还有这么聪明、善良、会讲故事的人——安徒生。他的《卖火柴的女孩》《她是一个废物》里的穷女孩、洗衣女工，都是遭遇不幸的穷人、好人，有很美的心灵，使我非常感动；而《皇帝的新衣》《夜莺》中嘲笑皇帝、贵族的故事，使人听了非常快乐。原来那些高贵的统治者，都是该反抗的蠢货笨蛋。安徒生的童话使我用一种新的眼光去看世界，去看我周围邻居的小穷女孩。安徒生不仅给我种下了一颗仁慈的人道主义的种子，而且由于他的启发和引领，我逐渐读到了瑞典斯特林堡的小说和挪威易卜生的戏剧，而那部《圣经》仍是我经常读的书。后来，在读到鲁迅、巴金的小说的同时读了更多的翻译小说，使我懂得了外国文学是那样丰富，就是一生也读不完的，而且外国文学是全世界人类的财富，它是没有国界的。像我这样生活在封闭环境中的少年，一颗小小的种子落在心灵里就能很快地萌芽生根，使我一生再也离不开它。

我永远感激那位美国教师休斯敦小姐，听说她还健在，在加州她的故乡，已经80高龄了。还有我那位可敬的已经过世了的郭老师，他们给了我一份最珍贵的馈赠。

鸡舍里的浪漫主义诗歌

20世纪30年代——1936年前后，在内地城市很难读到外国文学书。我读书的豫章中学，是一所以管理严格而闻名的教会学校。语文课大部分是文言文，教师是一位前清的举人。可是我对外国文学的热爱和浓厚兴趣，几乎成了一种嗜好，甚至在它的亮光照耀下自己摸索着走上了文学道路。

少年时代和青年时代,世界对我们来说,和成年时代完全不同。只要占据一个很小的角落,便幻想成自己的一个领地、一个王国。不管这个角落多么简陋和寒碜。

我和我最要好的同学文健的王国就在学校后面一大片荒凉的沙地上,那是一间荒废了的鸡舍。从前这里办过养鸡场,后来停办了,留下几间空空的鸡舍,再也没有人的脚迹来过。

那是一年前在英语班上,听威克逊小姐讲课文中朗费罗的一首诗《生命颂》。她也是美国人,大约讲的是美国诗人的诗,有一种自豪感和亲切感吧,她晃着头上的白发,用低沉的女中音朗诵出:"别用忧伤的声音告诉我,生命不过是一场空虚的梦……"我简直听得出神,就像刻在心上的铭文一样,我现在(隔了几十年)都能默写下来。它是这样说的:

> Let us, then, be up and doing,
>
> (让我们起而立行,)
>
> With a heart for any fate,
>
> (以一颗承受任何命运的心,)
>
> Still achieving, still pursuing,
>
> (不断地完成,不断地探索,)
>
> Lean to labor and to wait.
>
> (学会等待,学会工作。)

我们就是听了她这首诗,才想找一个僻静的所在,专心去读外国诗。学校图书馆太拥挤,终于找到了这个木板拦成的离地一尺多高的鸡舍。

在这里,我们最初读得比较多的,是英国19世纪浪漫主义的诗歌,像所有在寂寞中的青年那样,雪莱的诗一下就能攫住我的心,让我也展开自由的翅膀,和他一同向高空飞翔,像他那首《云雀》里说的那样："向上，永远向高处飞翔，/从地面一飞冲天，/像一片火烧的轻云，/掠过蔚蓝色的天空，/永远在唱着飞，边飞边歌唱……"文健的英语比我好，他最喜欢雪莱的《解放了的普罗米修斯》和其他许多歌咏自然的诗，雪莱酷爱自然，把自己和自然融为一体，意大利的海岛波光，月夜星空，都闪耀在我们的眼前。当然，我们也读拜伦、济慈的诗，给我印象特别深的是拜伦的《企龙的囚徒》《普罗米修斯》。觉得他歌颂的那位 16 世纪瑞士爱国英雄朋内瓦，就是拜伦自己的形象。拜伦和雪莱都通过"普罗米修斯"那位希腊神话中盗取天火给人类的英雄，不怕天神宙斯的惩罚，不怕高加索的山风，甚至被鹰啄食内脏，最后才被解放。我们认为这两位诗人仿佛就是人类新精神的代表，他们也将发出震撼大地的隆隆怒吼声。记得有一次，文健从一本旧杂志（记不清名了）上弄来一张拜伦装扮成希腊人的肖像，头上裹着花巾，穿着希腊民族上装，英气勃发，我们看了非常感兴趣，更为他战死在希腊而感动。后来读鲁迅的书，在一篇杂文里，鲁迅就写过："有人说 G.Byron 的诗多为青年所爱读，我觉得这话很有几分真。就自己而论，也还记得怎样读了他的诗而心神俱旺；尤其是看见他那花布裹头，去助希腊独立时候的肖像。这像，去年才从《小说月报》传入中国了。"我们把鲁迅这些话抄下来，认为简直像在说我们一样，想到大约当时许多青年也像我们这样爱读拜伦的诗的。尽管我们是在一间小小的荒废的鸡舍里读这些名诗，但我们面前有一片荒沙，远处是一片辽阔的天空，也有云雀在高空掠过，我们从雪莱、拜伦的诗里也渴望自由地飞翔，去寻找自己未来的理想。这些诗又把我们引到英国 19 世纪浪漫主义文学的思潮中，我又陆续读到在他们三位诗人之前和稍后的一些英国诗人的诗。例如弥尔顿、蒲伯、布莱克、华兹华斯……稍后的白朗宁、哈代等诗人。而且这一条线索又一直把我牵引到大学时代去读叶芝、艾略特、奥登这些现代英国诗人的诗。

当时找这些诗真是很难，幸运的是我有一位亲戚在南昌商务印书馆工作，他本人不爱文学，却有一个喜欢帮人找书和借书的癖好，再难找的书他都有本事弄到。再就是高中英语教师威克逊小姐。后来我们才知道她原在美国一所学院教文学课，她是奉教会指派在中国工作几年然后调回国的。她借给我们不少书，由于她当时仪表过于威严，精力不太好，我们除了问几个实在弄不懂的问题，很少向她请教，因为我们两个是很用功读书的学生，但不是基督教徒。

在我的记忆中，从鸡舍里我们自学的英国浪漫主义，对我们学习中国新诗的帮助非常大。那时我正喜爱读徐志摩、闻一多、戴望舒、卞之琳、何其芳……几位诗人的诗。我们一边读英诗，一边读中国新诗（尤其是徐、闻的诗），发现他们不仅在思想情绪、格调和运思方式、形象表现，和英诗那么接近，就连诗的外部形式上也很相似。而何其芳的《预言》、《画梦录》（散文），又把它们和晚唐诗融合，转化为新诗的婉约、绮丽、空灵的风格。这些完全是我们自己琢磨出来的。那时我们读到不少刊物，如《译文》《奔流》《文学杂志》《新月》《水星》等等，对我们学习外国文学都有很大的帮助。

我记得这段岁月中，有一件大事冲击过我们。那是我得到家里一笔资助，托去上海读书的同学带回一套郑振铎主编的《世界文库》，共几十本，家里以此作为我高中毕业的礼物。我们真是视若珍宝，看得比什么都重要。这套书真正为我们打开了外国文学的大门，使我们走进了世界名著的宝库。向塞万提斯、果戈理、托尔斯泰这些文学巨匠的效仿，为我们日后走上文学道路打下了基础，我和文健在初中二年级已开始写诗，这时，我们已经知道将来无论发生什么事情，将来走到了哪里，我们都不会离开这些哺育过我们的世界著名作家了。记得初三时我写的一首《在森林中》，最后一节："远处的风，山上的钟；我将向哪里走？在森林中。"就希望自己走进文学的森林中，我以后果真这样艰难而又愉快地走下去了。

回忆起这些,一方面回顾一下自己走过的脚迹,另一方面也想说明外国文学并不神秘,完全可以自学,只要你热爱,它就是你最亲密的导师,就会伸手把你纳入怀抱。我现在看到我所教的大学的青年同学,外国文学知识很贫乏,感到非常忧虑。但也很难怪他们,"文革"封闭了 10 年,就是前 17 年,有人提出"一边倒",再加上"文艺服从于政治"的信条,除了"保尔·柯察金"(当然这是本好书)以及"保卫察里津",歌颂斯大林一类的作品,青年们能接触到的外国文学作品是很少的,我们在青年时代接触外国文学作品是那么困难,几乎是在夹缝中自己寻找一线阳光。这一切,对于我们的文学步入世界之林,对于提高我们民族的精神文明,对于提高我们新一代人的文化素质,都是不利的。对于外国文学和人类文化的忽视和遗弃,实际上也就意味着为世界所遗弃。这种忧虑恐怕不是多余的吧。

金色蜂巢的蜜汁

让我随着回忆的波浪继续向下流去……

抗战时期的西北联大,由于有些北京大学教授中途在这里留下,文学院的学术空气、民主气氛比较浓厚。外文系开的课程很多,外国文学研究的风气也好。我在 1942 年离开学校以前,除了受惠于很多教外国文学先生的课程而外,主要得益于两位先生,一位是教文学理论和作家论的杨晦先生,一位是那时刚从法国留学回来的盛澄华先生,他教法国诗和英国诗。盛先生在法国是研究纪德的,在巴黎住了 7 年。纪德住在公寓 7 楼,他为了便于研究,就住在 5 楼。他在联大时还在孜孜不倦地继续翻译纪德的书,我就读到过他译的《田园交响乐》《伪币制者》等译文手稿。他头两年开的是诗歌课,法国诗从波特莱尔、玛拉美、魏尔仑、梵若希(今译瓦雷里)……一直讲到正在法国搞抵抗运动的阿拉贡、艾吕雅。时间的跨度大约从19世纪40年代，包括前期象征主义、象征主义、后期象征主义到超现实主义；英国诗则从浪漫主义复兴时期到19世纪末，也多用《藏金集》一类教材。另外还有叶意贤、霍芝亭教授讲莎士比亚……我也从几位俄国文学教授那里听讲普希金、布洛克、叶赛宁、马雅可夫斯基的诗歌。我当时不是外文系学生，我的外文也因我的疏懒，功底不强，又好钻个故纸堆读古诗，直到后来才选定了新诗的道路。但这几年外国文学的熏陶，极大地帮助我解答了对于新诗的一些困惑问题，使我弄清了：一、没有西方诗的媒介，中国新诗的建立是不可能的，无论它作为催化剂或桥梁。二、胡适正是从外国意象派中得到启发，从语言上找到突破口，打破了古体诗封闭的语言系统，建立了新诗。这是从西方文艺复兴文学得到的启示。三、郭沫若开辟浪漫主义诗歌就借助于惠特曼。四、徐志摩、闻一多建立新诗的外部形式，他们遵循的是英国诗传统，李金发、戴望舒又太偏重法国诗，废名孤独地尝试禅与诗的融合……《新月》《现代》，对新诗艺术都有卓越的贡献，使新诗臻于成熟……五、中国现代诗，短短的30年，却走过了西方二三百年古典主义、浪漫主义、象征主义的诗歌历程，建立了自己的各种流派，出现了不少卓越的诗人，但各个流派都发展得不充分，即使是流派中的杰出诗人本身，也并没有达到饱和度，诸如此类的问题，随着自己的创作，一直留在我日后新诗探索的路途中。

联大当时有几个诗社，由于外文系俄国文学扩散的影响，和法商学院学俄语同学的进步倾向，苏联和俄国现实主义文学很快在校园传播开来，还记得当时我们在一起读苏联文学的几个亲密的同学，如扬禾、姚汝江……我们宿舍的床铺上书桌上，从普希金、叶赛宁直到A.托尔斯泰、肖洛霍夫的小说，同学们怀着一种进步倾向，贪婪地读这些新书。在我们后来的创作和翻译中都留下了深深的烙印。

我自己就是这样在外国文学的哺育下，吸取这座巨大金色蜂巢里的蜜汁，作为日后创作的滋养。虽然我没有作过系统的研究，也缺少学术性的钻研，但我对它充满了感激之情，我的生命里流动着它的血液，没有外国文学的滋养，我不可能在后来写下很多首十四行诗，也不可能把我对生活和生命的体验，把我在大地上所见到的一切转化为诗。

《中国新诗》片断

特别使我难忘的是 1948 年在上海编《中国新诗》的岁月。

这个诗刊是由辛笛、杭约赫（曹辛之）、陈敬容和我编的，除了新诗创作之外，有三分之一强的翻译诗，我们想在这个刊物上对外国诗作一些工作。

总共发表了翻译诗 40 多首，记得有卞之琳译的奥登的《战时在中国作》、戈宝权译的苏联杨卡·库巴拉的《诗四章》和伊萨柯夫斯基的诗、陈敬容译的奥地利诗人里尔克的《诗七章》、罗大冈译的阿拉贡的《马谛斯说》、方敬译的《印度女子诗选》、袁水拍译的菲列宾·巴董巴赫的诗，等等。这些诗中，奥登、里尔克、阿拉贡的诗在当时影响很大，这从版面上是可以见到的。

至于整个刊物的创作倾向、作品的艺术风格以及理论主张、诗歌观点等等，近年来已为诗评家、文学史家们在文学史中，或评论"九叶诗派"的论文中作了客观的精辟评论，我不在这里赘述。

我只想就个人由于中外新诗长期的学习，形成自己对中国新诗的看法，追忆一点当时的情况。当然，这仅仅是个人的看法，并不能代表当时刊物的编辑思想。

我在 1947 年从重庆到上海，是女诗人陈敬容约我去的，她和曹辛之想约我去一同创办一个诗刊。

　　当时,第二次世界大战刚刚结束不久、这次战争迫使中国向世界开放,成为民主阵营中打败日本的东方堡垒。我在重庆、昆明、上海所见到的中国与世界文化的交流是空前未有的, 尤其在战争后期达到了高峰。国际新形势的发展,使得中国文化和世界文化不能不在相互撞击中达到新的交流和融合。中国新诗在承继五四文学传统的同时,到了 20 世纪 40 年代通过翻译、交流、访问(如奥登到中国)等等,接触并熟悉了西方成熟的现代主义诗歌,主要是艾略特、奥登和里尔克等人,这不能不引起我们的新诗在意识、外部形式、语言各方面进行创新和发展,不能不以自己的新品种汇合到世界的诗潮中去。只要稍微回顾一下,五四新诗运动时期,胡适那一代诗人既承接古典诗词美学传统又向西方意象派借鉴;到了 20 年代的郭沫若和创造社诗人群,为了反封建需要高昂激越、宣泄个人激情的诗学,很快借鉴、吸收了英美浪漫主义诗学,不仅郭沫若的浪漫主义诗歌成了一座高峰,甚至热情奔放,粗犷自由的惠特曼的歌声也在中国读者间久久回荡;到了 30 年代中国诗坛又吸收了法国的象征主义诗歌,形成了中国自己的象征诗派。我特别注意到 1942 年冯至《十四行集》的出现,这本诗集无论从内容到形式都体现出 40 年代中国新诗和世界渗透的信息,它流动着古典诗人杜甫现实主义诗歌的深沉和睿智,又融合了德国诗人歌德的哲理和现代主义诗人里尔克的深邃的沉思。应该说这是 40 年代最早出现的现代化诗歌一个重要的路标。它艺术上的影响远远超过诗集的内容,这个路标直接指向中国新诗的必将走向世界。接着,我读到 1940 年后穆旦的诗集《旗》《探险者》《穆旦诗集》等,紧接着是郑敏的《诗集(1942—1948)》、杜运燮的诗集《诗四十首》,当然,还有更早读到的辛笛和敬容的诗。这些诗摆脱了《新月》《现代》的局限性,又尊重五四以来现实主义的传统,大力吸收西方现代派的表现手法。这一大批诗作显示出中国新诗在现代化道路上已经发生了质的变化,在美学观念上也是一次大的变革。同时,袁可嘉比较系统地论述新诗现代化的理论:《新诗现代化》《新诗戏剧化》《诗与民主》一系列论文,唐湜的《现代诗人论》及大量诗评,都自觉地为新诗的更大发展开辟道路。当时我认为在《中国新诗》的诗垦地上建立中国的现代主义诗歌的条件是成熟的,比起西方现代主义诗歌,我们当时仅仅迟了10年左右,我们的新品种是可以汇入世界诗歌大潮中去的。何况围绕这个诗刊还有一批对西方现代诗有很深的素养,在诗的风格上接近《九叶集》的诗人,如方平、莫洛、方宇晨、马逢华、叶汝琏……现在回忆起来,也许在穆旦、郑敏、杜运燮、袁可嘉和我自己的40年代的作品中,已经作出了现代派诗的试验(穆旦、郑敏和我就是有意识地建立现代派诗的,穆旦和我在50年代谈过)。有时实践比起理论来更有生命,更有说服力。至于辛笛、陈敬容、杭约赫(曹辛之)、唐湜的诗,从总的倾向来看,也都是对西方各流派的诗有长期探索经验的,由于他们对中国古典诗的深厚基础和各自风格不同,保留了自己的诗风,不像穆旦、郑敏那样鲜明地成为中国现代主义诗歌的两座路标,从而丰富了整个"九叶"诗派。

最近,读到评论家从文学史的角度说过的话,不妨引述其中一小段:"《九叶集》派诗人出现在中国现代新诗发展30年的最后阶段,处于新民主主义与社会主义大时代交替的历史转折点,这就使他们的创作具有某种总结、过渡的历史特点,汲取新诗30年发展中各个流派的历史经验,在一个更高的基础上进行综合,为新诗的更大发展开辟道路。《九叶集》派诗人对于自己在中国新诗发展中的这一历史使命与历史地位有着高度的自觉性。"①理论家们富于概括性的客观评

---

①钱理群等:《中国现代文学三十年》,上海文学出版社,1985年版,第525页。

断无疑对"九叶"诗人是一个鼓励和鞭策,我之所以引述在这里,是希望在 80 年代的今天,本着这一鞭策力量,使"九叶"沿着这个轨道再往前走。郑敏和我仍然要走在中国现代主义诗歌的道路上,尤其在诗歌多元化发展的现在。我祝愿所有的诗歌流派都走向成熟,每个诗人的创作都尽可能发挥到饱和度,为我们中国新诗的繁荣贡献力量。

1988 年 11 月 14 日

深夜病中匆草

（原载《外国文学评论》,1989 年第 1 期）

在诗探索的道路上
——寄给 H.S.诗简之一

年轻的朋友,你让我从诗探索的道路上,采撷一些经历过的往事告诉你(我不能回答你提出的所谓"经验",因为我确实没有它),但你的呼唤和要求,却使我许多天来沉浸在回忆之中。我只能写下一些片断,真像是雪地上鸿雁的凌乱的爪印,作为我寄给你的书简。

诗人的创作

作者们一般不愿意谈论自己的创作,这不仅是出于应有的谦虚,也由于作者自己特有的形象思维、生活经验和艺术表现,有时和理论的阐述不大能协调一致;而且也因为作者的创作过程是各式各样,因人而异的,有多少诗人就会有多少对生活不同的观察、体验和感受,各人不同选择题材的方式和工作方法。我们看到,诗人最好的作品,又往往是他生活经历中留藏在内心深处的形象结晶,甚至是他在某一瞬间理智和感情结合的一个丰富的意象。这种意象的创造性几乎是独一无二的,是别人所不可能重复的。因此,诗人们经历的道路也是千差万别的,也许只有他才能走进属于自己的那一块创作的领地,即使是一个寒冷的窑洞,他也会感觉到那是自己惊人的、美妙的领地。

当然,诗人创作劳动中共同的特点还是有,那就是应当生活在时代的海洋中,在生活中不断进行思考,和人民的脉搏一同跳动,表达今天人民的愿望和心声,用诗的火焰燃烧自己,照亮别人。因此,诗人必须善于用自己的心去发现别人的心灵的美，用独特的艺术手法去表现人们的社会行动和丰富的精神世界。诗，不只是时代的回声，而且它应当是时代的号角。诗人看见潮湿的树枝上一个发暗的骨朵，便预感到春天的来临；听见产房中传出第一声婴儿的啼哭，就仿佛看见了未来的希望。当然，他也会敏感地从一片乌云后面预见到阴暗的暴风雨……总之，诗人经常是带着敏锐的眼光，对世界怀着惊奇和新鲜的感觉的，他有自己思想的触角和情感的吸盘，善于感受形象、色彩、音乐和语言的韵律，用生动、准确的文字来表现思想。本来是生活中存在的不显眼的事物，经过他的发现，便觉得我们周围原来有着这么浓厚的诗意，现实中存在着这么多的真、善、美的事物和感情，同时也有着多少假、丑、恶的必须清洗掉的脏东西。诗就是这样使人们感动、思考和惊醒的一种艺术。

如果抱着这种艺术观点来看待诗——而我的这个观点大体上符合创作实践的话，那么，你决不会用过时的思想、昨天的语言、枯燥的笔触来描绘今天新的事物。

让我们学会在生活中进行思考，把握住时代的特点，写出理智和感情结晶的意象的诗来。

远方来信

我在新诗的道路上摸索了很久，尽管我的所得是微不足道的，但是，时间的长河依然给我留下一些珍贵的东西。

也许回忆是美好的，一些写诗道路上的琐事使我至今难忘。

1937 年，我在南昌读书，远离了我的故乡苏州，我正是个十六七岁的高中学生。当时抗战的烽火燃遍全国，我激于热爱祖国和家乡的感情，从写个人抒情小诗，转而写起抗战诗歌，宣传抗战。那时，巴金先生在香港办了一个名叫《烽火》的杂志，几个同学怂恿我投寄了两首小诗去——那当然是非常幼稚的作品和行动,不久香港沦陷,我再也没有得到回音,以后就完全淡忘了。1938年我从江西逃难到兰州——我父亲那里(他在邮局工作),不久,考进了西北联大。在1939年的一天,我忽然收到一封远方的来信,是毛笔写得很流利的字迹,信里署名是端木蕻良,大意说我投寄给巴金先生的两首诗,由于《烽火》停刊,转到香港《大公报·副刊》发表了。香港沦陷,巴金先生正在向内地流亡,行踪不定,托他写封信来,并鼓励我以后多写诗……这封长达三页的信,在战时辗转流徙了上万里路,才转到我的手中,信上的语言是那样自然、热忱和诚恳,使得当时在联大和我同一个宿舍写诗的同学杨禾、李满红都非常感动,我没有想到像巴金先生那样一位老作家,对一个青年学生写的小诗,竟然这样认真负责,慈惠地给予帮助和鼓励。他自己在颠沛困顿的流亡途中,还嘱托另一位知名作家写信来垂询一个陌生青年,这事实本身就富于诗的真挚感情,我收到的不是一封作家的信,而是战争动乱的流亡生活中一首动人心弦的诗。

在许多年之后,我才从痛苦的经历中体会到,这岂止是一首诗,而是一道永远不会消逝的心上的刻痕。它不仅铭刻着一位老作家那颗真诚的心,随着时间的推移,它远远超越了事实本身的意义而发出异样的光彩。

事隔14年之后的1953年,我在《人民文学》工作时,我去约端木蕻良先生的小说稿,我和他是头一回见面,我就向他并请他转致巴金先生以郑重的感谢。同时我告诉他青年诗人李满红(这回我才知道端木先生和李满红是东北同乡和朋友)在陕南因贫病交加不幸早逝的经过,就在这位年轻诗人最后的时刻仍叨念着巴金和端木蕻良两位作家的名字。这使他感到悲痛和惊奇。

这使我想到:一件偶然的小事、一次不期而遇的邂逅、一回意外的遭际,它都有可能在一个人心灵上留下深刻的痕迹,如果真正感动过你,使你内心震惊过——甚至是别人看来微不足道的往事和回忆。我记起一位外国作家说过的一句动心的话,"啊,心的记忆啊,你比理性的悲哀的记忆还要强烈……"

当然,以后我还不断有幸得到其他前辈诗人的教诲和帮助,但每当我回想在诗探索的道路上,迈开最初的怯生生的脚步时,那封偶然的远方来信,便会在我记忆中闪闪发光。它是那样强烈,那样动人,使我情不由己地要告诉你,告诉爱好诗的年轻的朋友们,尽管你们今天生活在充满诗意的年代,生活在光明和欢乐之中……

但是,记住,心的记忆啊,它永不会消逝,它近于一种启示,一种默契,在你心中产生力量,召唤你在将来写出闪光的诗篇。

一首诗的诞生

那是在 1943 年,也是我离开学校的第二年,一个偶然的机遇,我随我的苏州同乡吴晓邦去青海,他是一位全国闻名的——在我眼中是个极端刻苦勤奋而又富于创造力的——舞蹈家。他去西北搜集兄弟民族的舞蹈。我是个刚跨出大学门槛的学生,去考察历史和搜集民歌。

这趟旅行,使我又看到了辽阔的大草原,稀稀落落的蒙古包,帐篷,放牧的羊群、牛群,不过是地平线上浅浅的一条杂色的线,而蔚蓝的天空广阔得一望无边,远处和近处堆积着大海里白浪一般望不尽的云彩,粗粗一看云是静静地凝住不动的,稍一转眼却又变化无穷,令人惊叹大自然的美。而在藏族同胞的帐幕里,我又听到了动人的情歌,再次听到了流传在群众口头的仓央嘉措的情诗,尤其是在青海西宁鲁萨尔镇的金瓦寺里,我看到金碧辉煌而又幽暗阴森的庙宇和经堂,香烟缭绕的庄严的佛殿,接触到当时的喇嘛僧侣,和许多蒙、藏、羌族等兄弟民族的生活。我完全被他们真挚、纯朴、善良的感情所感动,为一种新鲜和美好的生活图画吸引住了。

后来,我又往西北不少地区旅行。回族朋友们帮助我了解穆斯林的宗教生活,维吾尔族兄弟向我叙说古老而又辉煌的历史,蒙古族的猎手给我描绘沙漠中可怕的沙暴,蒙古老牧人的马头琴奏出了成吉思汗英雄的史诗,藏族的女歌手给我们唱出了一支又一支好听的歌。我不知不觉地渐渐生活在他们中间,我也看到了他们在旧社会悲惨的命运和痛苦的遭际:一个羌族姑娘的羊群被反动派的兵士化装成暴徒抢走了,她美丽的脸庞突然变得那样悲伤、绝望;一位从南疆来金瓦寺求神的老牧人,他一路走几十步就跪拜一回,走了几千里,满面灰沙风尘,白天我还和他在寺院里攀谈,第三个晚上我就看他倒在寺院的门外,在幽秘的鼓声中离开了世界;还有在甘肃兴隆山我遇见蒙古妇人——蒙海,她和几十个蒙古族人都是山上守成吉思汗灵柩的成员,抗战时成吉思汗的棺椁、盔甲、长矛"苏尔丁"都从内蒙古迁放在山上。我听他们叙述蒙古英雄的史诗,受到极大的震动,尤其蒙海怀恋沙漠故乡唱的歌谣,那声音凄凉又哀怨真是动人极了,像这许多生活里的故事实在太多了,所见所闻足够我写一本小书。

我之所以要回忆起这些,想说明当时我完全不是为了搜集写诗材的材料,我从来不这样做,手里拿着一个小笔记本,去找人问这问那,像个采访记者,或者像搞外调的人那样,生怕自己忘掉了什么细节材料,而强迫自己去记录。当然,如果说为了调查历史,或对一个陌生的地区的专门知识做些深入了解,而去记录一些必要的资料,那当然是可以的。但作为对生活(包括人的精神世界在内)的观察和感受,那是不会有所得的,就是当时认为是难得的成功和观察,或者一个现成的故事,当你凭记录材料移到稿纸时,那也会失去原来的气味和表现力,写出来总是一朵苍白枯萎了的花。因此,我根本不特意去搜集材料,我只是在他们生活中一同快乐和痛苦,许多大大小小的事情引起我不停地在生活中思索。

更为重要的是,我总认为只有心上的刻痕才是珍贵的。它是从生活中留在内心深处形象的结晶,它藏在你记忆的宝匣之中,当你诗情汹涌,感到非要写出它时,它会从容地从你脑海中浮现出来,也就是说,那些客观事物经过你自己的提炼,已溶解成为一个全新的意象,一幅完全独立的图画,一连串诗篇里闪光的珍珠,它变成活的有生命的东西——一首诗在这个时候真正诞生了。

我上面提到遇见蒙古族妇女蒙海的经过,在离开她很久以后,当时为了宣传抗战,号召各兄弟民族大团结一致抗日,我应一个剧社约请导演阳翰笙的话剧《塞上风云》,我重新接触了这方面的生活,而蒙海的影子突然浮现在我的面前,她嘴角上的微笑,聪明而有点狡黠的眼神,甚至头套上五颜六色的珠子,在我记忆中十分清晰地出现了,我觉得不把她写出来就对不住她似的,使我整夜难眠。后来我终于写成了《蒙海》,自然,这已经不是那个蒙海了,我把抗战时失去故乡的蒙古族妇女对沙漠的怀恋;我从历史上读到的成吉思汗的英雄事迹,现实中对日本侵略者的愤恨,都溶解在这个形象里面了。另一首《游牧人》则是写一个羌族少女的遭遇。

为了让你了解写诗不能凭借笔记本上记录的材料,而要在生活中进行思考,要把生活中感受的一切经过自己的提炼,重新创造出一个艺术形象。为了使这些思想表达得更加明确些,我把两首十四行诗引征在下面。尽管这是我年轻时写得不成熟的作品,却正可以作为一首诗的诞生的例证。

蒙海(1938)

蒙海,一个蒙古女人,

三十岁了,还像少女一样年轻,

她说一串难懂的言语，
告诉我来自遥远的沙布尼林。

她穿着旧日的马靴和羊皮衣，
头套上的珠子夸着衰落的贵族的富丽，
她唱一支牧羊女的谣曲，
说是成吉思汗英雄的后裔。

那谣曲唱出了沙漠一千个城郭，
苏尔丁长矛征服过俄罗斯、埃及、美丽的多瑙河……
欧洲人都战栗地跪在蒙古人面前，
全世界游牧过我们金黄色部落。

蒙海，突然静止在谣曲的回响里，
像远方鞭牧着马羊的故乡。

游牧人（1939）

看啊，古代蒲昌海边的
羌女，你从草原的哪个方向来？
山坡上，你像一只纯白的羊呀，
你像一朵顶清净的云彩。

游牧人爱草原，爱阳光，爱水，
帐幕里你有先知一样遨游的智慧，
美妙的窗孔里热情是流不尽的乳汁，

月光下你比牝羊更爱温柔地睡。

牧歌里你唱:青青的头发上
很快会盖满了秋霜,
不快乐的生活啊,人很早会夭亡
哪儿是游牧人安身的地方?

美丽的羌女唱得忧愁;
官府的命令留下羊,驱逐人走!

(引自《文艺复兴》1946 年 9 月号)

至于你问我为什么要写十四行诗,又问到《九叶集》和 20 世纪 40 年代《中国新诗》的情况,你感到很有兴趣,并想研究它,这也都引起我很多对往事的回忆。也许我就以它们作题目,写在下一次给你的书简里。

(原载《诗探索》,1982 年第 3 期)

《唐祈诗选》跋

一

《九叶集》在1981年出版以后，我收到一些远方读者的来信，对我们经过了很长的岁月以后又回到诗坛，寄来了亲切的关怀和祝愿，我表示了由衷的感谢。

两年后，《八叶集》由美国秋水杂志社和香港三联书店联合出版，在海外发行。

有的读者在美国芝加哥、纽约等地的书店看到这本印刷精美的诗合集，有的说只偶尔在国内书展中买到过，这本诗集收录了九叶中八人在新中国成立后的新作（诗人曹辛之从事美术工作），这两本诗合集的出版，引起了一些朋友和我所在的大学里爱好诗歌的同学们的关注和兴趣，不断问询"九叶诗派"和我个人的创作情况。

有的评论家寄来磁带让我谈点什么——那早已消逝了的40年代的诗歌状况和我当前写西北十四行的一些情况……从这许多远方来信和青年们谈话中流溢出的热情和诗意，使我内心深深感动，同时又为这种深情厚谊感到悸惴不安。

今夜，西北高原落了第一场雪，窗外静谧的山上一片银白，在宁静的灯光下，面对着这本诗选的原稿，读着长长的来信，我在想：我能呈献给人们一点什么呢，难道我的诗真能给可敬的读者、我亲爱的学生们带来一丝慰藉么？我能把大地上可见的事物转换成不可见的灵魂、内心的经验交给读者么？也许为了我们遥远的阻隔，和我的创作道路上一段人为的断层所造成的生疏，真该有一些话要倾吐了(甚至我个人的一些生活经历)，纵使在诗歌上我只是一个收获微薄的人。这里，这个雪夜的三层楼上，屋子里正好没有旁人，我在孤独中仿佛也总感到：我的头顶上没有遮盖的屋顶，雪花飘落在我的眼睛里，我行走在诗的旷野上，但我却总要写，要不停地探索，一生也不放下这支笔，正如里尔克所说的，这将是一个归宿。这本选集，分为早年诗、抒情诗、组诗、十四行诗四辑，主要是为了节省分辑的篇幅，同时又从时间的纵的顺序上理出一个脉络，回顾自己曾经走过的创作历程。

二

我的第一本诗集《诗第一册》的扉页上，曾题写过："献给母亲柳德芬！"这本诗选仍然怀着这种亲切的心情，献给我的诗的启蒙者、教育者——我的母亲。

对于这些诗，虽然有我多年的心血，犹如一棵树流出来的树脂，但它们由于长期风雨的吹打，坎坷的生活，我所能贡献给读者的却是多么微薄。

即使这样，我仍然感到：只有诗才给予了我的生命，和永不衰竭的青春的力量和信念。这对我一直是很重要的。它有助于我写诗的延续性和维持旺盛的生命力，使我有可能保持着一种青年人对世界的新奇感和观察力，去感受外界的事物，探索人们心灵的奥秘。同时用自己的内心倾听世上的一切，去发现人的意识中不同层次的精神世界……所有这些都迫使我要永远用自己的生命去写诗。

早年诗里，我留下了几幅蒙古族、藏族兄弟、妇女的面影。西北高原，那是个赋予人以想象力的地方。草原上珍珠般滚动的马群、羊群，黑色的戈壁风暴，金光刺眼的大沙漠，沙漠深处金碧辉煌的庙宇，尤其是在草原的帐幕中,我从来没有度过那样美好的夜晚,也从来没有歌唱和笑得那样欢畅过。从蒙古族、藏族妇女的歌声中,我感到一种粗犷的充满青春的力量,正是这种青春力量,强化了我年轻时的欢乐和哀愁,赋予了我为追猎自己的理想从不知退却的胆量,使我在相隔若干年以后,仍然要在西北十四行诗里抒唱它们。

这些早年诗中,我比较注重抒情、色彩和情调,我溶浸于无拘无束的生活里,用画家的眼睛观看草原风景,体味一种单纯柔和的美,寻找清丽新鲜的牧歌风格,是令人悲伤的歌。

我很少修改草稿,几乎像从内心流出来的句子,甚至随写随丢,我回忆中还有《冰原的故事》《七月》……许多诗稿后来怎么也找不到了。

在大学的几年和离开学校以后,我阅读了许多关于思考人类社会和探索人生命运的书。哲学、历史、宗教、文学(尤其西方现代哲学和文艺思潮之类)……使我对人生产生了从未有过的困惑、迷惘,和对于真理的探求。

生活在战时后方那样一个极不安定、黑暗而复杂的社会,大学毕业就失业是普遍现象,我仿佛看到存在主义者所描写的大战后人类的"极端情境",我开始走着一个知识分子孤独的道路。从一座城到另一座城,教书、漂泊、写诗。我默默在生活中体验,在体验中反思生活,越是在困顿不安的境遇中,越使我学会了不断透视自己的内心情感,有些善良的少女从我身边走过,有些诚实的朋友向我伸过来救援的手……而我却仍然只身在生活的海洋中浮沉。我隐约地感到:个人的命运也许就是人类命运的某种类型的缩影和表现吧。如果我能够认识自己,感悟自己,也许就能打破那些生活僵硬、丑恶的外壳。后来,我在生活中遇见了各种各样的事情,碰到了难以预测的命运,许多解释不了的难题……我开始从自己的遭遇出发,溶入自己的感情和想象去感悟、领会一切事物。我似乎在学习古人所说的："中得心源"，放弃那些外在的干扰，守住自己一个内心世界，从自己内在的感受去透视、去反思、去创造自己的诗行。例如，在《夜歌》中："我怎样在寻找自己的/灵魂，让他对着夜"，我问道："自己，是属于谁的一部分？"而回答我的却是："生的庄严，死亡最后的火焰/忽然烧在一起，像问你我/自己，什么时候降生下来/何时悄悄走入墓地"，以及《恋歌》《严肃的时辰》等等。这些诗很多是以自己漂泊不定的命运感去接触生活中各种遭遇和问题。我试图从自己内在精神出发，去把握具体生活事件，并且把它们更深的意义表现出来，甚至我后来投身于现实斗争生活，写了不少现实成分比较浓厚的诗。例如：《雾》《最末的时辰》《挖煤工人》等等。

我不像早年诗里那样只注重抒情，我认识到了人生现实的复杂和深邃，我应该寻找各种新的视角、许多不同的途径来写，我摆脱了现实主义的反映论，和对生活现象的简单摹写，把象征和现实糅合在一起，打破通常的时空观念，注重诗的艺术逻辑和艺术时空，运用思想知觉化，通过感觉来表现内心经验……我开始修改草稿，直到找到更好的表达方式，才把诗句固定下来。这样写，速度慢下来了，并且使我失去一些自然萌发的东西。

我这样做，使我原来积累的审美规范得以突破，迫使我在打破既成规范之后，不断寻求更适合自己表现的审美形式，正是在这种状态下，我在1947年到了上海，参加《中国新诗》诗刊的工作。

这是一段创作上难忘的岁月。

老诗人辛笛、敬容和辛之，都是忠实于诗歌艺术而且有各自成就的诗人。袁可嘉、唐湜在现代主义诗歌理论的探索方面，应该说在20世纪40年代攀登上了一个新的高峰，这是30年代的现代派由于历史和时代的限制所不可能达到的，虽然这里有着承接性的关系，戴望舒、卞之琳、冯至……许多前辈诗人作了极其可贵的开拓和理论建设工作。

关于《中国新诗》,曹辛之有一篇《面对严肃的时辰》(载《读书》1983 年 11 期),作了比较全面的论述,我不在这里重复,只从我个人回忆中记叙一点印象和事实。

当时,我印象最深的是敬容、辛之和我由于实际负责每期编务,我们不能不为中国新诗的发展、现状,经常作一些探索,当然,刊物首先要为人民发出时代的呼唤,要为人民服务,这在《中国新诗》的方向上是明确的,也是这样付诸实现的。同时,在诗歌艺术方面,如何形成一个共同发展的走向,寻求一种审美经验的定向积累以及对中国古典诗歌传统的继承,西方现代主义诗歌的批判借鉴,尤其是三四十年代新诗流派的发展,等等,都提到了我们编务的日程上,成为我们经常谈论的课题。

当时我认为,西方从古典主义、浪漫主义、现代主义发展了二三百年,这样漫长的发展历史,却以它惊人的速度趁着五四向西方开放,一下涌进了中国新诗短短的 30 年中,并且在中国的现实土壤中孕育出各自不同的流派,成就了许多杰出的诗人,尽管这些诗歌流派和诗人还没有来得及发展得更为成熟,没有达到应有的饱和度,即使这样,它在世界诗歌发展史上也是一个罕见的现象,可惜它长期被人们所忽略。

就以李金发、戴望舒发展下来的象征主义(现代主义的前驱)来说,虽然在 20 世纪 30 年代末的抗战前已中断,现实主义诗歌在抗战时期形成了洪流。但是,我们看到三四十年代崛起的诗人艾青,他从一开始就比戴望舒把象征主义更大地向前推进了一步。艾青将法国象征主义的审美经验和中国革命现实斗争牢牢结合起来,把握住了象征主义所固有的雕塑性和精神性,并且把它和浪漫主义热烈的抒情和革命功利溶化在一起,写下了正面歌颂革命现实的光辉的诗篇。艾青的诗,无论在表现中国革命现实的广度和内心经验的深度上,都是西方象征主义者所难以企及的,他所达到的诗歌艺术的高峰,比起同时代的革命诗人,不但完成了他对中国新诗的独创性的贡献,为新诗艺术奠定了深厚的基础,同时在世界象征主义范围做出了重大的突破和创造,像聂鲁达、艾吕雅、阿拉贡……这些世界诗人一样,放射出自己独特的光芒。

同时,我还认为,20世纪40年代的中国,由于第二次世界大战,中国属于民主阵营,在文化上,正处于和西方直接开放、交流频繁的年代。西方各种文化思潮——尤其是近80年来的现代主义思潮,对我国文艺有着较大的冲击力,最为敏感的新诗不会不迅速作出反应。正是在这种冲击下,西方现代诗派才真正被介绍过来。例如,诗人卞之琳、冯至、罗大冈、袁可嘉……许多诗人介绍了西方现代派的里尔克、艾略特、奥登、瓦雷里等人的诗。奥登自己也来到中国,写下他的《战时在中国》,诗人兼评论家燕卜荪就在西南联大讲授英诗,等等。例如,老诗人冯至在40年代出版了《十四行集》,这本诗集就直接呼应着里尔克的哲理诗的声音……这许多情况,使我们完全有理由认为,中国新诗要提高诗的审美价值,扩大诗的审美疆域,就必须像五四以来新诗的传统那样向多元化发展。在40年代,我们也有条件与世界诗歌汇合,并且也可能与西方现代主义诗歌取得同步发展,而又一步也不脱离中国现实生活的土壤,保持自己民族的文化传统和自己意识中的文化基因,有批判、有选择地吸收和借鉴风行世界的现代主义潮流,从而建立、发展中国的现代主义诗歌。

戴望舒和围绕着他的诗人群,在20世纪30年代创办的是现代杂志,从严格的意义来说,并不是现代派诗,它只是后期象征主义诗歌。我以为真正的现代派诗只有在40年代才能产生,这里有历史、文化、社会背景各种因素。更为重要的是,30年代根本没有像40年代这种极端冷酷、丑恶、严峻、复杂的现代现实,当时的诗人也不可能有现代人的意识、感觉、表现形式、语言等等来写诗,所以说,把戴望舒的在《现代》杂志上发表的诗笼统地说成是现代派诗,实际上是一种误解,因而使我们有信心在 40 年代建立真正的现代派诗。

如何使中国新诗和西方现代派诗互相交流,从而建立、发展中国的现代主义诗歌,在中国各种诗歌流派嬗变过程中,哪怕它是一条支流,从宏观方面来看,对整个中国新诗艺术的全面发展,也是有所裨益的。这些,当然只是我个人的一些看法,不能代表当时刊物的编辑思想和几位诗友们的想法,然而这却是我回忆中印象最深的一点,而我自己当时和以后也是这样做的。从重庆、上海这一阶段的创作来看,我的诗中在这方面留下了一些较深的影响。

另一个最深的印象,是我不久读到郑敏和穆旦(查良铮)的诗(后来都发表在《中国新诗》上面,当时他们已赴美国留学),还有巴金先生为郑敏出版的《诗集(1942—1947)》、穆旦的《旗》和自印的《穆旦诗集》等等,他们的诗在继承五四传统的同时,对新诗进行了意识上、表现方法上、语言上的创新和发展,标志了它们在现代化的道路上质的变化。

我当时认为他们将是建设中国现代主义诗歌最有力的两位诗人。这里,不可能对他们的诗作全面的论述,但他们的创作已显示了一些新的特点,这些特点后来郑敏在理论上概括得非常清晰,我从她的论文中摘要转述几条在下面:

1. 打破叙述体通常遵循的时空自然秩序,代之以诗的艺术逻辑和艺术时空;

2. 避免纯描写,平铺直叙,采取突然进入,意外转折,以扰乱常规所带给读者的迟缓感;

3. 在感情色彩上复杂多变,思维多联想跳跃,情绪复杂,节奏相对加快;

4. 语言结构比早期白话复杂，形成介于口语与文字之间的文体。为了反映 40 年代的多冲突，层次复杂的生活，在语言上不追求清顺，在审美上不追求和谐委婉，走向句法复杂、语义多重等现代诗歌的特点；

5. 强调在客观凝聚中发挥主观的活力，与浪漫主义的倾诉感情不同，深刻的主观通过冷静的客观放出能量；

6. 离开外形模仿的路子，强调对表现中的客观进行艺术解释，改造，重新组合，以表现其深层的实质。①

上述这些特征，说明了我们当时一些共同的艺术倾向和诗艺方面的探索，我的诗风也引起了很大的变化。生活在 20 世纪 40 年代那个历史的严峻时期，我必须学会以一个现代人的意识来思考、感受和抒发，把上海那个大城市的丑恶、复杂、冷酷、恐怖……放进现代主义的冷峻的诗歌中。因而我写下了《时间与旗》《老妓女》《女犯监狱》《郊外一座黑屋》《最末的时辰》……这一类诗。当时，如果没有诗友们的互相切磋，相濡以沫，我在诗歌创作和理论上是难以寸进的。这种艺术上的探索、宽容、尊重和勉励，永远留在我美好的回忆之中，这是我印象最深的另一点。

岁月如流，多少年过去了，时间会把记忆中的事物淘洗得更加清白。

我读到黄修己同志 1984 年出版的《中国现代文学简史》中，论到 40 年代九叶诗派时，指出我们由于"不同程度地接受了西方象征派、现代派诗的影响，运用这些流派的技巧、手法写诗，风格较为接近；因

①郑敏：《回顾中国现代主义的发展兼谈我国当前先锋派新诗创作》，《现代世界诗坛》，1988 年第 2 辑。

而互相认同,形成了一个流派。他们与二三十年代象征派、现代派之间自然会有一种历史的承接关系,但在新中国的曙光已在头上时,这批年轻诗人不再像过去象征派、现代派诗人那样,沉湎在个人感情的小天地里。他们也要为新时代报晓。而且由于过去象征派、现代派诗已经暴露了严重的局限性,已经有经验教训可资借鉴;所以他们也不再把自己拘囿于现代派内,表现了食洋而化之的趋向。他们也用浪漫主义,甚至现实主义的方法。尽管也在个人感情的园地里挖掘,却已能将内心向外开放,使与广大人民的感情相溶,为人民而歌”。他分析了我们九个人的作品以后,在结语中写道:“九叶诗人在诗坛上出现较晚,而且处于社会大变动的前夜……虽然九人中没有一人能有李金发、戴望舒那样的名声,但在吸收、运用西方象征派、现代派艺术,使之逐渐具有中国的性格,却显然后来居上。他们共同创造的成就,已超过30年代的现代派,更不用说李金发了。”①

事隔36年之后,文学史家对“九叶诗派”做出的评断,是符合我们当时的创作实践的。

<h2 style="text-align:center">三</h2>

这本诗选出版前,感谢老诗人艾青同志给我寄来了题词。②语重

---

①黄修己:《中国现代文学简史》,中国青年出版社,1984年版,第532、537页。

②艾青的题词为:“唐祈同志几十年的创作生涯,不是三言两语所能概述的。我和唐祈同志都是写诗的,50年代又同在人民文学编辑部工作,可以说是同行又是同事。反右运动中,我们都被政治风浪冲击得销声匿迹。我们的经历是相似的。坎坷与不幸,都没有动摇唐祈同志献身诗歌事业的决心。我曾经是《九叶集》诗人的读者。唐祈同志这张叶子,经过风风雨雨,仍然充满生机,希望它永放光彩,这就是我的祝愿。”

心长,凝结了多少年深厚的感情和对我的关怀。他的诗和诗论,一直是我最好的精神食粮,我得到他的教益是非常深的。

　　九叶诗友郑敏教授的诗和诗论,也是我一向为之折服的。她去年才从美国讲学回来,现在又将去香港参加诗会,百忙中答应为我写序,她对我的诗创作在通信中提过许多宝贵的意见,对我的诗了解也比较深,这篇序文也是对我创作上一次有力的鞭策,一份珍贵的纪念。衷心感谢人民文学出版社的同志为我出版这本诗选。尤其是诗人、编辑莫文征同志为我审阅、挑选作品、编目……花了许多宝贵的时间和精力,我在这里表示深深的感谢。

（原载《西北民族学院学报》,1988 年第 1 期）

现代派杰出的诗人穆旦
——纪念诗人逝世 10 周年

穆旦是现代派杰出的诗人。他创作的诗,抽象玄奥,意象繁复,沉郁凝重,风格独特,擅长运用现代形象表现现代生活,写出他同代人(尤其是知识分子)的心灵世界和历史经验——前人所未遇到过的独特经验,使他当之无愧地获得现代派诗人的声誉,成为"九叶诗派"有代表性的诗人之一。

穆旦的气质富有现代知识分子的内向性和重理性思考的特点。他刻意追求新颖的艺术方法,被看作 20 世纪 40 年代最早有意识地倾向现代主义的诗人。他不但纯熟地运用现代派的技巧和表现手法,并且把艾略特的玄学思维和奥登的心理探索结合了起来,甚至从他们的诗里看到了自己臻于成熟的旋律和形象,构成了富于象征寓意和心灵思辨的诗风,但在一些主要方向和西方现代派又有所不同。他注重表现时代内容和社会意义,很少有西方现代派的迷惘、空虚和幻灭感,而更多的是忧愤、矛盾和拼搏。他的诗的思想和意象中最多心理和社会辩证的感受,以一种不可遏制的冲动和激越的旋律,迸射出那个时代的精神气氛。正如诗人自己所说的:"我是特别主张要写出有时代意义的内容。问题是,首先要把自己扩充到时代那么大,然后再写自我。这样的作品,就成了时代的作品……因为它是具体的,有血有肉了。"(转引自杜运燮:《穆旦诗集·后记》)诗人强调时代意义,忠实于生活,向现实搏击,是他与西方现代诗人不同之点。但他那抽象观念与官能感觉相互渗透,思想和形象密切结合的抒情方式,新颖大胆的构思和锋利奇谲的语言,确实比中国任何新诗人更为现代化。

穆旦,1918年2月24日生于天津,1977年2月26日在天津逝世。原名查良铮,祖籍浙江海宁。在南开中学读书时已开始写诗,热心参加抗日救亡活动。17岁时(1935年),考入北平清华大学,初读地质系(半年),后转外文系。抗战爆发,随学校迁到云南昆明。清华、北大、南开三个大学合并为西南联合大学,他于1940年在联大外文系毕业,留校担任助教两年。然后多次改换工作,过着不安定的生活,一面刻苦勤奋写作。在清华和联大两校读书期间,广泛研读外国文学,已接触到西方现代诗人,包括叶芝、艾略特、里尔克、奥登和英国"红色的30年代"诗人的作品。当时与奥登同时写诗的英国青年诗人兼诗评家威廉·燕卜荪在西南联大教授"现代诗歌"课程,穆旦和他有过直接交往,受到很深的熏染和影响。老诗人卞之琳,冯至也都在联大执教,为诗人的创作和在艺术上研究西方现代派艺术打下了坚实的基础。在昆明的几年岁月中,这位天才横溢的外文系学生,在22岁毕业以前,已经是知名的青年诗人。他的诗发表在香港《大公报》文艺副刊和昆明的《文聚》等报刊上,赢得了读者的喜爱和诗歌理论家的关注,认为他给喧嚣的诗坛带来了一些从未见过的新东西。也许就是一个孤独的探险者从远海找来的一些陌生的珠贝,闪耀着现代派诗最初几缕动人的光彩。1945年文聚社出版了他的第一本诗集《探险者》。闻一多编的《现代诗抄》,选入了他的四首诗。1945年5月出版《穆旦诗集(1939—1945)》(自印)。1948年出版诗集《旗》(上海文化生活出版社)。20世纪40年代末,他的诗主要发表在上海《中国新诗》和《诗创造》上。1948年出版的《中国新诗》8、9月号,发表了唐湜的《穆旦论》,对他的诗做了较深入的思想艺术分析和高度的评价。由于他和《中国新诗》的诗歌倾向和审美建构的认同,他成了日后"九叶诗派"的主要成员之一。1948年5月去美国留学,进入芝加哥大学英国文学系。1952年获得文学硕士学位。同年,他的两首诗被选入纽约出版的英文《世界诗选(公元前206年—公元1952年)》。1952年年底,诗人眷恋祖国,响应号召,毅然抛弃国外优裕生活,排除重拦,他和夫人周与良(任南开大学生物系教授)归国,积极参加社会主义建设,在南开大学外文系任副教授,讲授英诗课程。1957年5月在《诗刊》发表《葬歌》,1958年在《人民日报》发表文章,受到不公正对待。1960年以后一直在南开大学图书馆工作。"文化大革命"期间,他横遭迫害,身心受到严重摧残。1976年,他抱病重新提起诗笔,半年时间内写了几十首诗。隔断了20多年的诗创作,经历了悲惨的苦难的人生历程,终于用最后的生命回到诗的垦地。1977年2月26日心脏病突然发作,含冤去世。直到1981年诗人死后的第四年,才经南开大学复查,纯系冤案,得以平反昭雪。南开大学在天津烈士陵园举行了他的骨灰安放仪式。1981年1月,北京的《诗刊》和香港、美国的报刊发表了他的一些遗作。1981年7月《九叶集》由江苏人民出版社出版,1986年1月《穆旦诗选》由人民文学出版社出版。隔绝了近四十年的诗人的作品和生平,重新引起越来越多的读者、诗人和评论家的关注与研究。穆旦作为一个优秀的翻译家,他为了中国新诗的发展,介绍了不少外国名著。新中国成立后出版过穆旦翻译(用查良铮和梁真笔名发表)的外国诗歌,包括普希金的七部诗集、《拜伦抒情诗选》、《唐璜》、《雪莱抒情诗选》、《云雀》、《济慈诗选》、《艾略特和奥登诗选》和文学理论等十多部译作,对今天的读者都是很有裨益的。

穆旦早期曾徘徊于浪漫主义和现代派之间,但时间短暂。当他在20世纪40年代初,以现代派为圭臬,很快确立了自己现代诗的风格。最明显的特征就是高度的自觉性。他对自然、社会、人生和爱情,都采取冷峻自觉的态度。在一切苦难的历程中折磨自己的灵魂,在内心世界进行残酷的自我搏斗,以一颗孤独的探险者的心寻求着理想,创造出诗的形象。这种自觉的精神风格，在中国新诗发展中极为少见，放射出一种夺目的异彩。

穆旦生活在抗战时期的国统区。独裁统治下的黑暗、腐败的现实，使他对知识分子的危难处境，有着深切的感受。战乱、灾难、未知的疑虑，险恶的社会环境，很有些像存在主义者经历世界大战后描画出的人类"极端情境"，也有艾略特笔下渲染的雾一样晦暗的灰色。这类知识分子的心态，当时生活过来的人都会有尖锐的体认，这成了穆旦诗中表现的题材。当他看见民族蒙难，人们濒临精神崩溃，将要迷失自我，他越发从更高层次上认识内在生命和外部事物，寻求如何才能使人们的思想认识和精神内涵获得一个新的充满希望的境界。例如很有代表性的《赞美》一诗中："……我要以一切拥抱你，你/我到处看到的人民呵，/在耻辱里生活的，人民，佝偻的人民，/我要以带血的手和你们一一拥抱。/因为一个民族已经起来。"又例如另一首代表作《森林之魅》，诗人祭奠胡康河谷上抗日战士的白骨："静静的，在那被遗忘的山坡上/还下着密雨，吹着细风，/没有人知道历史会在此走过，/留下英灵化入树干而诞生。"在人类历史里死亡，也在自然里新生，抗日战士壮烈的视死如归，在这里有着永恒的奥义。诗篇的思想是多么沉雄博大，忧愤激越！从《合唱》到《神魔之争》，我们听到诗人讴歌抗战，诅咒反动派发动内战的呼声，使生灵涂炭的历史真实和时代内容有着象征的艺术表现，给予了公正的历史判决。这一类诗包含时代意义的内容，内涵是丰富的、痛苦的。诗人是经历了长期内心的焦灼、折磨以后，滴着血落笔的。在一组组意象中到处有痛苦挣扎的印痕，自我博斗的坚忍不拔的精神风格。在别的诗人不敢进入的禁区，他却有博大的勇敢去探索和突破。正如艾略特在《东柯刻》中所说："每一个冒险都是一个新的开始，/对于沉哑的事物一次袭击。"穆旦就是这样以高度的自觉精神写下他宏大的诗篇。

穆旦在艺术表现和形象内涵上，追求高远的历史视野和现代人的深沉的哲学反思。无论取材于自然或社会现象，他的诗的意象中都有许多生命的辩证的对立、冲击和跃动，表现出现代人的思维方式。诗人总是以自我的生活感受与内在的情感同化外在的一切，展示诗人心灵内层的思想感情，使抽象观念与官能感觉能够密切融合，"使思想知觉化"。《穆旦诗集》中许多诗，如《被围者》《海恋》《自然底梦》《从空虚到充实》《智慧的来临》《裂纹》等等。在形象中透露着时代的苦难与悲壮，深邃的哲理与心灵思辨，成为输送人生信息的意识空间，传达出一个激情流荡的情绪空间。穆旦也留下了许多优美柔和的抒情诗，如《诗八首》《摇篮歌》《春天和蜜蜂》《流吧，长江的水》《风沙引》《忆》等等，都是现代派的珍品，对今天的创作也有参照和启迪的作用。

对于这样一位杰出的诗人，在隔绝了近40年后的今天，他的作品能够和读者重新见面，这只有在新时期文艺的春天里才会实现，作为一个"九叶诗派"的同行者，于沉痛的纪念中应有我的感奋和欣慰。

1986 年 12 月 4 日深夜时

（原载《诗刊》，1987 年第 2 期）

悲 哀
——缅怀诗人何其芳

啊,告诉我,悲哀是什么颜色?
像花圈的素白? 臂纱的深黑?
悲哀是什么声音? 像轻轻滴落在骨灰盒上的眼泪?
还是一颗痛苦的心在雨夜花瓣一样被撕碎?

难道一切就再也握不住了,如你渐渐冷却的手掌?
再也见不到了,永远消失了的你柔和的目光?
你向上的灵魂是一棵不应凋零的柏树,
暴风雪摧残你,纷纷的落叶使我满怀凄怆……

啊,告诉我,悲哀是什么情状?
飞蛾用彩翅扑向烈焰化成了火光?
冲锋的战士突然遗落了还击的弹药和刀枪?
太阳出来了,你却含恨过早地死亡!

啊,我从你爱人的忧伤的面庞,
读到了你临终未写出的悲哀的诗行……

附记:1946 年夏,其芳同志在重庆指导剧运时,常来我观音岩住所。有次谈到他早期一首诗《欢乐》。他戏言欢乐的诗也许好写,悲哀的诗却是令人哀痛的。1976 年我在江西兴国山中,突然听到他不幸病逝的噩耗,悲从中来,不能自已。依《欢乐》那首诗的问答形式,写下这首十四行诗,以寄哀思。

1976 年写于江西兴国,1979 年改于北京

(原载《诗刊》,1979 年第 11 期)

三月书简

——祝贺诗人艾青 80 寿辰

> 给我和平,给我酒。
>
> 明天早晨我一早动身。
>
> 四面八方,
>
> 春天在等着我。
>
> ——巴勃罗·聂鲁达《欧洲的葡萄》

这是诗人艾青 1952 年给智利诗人聂鲁达写的一篇《和平书简》里的引诗。不知为什么每次我读到它,总感到这些亲切的诗句就像是艾青自己的形象和声音。

人生的旅途虽然漫长,但在诗的时空里却又倏忽得像一道闪电。一转眼间,我们就将走向 20 世纪 90 年代,艾青忽然已 80 岁了!1989 年 3 月 27 日(农历二月十七日),在这个欢欣祝贺寿辰的时刻,遥望北京,那条普通的丰盛胡同的庭院里,一片欢声笑语,我恍惚又听到他那充满青春力量的深沉又洪亮的声音。

去年我还在他的家里做客,我这个从西北高原大风沙卷来的远方故人,看见他还是那样魁梧、健壮、年轻,我几乎忘记了他的年龄。他也还是那样风趣、幽默、机智,谈话中流泻出无穷的诗意。我认识诗人 40 多年了,北京北总布胡同的深院里,他和诗人吕剑,我们都住在一起,但在我的回忆中,他经常外出,离开北京,不久又从远方回来,有时从南方的农村、城市;有时从莫斯科红场;有时又从遥远的智利海峡……记得他常带来一些外国的诗集,有一次还赠给我一只淡蓝色花朵形状的捷克玻璃酒杯。因此,在我的印象中,总是回想着那起程之前熟悉的声音:明天早晨我一早动身……春天在等着我。

那声音何其遥远,而又如此亲近,在我的回忆中它几乎成了一种诗意的象征,而且在漫长的岁月中它从不曾消失……

那不就是诗人在 1929 年去法国巴黎,为了寻找艺术的春天,去国离乡,望洋兴叹,在中国海岸边发出的声音;

那不就是诗人在 1935 年刚走出上海提篮桥监狱的铁门,口袋里揣着《雪落在中国的土地上》,他远望龙华血红的桃花,从心里轰响着春天的声音;

那不就是在 1940 年高举着《火把》到重庆,照亮了黑暗的山城,在民族生死存亡的苦难岁月,他奔向延安,向革命者的春天发出的声音;

那不就是他远去新疆流放,在离开第一个流放地北大荒的荒原上,从痛苦的心灵中发出的声音;

……

他那动人的声音从不曾消失。四面八方,春天在等着我们的诗人,他一旦恢复自由,就再度动身,越过太平洋,飞渡大西洋,怀着人类的理想与和平,带着他的《光的赞歌》,到美国的爱荷华,到罗马的广场,发出了春雷般的诗的声音。

从 1932 年艾青的第一首诗《会合》发表,到今天已经 57 年——整整半个多世纪。他出版了几十部诗集,还有诗论,尽管已经有了很多本评论家的评论集、评传、现代文学史和各种研究的书,但是,伟大的成就是需要更多的时间——几十年、上百年的历史视野来评价的。随着时间的推移,他的诗将愈益清晰、真实、动人地反映出时代和历史。一个伟大的诗人总是历史的见证。

艾青的诗在整个中国新诗运动中,具有新诗国的开国气象。他自身每一个阶段的转变,都影响着一大群诗人的风格的流变。例如,他开始从法国带回来一支象征主义的芦笛。但很快比他同时代诗人戴望舒把象征主义向前推进了一大步,他把象征主义和中国革命现实深刻地融化在一起,变成了气势磅礴,感觉新鲜,生力弥漫,思想深沉的艾青式的独创风格,在 20 世纪 40 年代诗坛形成了一座高峰,被文学史家所认同,称作"艾青时代"。

艾青的诗,和同时代革命诗人的不同点还在于:他追求的是中国历史现代化的光辉进程,寻找现代人的意识、感觉,力图表现人们在现代化历史进程中的心灵历程。时代的革命的悲壮和欢欣,个人内心痛苦的裂变,灵魂中英勇的搏斗,这一切往往使他从现实生活中汲取的素材在诗歌中得以升华,具体的事物能提升到哲理的高度,这样深刻地创造性地表现现实,使他的诗避免了对各个历史时期表层现象的描述和浮泛的空喊,使他的诗有足够的自信和力量抵制"左"的思潮中一切浑浊的恶浪,而总是把民族命运,忧患意识,人性,历史的悲剧,划时代的革命进程,纳入他广阔深沉的视野。如果说郭沫若的凤凰涅槃式浪漫呼号,代表了新诗第一个十年的狂飙式的追求,到了艾青则已深入到历史走向现代化的丰富复杂的心路历程,因而艾青的诗具有史诗性的规模和性质。

令人鼓舞的是,诗人在 20 世纪 80 年代的今天,仍然目光炯炯地注视着现代化的心灵历程,追求现代人的思维、感觉和表现方式,使他的诗永远保持着新鲜的活力。再看他对于青年一代(从新诗潮到第三代)给予的热情支持和鼓励,使我们感到他总是站在青年人一边,走在新诗的前列。

艾青的诗,是一座贮藏丰富的艺术形象的金库。他的诗是艺术的、独创的,无论写什么,都带着他个人的标识,因而又是最富于个性的,这种个性化的艺术思维,使诗人能精深入微到人的精神世界的深层,创造出令人惊叹的诗歌形象。

我长期向诗人学习的是艾青转化现实的魔力。诗人创作了半个世纪,革命、战争、农村、城市、自然、爱情、国际活动,以至日常生活……他从来没有拘泥于现实。他明白:诗人是大地上的转换者,所有客观事物只有经过他艺术心灵的转化,然后用他独有的艺术表现方式,外射为真正的诗,产生出永恒的艺术魅力。

而有许多充满艺术魅力的东西,一时又是很难说清楚的。只举一个例子,就是上文提到那次在诗人家里做客,正好他接到上海一封加急的很长的电报,几位编者为了编选一部流派诗选集,特地长途叩询诗人究竟属于现实主义、浪漫主义还是象征主义?诗人微笑着告诉我,说他刚回了一封电报,说自己什么都不是。双方的善意说明了一点,正如古人所说的:"有法归于无法,无法归于有法:乃为大成。"(徐鼎)真正的大诗人就是集大成于一身的他自己。这个小插曲,对我们探索和了解艾青诗歌形象的来源,应该说是有意义的。

新诗将走向 90 年代,对于杰出诗人的研究是重要的。应当指出:诗坛不应该是罗马竞技场,谁也不能凭角力格斗取胜,诗歌艺术永远没有止境,艺术创造每向前进展一步,常是向后一步的探本穷源。一个大诗人创造的艺术成就,总是"光景常新"的,值得我们谦虚地从多方面加以学习。

同时我想到:歌德在 80 岁时,创作《浮士德》第二部,我热烈祝贺艾青诗思旺盛,引领我们在中国新诗道路上,走向充满希望的 90 年代!

1989 年 3 月 27 日

(原载《飞天》,1989 年第 8 期)

关于茅盾先生在兰州的两次讲话

　　1939年1月，茅盾先生率领一支文艺队伍奔赴新疆路过兰州，同行的还有生活书店经理张仲实，著名艺术家赵丹、王为一、徐韬、田烈、史枚等同志，他们在兰州停留了两个月。

　　我们当时都是流亡的青年学生，因为爱好进步文艺，对我国现代文学巨匠茅盾先生久已仰慕。当时先生主编《文艺阵地》时，我们曾经投寄抗战诗歌，那些幼稚的习作自然达不到发表水平，感谢先生主持的编辑部，在退稿时给予我们热情鼓励，并提出宝贵的指导意见，成了我们文艺习作的导师，所以，先生的名字在我们心目中也是非常亲切的，早就盼望着能够亲睹先生的风采，亲聆先生的教诲。

　　在抗日战争爆发以后，全国曾出现欣欣向荣的气象，大批文化人分赴全国各地，积极开展抗战文化工作，大西北的进步文化活动也一度十分活跃，兰州曾经聚集过许多文艺工作者从事进步话剧和文学活动。可是，距离抗战爆发不过一年多的时间，在武汉失守以后，国民党就消极抗战，积极反共，开始摧残进步文化事业。在大西北，由于封建势力根深蒂固，国民党中统特务机关与封建势力密切配合，再加上该地区的文化落后，使得进步文艺运动开展十分困难，许多著名的文化人先后离去。中华全国文艺界抗敌协会在各主要城市都成立了分会，可是在兰州就成立不起来，地下党员赵西等同志曾经着手筹备，但总是不能成功，最后只有赵西编辑的《现代评坛》杂志，团结了一批文艺青年。

那时樊大长同志刚离开兰州去延安不久（他现在担任甘肃师大副校长），他的父亲樊老伯在辕门口开设的照相馆，是党的地下交通站，我们在这里听到茅盾先生等人来到的消息。赵西、薛迪畅等同志和我们一些文艺青年，就准备举行对他们的欢迎会，并想请茅盾先生给我们作一次文艺报告。商量的结果，认为大规模的集会一定会受到国民党的禁止和破坏，为了安全起见，决定借用甘肃学院江苏同乡同学会的名义，请先生来参加座谈会，这样也可以表示我们对先生的欢迎和聆听到先生的教诲。当时唐祈正在甘肃学院借读，于是就由唐祈用同乡同学会代表的名义去邀请。

茅盾先生一行下榻南关外的中国旅行社，先生一家住在一个普通房间里。他那年43岁。面孔白皙，一身中式长衫，文雅沉静的风度神采，显得比实际年龄要年轻，他热情而和蔼，平易近人。当时交通不便，经成都、西安到兰州，一路长途汽车的颠簸和风尘，使他害了眼疾，肿胀的眼眶里布满了红丝，不时摘下眼镜用手绢擦拭眼角。当他听到来意以后，微微鼓起的嘴唇上一抹浓黑的短髭展开了，露出动人的微笑，操着浓重的浙江口音，忙说："好，好，我们一定来！报告会再定时间吧，我的眼睛不好。"然后就详细询问兰州和西北各地文艺界和青年的情况，并且翻阅带去的当地报刊。边听，边看上面发表的我们的习作，他并不因这些习作的幼稚而不屑一顾，不时给予热情的鼓励。临别时，他郑重地说："明天尽可能来，如果眼睛实在不行，就让阿丹代表我来。"第二天，在萃英门甘肃学院一间会议室开了一个欢迎茶话会，赵丹他们一进门，就先把茅盾先生的话捎来，说眼痛得睁不开，向大家道歉，只能由他来代表了。当日，赵丹在会上作了关于话剧工作的报告。

过了几天，听说先生的眼疾大好，赵西和我一同去拜访先生及夫人孔德沚，这时我们知道先生一行暂时还不能离开兰州去迪化，因为盛世才借口天气不好，说没有飞机，其实天上天天有飞机在飞，是他们迟迟不安排飞机来接，先生当时似乎也有点焦急，但还是谈到他去新疆学院任教，是为了开辟新疆的文艺活动和进步的文化运动。先生及夫人待人赤诚热情，当我们请教应该如何从事文学工作，他说："文学写作是有重要的社会意义的，要把它看成是进步的事业，要把整个生命放到里面去，不要怕难，要多写，要体验生活，材料从现实生活中来，技巧从多练中来。"我们说起先生主编的《文艺阵地》编辑部对我们写作的指导，先生谦虚地微笑说："编辑就是要和作者交朋友，要发现新人，帮助青年，《文艺阵地》因为人手少，来稿多，这些工作做得还很不够。"他知道赵西是作编辑工作的，鼓励赵西要团结更多的青年走向进步，坚持抗战。当我们邀请他作报告，他就问我们需要讲些什么，了解我们在文学活动中存在哪些问题。我们所反映的情况是大西北有严重的封建势力，地区的文化又落后，文艺运动不容易开展；在抗战文艺的创作上，大多都是写与日寇的斗争，而我们很少有前线的生活体验，所以很多人只得写流亡之苦，渐渐感到题材狭窄了。先生当时就恳切地向我们作了简明扼要的解释，他说："抗战文艺不限于只写前线的斗争和敌人的残暴，它还是教育民众、组织民众的武器，既可以宣传优点，也可以反映缺点，前线和后方，光明和黑暗都能写，关键是真实地反映现实，教育人民和打击敌人。"这些内容，他第二天又在甘肃学院会议室给我们所作的题为《抗战与文艺》的报告中，作了具体而清楚的阐明。先生的报告确实针对我们存在的实际问题和模糊的认识，给我们指明了方向，使我们如同在黑暗中看见一道亮光，如同得到一粒火种在内心燃烧。

《抗战与文艺》这篇报告，在座谈会上由赵西笔记，发表在同年2月5日《现代评坛》第4卷第11期。

听了茅盾先生这次讲话以后，大家很受启发和鼓舞。这时新疆的盛世才由于对茅盾先生率领的这支进步文艺队伍入疆仍犹豫不决，先生一行仍然困留在兰州。一月底，赵西又去邀请先生再给大家作一次报告。这次，赵西向先生说起文协兰州分会成立困难。先生说，成立分会有困难，可以先筹备通讯站，因为会员少，规模小，在政治阻力大的兰州比较容易被批准，等有了发展再转为分会，那时已经有了影响，它们就不得不批准了。（可是，后来由于政治形势的进一步恶化，连通讯站也没有组织成功，1941年春天，赵西就被捕了。）为了鼓励大家开展文艺运动，先生向我们介绍外地文化运动的情况，又为我们作了一次报告，题为《谈华南文化运动的概况》，在介绍上海、香港、昆明等地文化人和文化团体的活动情况之后，提出目前文化运动的任务和对文化运动的意见，他说："现阶段文化运动的任务，第一是抗战建国，第二是普遍与深入。开展西北的文化运动的方针，除努力抗战建国而外，还要和封建势力斗争，明确地提出我们文化运动的反帝国主义和反封建的性质。"先生讲话的基本内容和党在抗日战争时期的政治纲领和文化方针是完全一致的，真是照耀在我们面前的指路明灯，指引着我们前进。《谈华南文化运动概况》这篇报告，当时由欧阳文、赵西记录，分为上、下篇，发表在同年4月5日《现代评坛》第12至15期合刊和4月20日第16期。

《现代评坛》是在兰州出版的战时半月刊，由于交通和发行条件困难，每期只印500份，国内大多数地区都看不到，所以茅盾先生这两篇报告，当时也只有很少的人见到。20世纪50年代初，茅盾先生兼任《人民文学》主编时，我们也曾见到先生，谈起来，他还想起在困处兰州时作过报告的事，但报告的内容，已经记不得了。国内各大图书馆也找不到《现代评坛》这份影响很小的杂志，我们就很怕这篇报告佚失难寻。这两篇报告既是茅盾先生困留兰州时期革命与文学活动的宝贵记录，又真实地记录了在抗日战争初期茅盾先生的政治思想和文学思想,生动地表明了他与党中央在政治上的完全一致,是我们研究茅盾先生的宝贵材料。现在搜寻到这些很有价值的材料,作为茅盾先生40年代的佚文发表,为了保留历史的面貌,我们建议发表时还保留当时作记录稿发表的原貌。至于它们的具体内容,就无须我们再作介绍了。

（原载《河北师院学报》,1981年第4期）

诗人通讯(三则)

一

同志:

您好!

前些时接到《星星》约稿信。刊物越办越好,令人鼓舞。《好诗三百首》栏目很好,但恐怕作者不敢投吧(我就是这样)。如编辑部大力选拔一些有独创性和有特色的诗,这个栏目会起到很好的作用的。刊物栏目多,重视不同风格的作品,评论比较活,很少八股,尤其刊物和广大青年读者的思想感情、脉搏联系比较紧密, 这都是受欢迎的原因吧。我觉得如果花一点篇幅有意识地强调一下不同流派的诗作,就更好了(刊物已经注意到这点,如直到现在还坚持"朦胧有人爱"等栏目)。所谓流派,当然指风格、表现手法、取材、语言大体相近, 而又保持个性的作品。它的出现在版面上,一期应不只是一个人,总得有两三个才看得出来。如果一期上有那么一两个不标明特辑的"特辑",就有较强的对比,刊物也就"热闹"了。20 世纪 50 年代,《诗刊》搞过一下,我们当编辑的最初怕"杂"而"乱",以后证明很受读者欢迎,因为有比较才能看出不同风格、面貌(1980 年 9 月香港出版的大型文艺杂志《八方》(第 3 辑),编了一个"九叶专辑",把我们九个在新中国成立后的诗歌搞了个专辑,凑在一起,流派色彩才明显了,这个刊物不知您看过没有? 我提到这点,当然不是说要搞我们的"专辑"。完全不是这个意思,我是说作为一个例子,打个比方!),我感到我们提出不同风格流派很久了,但所有的刊物实际上反映不出来,但不等于没有,例如七月派的《白色花》一出版,流派特色就很浓郁;又例如沙鸥、晏明、王亚平、柳倩……的诗放在一起,也很近似;又如50年代云南部队崛起的公刘、白桦、周良沛、杨星火、高平……在生活气息等等方面也有共同特色,又各具个性;这一点如30年代何其芳、卞之琳、李广田、方敬、陈敬容、曹葆华也近似,更不要说"湖畔"、"沉钟"(冯至等)、"现代"、"新月"、"创造社"、"文学研究会"(冰心、朱自清、俞平伯……)。我总感到,诗歌要发展、繁荣,现在是否还是要珍惜一下三四十年代的传统,多有不同的流派,风格才能多样。这些是写信时才临时想起的,不知对不对?

祝

撰安

唐　祈

1982.2.6

二

张俊山同志：

您好！

你们准备编写《初放的花朵》一书，拟将我的处女作编入此书，承蒙关注，不胜感谢！

现将最初发表的三首诗寄上。我因患气管炎住院治疗，曾让我的学生扩40年代旧友（现在师院任教）往甘肃历史资料馆查明当时《现代评坛》出刊及第一次发表的拙作，由我作了一些提示性的介绍，请予审处。如有其他要提供的，盼来信赐示。

我于新中国成立后一直在北京中国作家协会《人民文学》《诗刊》工作，1979年来甘肃师大，1980年转来西北民族学院汉语系，1982年曾任系主任，后因病，除执教外，仍从事诗歌创作及评论，仍为中国作协会员。

前年邹荻帆、罗洛二同志均在兰晤面，不知你们已约他们没有？罗洛已任上海大百科出版社任总编。我所熟悉的陈敬容、郑敏二位女诗人，袁可嘉、杜运燮、杭约赫、穆旦（已故）、辛笛、唐湜，不知已约过没有？如需我提供什么情况，望肠示。

即颂

教安

唐　祈

1985年6月16日

三

洪治同志:

您好!

感谢您给我寄来《李健吾创作评论选集》,现已用毕,特挂号寄上。请收。再次谢谢您了。

我于上月4日赴成都,为《中国新诗名篇鉴赏辞典》交稿。成都无防寒设备,以致患重感冒引起气管炎,在蓉住院21天,前天始返兰州,现仍未复原。

《辞典》如无意外,2月可发稿,9月出书。大作已编入,乞勿念及。

孙玉石、袁可嘉、郑敏和我四人,去年我们围绕一个主题:新诗现代化,各人拿出五六万字论文,论述中外诗歌现代化问题,共20万字左右。书名暂定为《论新诗现代化》。尤其郑敏教授前年在美讲学一年半,搜集不少第一手资料,写成专论,甚有价值。孙、袁论文亦有学术价值。不知人文能否考虑。我知道目前出版界为经济效益所苦。此书如能接受,我们可征订数千册。请您向有关方面洽谈一下。如需看稿,我即寄上。有劳清神,容当后谢!

病重写信仍感头晕乏力,草草不备不恭,乞谅。祝您春节愉快!

唐 祈

1987.1.26

（原载《星星诗刊》,1982年第5期）

第四辑

向 1949 跨步

　　这两年来话剧运动走向低潮，使我们曾经在舞台上走过的都感到怅然，剧人们大部分转向电影业，剧作者们搁下了笔，这不仅说明了话剧运动的这样一个客观环境下是怎样的像一棵压弯了的树，而且更说明了这个社会就根本还要话剧。

　　话剧从开始就是在反帝反封建的大旗下，展开了它光辉的进军，现在它属于人民，人民正在苦难中，考验中，话剧同样在时代的气流中痛苦地呼吸。

　　人民不会被压倒，话剧就不会被压倒。

　　反过来说，人民在获得光荣的胜利时，话剧运动就将辉煌起来！

　　我号召：剧人，作者，向 1949 跨步！

　　　　　　　　　　　　　　　（原载《中外影艺》，1949 年创刊号）

短篇小说为什么不短

近年来，在许多文学刊物上，我们经常读到一种很冗长的短篇小说，每篇大都在两万字左右，甚至长达四五万字不等，几乎形成了短篇创作上的一种习见的风气。本来，对于一篇文学作品，不能用长短来衡量它的价值，主要是在于它的内容与质量。但由于这种短篇不短，相对地就使短篇的质量降低，并常常占据着刊物上大量的篇幅，影响到刊物内容的不够充实，也增加了读者阅读时间上的负担。我也听见比较有文学素养的读者谈到，当他读到这种比较冗长的短篇时，常常产生一种越野赛马的心情，总忍不住要跳过作品中许多障碍物来缩短全程。由此可知，读者对于这种短篇不短的态度，是与作者兴致勃勃地写它们时的心情大不一致的。

就《人民文学》所发表的短篇来看，虽然冗长到枯燥无味和内容空洞的还不很多，但真正精炼、简洁，在短小的篇幅中表现出更多内容的精彩的短篇，却是比较少见的。据编辑部的同志在一次座谈会上谈起，刊物在 1954 年 10 月号上，发表过一组很精短的小说特辑，包括秦兆阳的《竞选》、赵树理的《求雨》、雷加的《青春的召唤》等五个短篇，每篇都没有超过四千字。刊物有意识地提倡这样的作品，当时是颇受读者欢迎的。但这种短篇却至今少有人写，而在目前该刊大量的来稿中，绝大部分又都是三五万字的长短篇或中篇，其中有不少是可以由作者压缩成短篇小说的。

要改变这种情况，必须探索一下产生这种短篇不"短"的原因。当然,创作上的某种倾向,往往原因有时出在各方面,这里只能就我所见到的分为以下几点来谈。

第一,有些比较有生活积累的作者,往往对于生活素材舍不得割爱,往往在创作过程中将所见所闻的生活素材一股脑儿写进作品里去,以为这样才能使作品有所谓的生活实感和生活气息。写人物,必定从小时写到大;写事件,无分巨细,一概就事论事地摆在作品里,既很少进行提炼,也不讲究如何用不多的几笔一下子把人物写活,因此短篇也就自然不能短了。

第二,另一种情况是,有些作者受了流行过的"反映生活本质主流""写主要矛盾冲突"等等理论的片面性的影响。短篇原可以选出生活中一个生动的片断或一个侧面来写的,但在作品中为了要强调提出矛盾、正面展开矛盾冲突,最后解决矛盾,就势必全面铺开,面面俱到,人物既需要处在矛盾冲突的尖端,正面人物和反面人物就又必须全部出场。人物既多,事件就更多,该短的势必拉长,应该展开写的就更扯成一大片了。

据说,今年年初《人民文学》收到得最多的、描写农业合作化的来稿中,内容多半都是这样的:一个单干农民,作者开始就详细介绍了他如何不愿意入社;接着就会看到:在他"右"边一定配置有代表资本主义思想的人物(如富农或与富农有关的远房亲戚、娘舅、女婿等等),在他"左"边又会有代表社会主义思想的人物(如进步的儿子、媳妇、乡支书、社长、生产队长等等),作者对这些正面人物和反面人物又会详细地描写一番。于是,这个单干的农民就在这些代表"两种社会本质"的人物中间,产生各种"主要的矛盾冲突",构成一系列的情节和事件。一章写父子不和,为了入社问题,全家吵架拌嘴;下一章不是父亲深夜去和富农勾搭,就准是独自在牲口栏对着老牛叹气;另一章是儿子和媳妇在外面开会;接着是支书来打通思想,引导他回想三起三落的苦日子;另一章是社长来解决家庭纠纷,谈一通社会主义远景。知道最后矛盾解决,老汉高高兴兴地拉上自己一头牛入社,作品在无法再冗长的情况下胜利结束。遗憾的是,对于生活中这样一个单干农民真正的个性和面貌,只有他才能有的独特遭遇,只有"这一个"而不是别的人才有的一些事件和情节,在这类作品中却是找不到的。这样的短篇在取材上就一般化,短篇不容易"短",乃是很自然的。

再例如目前不少描写工业建设的短篇中,很多都是这样的:开头就是厂长如何右倾保守的详细描写,例如压制批评,积压若干合理化建议等等;然后,副厂长或新调来的党委书记出现了,他是厂长的老战友,或是一位受过伤的党性很强的专业军人;然后,两人在办公室、在车间、在宿舍,都展开了保守与反保守之间的矛盾冲突。当然,既然展开冲突,就不会只有两个人物,还会有工程师、技术人员在保守的厂长一边,另一边副厂长和党委书记又自然会依靠先进的工人群众等等;最后,党委书记依靠群众进行斗争,得到胜利,保守主义的厂长检讨了错误,在一片掌声中结束。这些作品人物多,事件也多,作者认为这一切都需要详细描写,唯恐读者不理解反保守主义的重要意义,但是读者感觉最突出的却是作品过于冗长乏味。

由此可知,任何作品都要反映出社会的本质的主要矛盾冲突,而且还得全面的反映,这无异于是存心不让人描绘短小的生活画幅。

第三,有些作者对于短篇小说体裁的运用和掌握不够,也是一个重要的原因。作者尽管在写短篇,却很少研究短篇这个体裁的特点,往往将长篇巨幅的生活、事件、场景、硬塞在容量上不能纳入的短篇里。结果,使一个短篇捉襟见肘,漏洞百出,不能艺术地表现出生活的真实。他们忽略了短篇小说的特点,应该是"从长篇小说中摘取出来的一章,有一些事件,一些遭遇,不够拿来写戏剧、长篇小说,但却是深刻的,在一瞬间集中了那么多的生活……抓住它们,把它们容纳在自己的狭隘的框子里……它把简短、迅速、轻快和深刻兼而有之，从一个事物转到另一个事物，把生活压成碎块，从这本生活的大书里摘下几个篇页来。"(别林斯基《论俄国中篇小说和果戈理的中篇小说》)别林斯基这个对小说体裁特性的准确的解释，说明了短篇小说从取材的角度到表现方式，都有着特殊的艺术规律。它有时只选择生活中一个片断，一个侧面，有时在最富有概括性的短小的插曲中，往往能简洁地显示出人物一生的命运，并且塑造出鲜明的典型形象。这只要举出鲁迅的《孔乙己》和契科夫的《小公务员的死》等短篇小说就可以说明。《孔乙己》全篇不过二千多字，作品中通过"我"的回叙，孔乙己始终只在酒柜边出现，而酒店中嘲弄他的眼光和谈笑，他的潦倒和读书人内心的复杂情绪，真是丝毫毕露。从孔乙己穿着长衫来，直到偷书被打断了腿，坐在蒲团上用手慢慢走去，这中间包含多少辛酸曲折的生活。最后只用一句"大约孔乙己的确死了"来结束。真是简洁到使人吃惊的地步。鲁迅概括了当时现实阴暗冷酷的生活现象，概括了当时没落的读书人的形象，只是从"生活的大书里摘下"的一个篇页，却达到了典型的高度。我们再看契科夫的《小公务员的死》，从开头"一个挺好的傍晚，有一个同样挺好的小公务员，名叫伊凡·德密特里奇·切尔维亚科夫，坐在正厅第二排，用望远镜看戏：哥纳维勒的钟，他定睛瞧着，觉得幸福极了"，一直到短篇的匆促的结尾："……也没有脱掉制服，就往沙发上一躺，死了。"只为了在退伍将军的秃头后面打了一个喷嚏，小公务员解释、道歉、忧抑，最后死了。俄国黑暗的官僚等级制度，使一个小公务员被自己的喷嚏惊死了，这个喜剧性的插曲里包含了多么深沉的悲痛！契诃夫就是这样善于在一个极小的插曲中注入深刻的思想。绝不能这样设想：那个小公务员的情节也可以写成一个反映俄国官僚制度的中篇或长篇。如果这样，世界上就会更少出现短篇小说了。

总之，短篇的特点就在于在精短的篇幅中尽可能表现出更多的东西。至于它的场面要一目了然，情节的发展要清晰单纯以及勾勒几笔一下子把人物写活，等等，又都是短篇所必须具备的条件。真正的短篇小说，应该是像一团火焰，一下子能把一切照亮。

第四，与上述情况相关联的，是另一种认为短篇既难于驾驭，而且把宝贵的材料写成一个很小的短篇未免可惜，于是就放手拖长，甚至干脆写成长篇。我常听见不少有经验的作者有这种论调。当然，这里要说明，长篇创作应该写，并且也是我们所需要的，然而要知道，真正简洁的好的短篇，其价值并不下于长篇。尤其是对缺少经验的青年作者来说，锻炼艺术技巧更应当从短篇小说开始。

第五，不少作品在语言文字上不精炼，不讲究，也是短篇不短的一个很大原因。鲁迅那种"将可有可无的字、句、段删去，毫不可惜"的严肃态度，是我们不少作者所缺少的。有的作者往往片面地追求语言生动，造成作品中语言臃肿拖沓的现象，有时屡杂着累赘的方言土语，甚至也还有骂人的恶言恶语。试举一例。

　　张振江继续说："再想想，你每天做的什么吧！买几条牲口缰绳和笼嘴，用不着你去赶一次集，甚至买一头牲口，也不一定非你去赶集不行。……社里的事情那么多，你一手能招揽过来吗？如果见到一件事就抓到手去办，结果就放弃了许多事办不到；自己心里认为是对全体社员负责任，可是相反的正是失掉了职责！你的工作：除了领导着社里定出全盘的计划，推动大家实行以外，你平常应当深入到主要环节中去，随时发现问题，出主意，想办法，推动生产，目下春耕生产是主要环节，今天我把你从繁杂纠缠中，拖到这方面来，你一天所起的作用，比前几天有多么不同……你勤勤恳恳，你不计较个人利害，这就说明你是有条件作一个好社长了！

可惜,你在领导方式上还有一个缺点,要把这个缺点——改掉,那你就会像一个火车头,能把社里的工作,向前带动得吼吼叫!"(李立方《初春的一天》,《人民文学》1955年12月号)

这里面有许多语言的"硬块",使整个作品显得累赘冗长。如果作者能在写它们时,多多冲洗几遍,这种语言上的渣滓是完全可以去掉的。

我们应当好好向鲁迅先生学习。像《孔乙己》《故乡》《一件小事》《在酒楼上》等等卓越的短小的作品,都能够产生震撼人心的思想力量,成为概括时代面貌的画廊。我们也应该好好去读一读俄国短篇大师契科夫的惊人的作品。像《苦恼》《哀伤》《万卡》《困》等等,翻译过来都只有三五千字,高尔基曾称赞"它们都像一小瓶瓶的酒精"。它们是那样精纯、那样强烈,真正是"把生活压成碎块,从这本生活的大书里摘下几个篇页来"。契科夫写过一千多个短篇,他从来不轻看这种三五千字的短小的小说,他能够从短篇小说这一文学形式上达到现实主义艺术的高峰。

(原载《人民文学》,1956年第期)

厉慧良的艺术才能

《长坂坡》里赵云这个角色该看看厉慧良的扮演了,北京许多观众都有这么一个共同的感觉。这出传统老戏,过去是一代宗师杨小楼的艺术杰作。但在今天的舞台上,厉慧良演的赵云,在某些方面却显示了新的艺术才能。我不是故意将他和前辈比拟(艺术的独创性是很难作简单的对比的),我提到这一点,不过为了说明:只有经过艺术大师们不断创造和丰富的充满着深刻艺术意义的角色,才是一个演员艺术才能的真正的试金石。例如《长坂坡》里的赵云,这个角色就必须表现出那种大将的轩昂气派,赤胆忠心的英雄性格,和较高的长靠武打的技艺,没有这些条件,就谈不到这个角色的形象塑造。厉慧良在这些方面是够分量的!他演赵云的时候,能贴着这个人物性格来表演,并且能巧妙地依照人物性格运用精湛的武打技巧,赵云那份雍容、气宇轩昂和沉着英勇的性格,在几个关键的地方都显得凸出、鲜明而真实。例如一开场夜帐中,他用不多的几个动作、眼神,就显出了那种在马不离鞍,征战频繁中的镇静、机警,渲染出了夜战中的气氛。救出甘夫人和张飞争执一场,他在桥边那种委屈、激奋,欲辩不能的复杂内心感情也表现得很动人。他先用镇定的语调来对答,随之用一声夸张的长笑,作为抗议和表白,那笑声使人物的情绪一下子爆发出来了。糜夫人在自尽之前,赵云有些觉察,他用一种急促的声调念出"何——何出此言?"虽然只有一句话,却在音调上表现出了复杂万端的心绪。糜夫人自尽,赵云伸手"被抓"以后接着来了一个"倒扎虎",

动作准确、优美，充满了情感。他前后在曹兵中七进七出的不同的厮杀也无懈可击，人物的性格展开得层次分明，一招一式，都能体现出人物在特定情境中的内心的微妙情绪。因此，赵云这个角色的精神面貌也就很自然地突现在观众面前了，但看来这么洗练、真实的表演，稍微一想，就会理解：演员需要经过多少艺术锤炼，身上要有多么深的武功，才能达到这种深入浅出的表演境界，使观众接受起来毫不费力，哪怕只匆匆看过一遍，却能留下一个难忘的印象。顺便可以提到，汉津口关公一场戏，简直是艺术家雕塑的独立横刀的塑像，与赵云在身段、动作、念唱、声调上完全不同，仿佛是两个不同凡响的演员，同在一出戏里演的两个角色。他一出场"亮相"不久，接着突然把眼睛睁亮，身上微微颤栗，那种戎马征战中关公面临危难的神色，和急于营救刘备的心情，他就这样用不多的几个夸张的动作、身段与一些道白，渲染得很有气势，有人以为这场戏，动作夸张，稍嫌火气，我却以为这恰是关公在汉津口危急的情境中应有的心情和动作，也是演员依据人物在具体环境中所下的恰当的判断，这种稍微的夸张，反而能突出关公的形象，使角色的逼真性与艺术性更为强烈。

我可惜没有机会看到他另一出杰作《挑滑车》。

但是，我看《盗宗卷》里他饰演的张苍一角，又和上述两个角色迥然不同，不但他的老生的唱腔嗓音苍劲，淳厚有味，特别使人触目的，仍是他的细腻的人物性格的刻画和富于表现力的面部表情以及念白的表达力量——千金道白四两唱，他几乎对张苍的每句话、每个字都琢磨过它们内涵的意义和音量的轻重，因而创造出了这个饱经世故、性格稳重的忠厚人的形象，因此，观众竟会把著名老演员马连良所创造的那个从头至尾潇洒的张苍暂时忘记，而来聚精会神地欣赏这个张苍，这个张苍虽也洒脱，但更有性格，张苍出现在这出戏里，是一个置身在喜剧遭遇——皇室宗卷失而复得——中的稳重的老臣，正因为他性格稳重老实,却偏偏遇到这种意想不到的焚毁宗卷的事情,人物就落入了一种幽默的喜剧性的事态变化中了。厉慧良深刻地掌握了这出戏的关键所在,抓住了人物性格和环境、事件的矛盾地方,表演得细致透剔;有幽默感却并不轻滑,引人发笑的地方有很深的含蓄,这就毋怪乎观众对这出喜剧里的每句话,每个微妙的神情变化都报以欢快的笑声和热烈的鼓掌。但是,厉慧良之所以能达到这一步,不仅说明这位优秀的演员具有丰富得多的艺术创造力(特别是人物性格塑造方面),更表明了他拥有相当深刻的理解角色的思想能力,这恐怕是别的演员不大注意的一点,同时也说明京剧演员在表演艺术上一条普遍的规律:当一个演员被角色占有的时候,他能够明确地表演这个角色,可是当他占有这个角色,并且深刻地理解角色的时候,那就能创造这个角色,也就表演得格外鲜明、生动和性格化了。

还不能不提到,和《盗宗卷》同一晚上演出的另一出《艳阳楼》中的高登,是厉慧良在花脸戏方面的成功之作。他演得生动,有艺术光彩,虽然因生理条件(嗓音还不够宽亮,双出戏也有过重的体力负担)略为显得有点勉强,但仍然使观众对他洗练的武打、功架和优美的艺术雕像,不断发出赞赏的掌声!观众很奇怪:怎么能够在一个演员身上集中这么多方面的艺术才能,既演老生,又演武生、花脸,而且能将许多不同的角色演得比较精美,人们就不能不想到一个演员,除了功力之外更需要的是天才!而天才总是比较少的,又是从勤学苦练中才能培养出来的。

上面提到的,不过是偶然两个晚上所看到的三出戏的表演,还不是厉慧良在艺术创造上的人物画廊里的代表作,但只从这一小部分来看,从一斑以窥全豹,已足见艺术上的特色:那就是善于创造多样的角色的性格,使精湛和洗练的艺术技巧和表演上的才华能很自然地凝结。

　　总之,厉慧良在北京舞台上的出现,尽管北京的观众一时还不完全习惯,但却是值得重视的。由于他来到北京演出,使这里的许多人,对于京剧演员的表演问题,对于过去只翻来覆去地重视几个名演员的问题,都将不再像过去那样抱着老一套的想法了。

　　祝厉慧良的艺术创造能有更大的发展!

（原载《戏剧报》,1957 年第 46 期）

《中华民族风俗辞典》前言

一

中国是世界上最大的国家之一,是一个统一的多民族国家,她在亚洲东部 960 万平方公里的辽阔土地上生息、繁衍,一代一代奋斗不息,创造了祖国悠久的历史和灿烂的文化,为世界人类文明的发展做出了光辉的贡献。新中国成立以来,在中国共产党的领导下,各民族一律平等,团结互助,繁荣昌盛,共同建设着社会主义的现代化国家。

邓小平同志指出:"我国各兄弟民族经过民主改革和社会主义改造,早已陆续走上了社会主义道路,结成了社会主义的团结友爱、互助合作的新型民族关系","在实现四个现代化的进程中,各民族的社会主义一致性将更加巩固。"这是我们研究中华民族问题的正确指南。

中华民族是各民族的总称,包括 56 个兄弟民族以及尚未识别的民族,分布在祖国各地。除汉族外,东北、内蒙古地区主要居住有满、朝鲜、赫哲、蒙古、达斡尔、鄂温克、鄂伦春等 7 个民族;西北地区主要居住回、锡伯、塔吉克、乌孜别克、俄罗斯、塔塔尔等 14 个民族;西南地区主要居住藏、门巴、珞巴、羌、彝、白、哈尼、傣、傈僳、佤、拉祜、纳西、景颇、布朗、阿昌、普米、怒、德昂、独龙、基诺、苗、布依、侗、水、仡佬等 25 个民族;中南、东南地区主要居住壮、瑶、仫佬、毛南、京、土家、黎、畲、高山等 9 个民族。

我们这个统一的多民族国家的形成,可以追溯到远古社会,各兄弟民族成长和发展,大多经历了漫长的历史,每个民族都有自己的语言、地域、经济生活、文化风俗等等物质形态和精神形态的特质,由此构成了各自稳定的民族共同体。她不仅存在于悠久的过去,也还要在未来的时间中继续存在,这是一方面。另一方面,由于各民族之间相互依存,文化交流,风俗习惯彼此影响,又促进了各民族不断分散聚合,演变嬗递的历史进程,直到凝结为一个伟大的中华民族统一体。这个结合过程, 正如马克思指出的:"过去那种地方和民族的自给自足和闭关自守状态, 被各民族的各方面互相往来和各方面的互相依赖所代替了, 物质的生产也是如此, 各民族的精神产品成了公共财产,民族的片面性和局限性日益成为不可能。"①尽管由于历代统治者的错误政策,在民族之间也有过矛盾、纷争和隔阂,但在中华民族发展进程中,各民族渴望统一,和睦相处,文化风俗交融,在共同中孕育的共同感情,仍然是中华民族发展的主流。

这里,我们想着重讨论一下风俗与民族的关系,近几十年来,由于诸多原因,不少社会科学都属于禁区。风俗学是民俗学一个重要组成部分,也同民俗学、民族学、宗教学等一同遭到禁锢,风俗学、民俗学几乎成为一片无人耕耘的荒芜领地。

风俗,是自有人类社会以来,就长期存在的。"至有人类,则渐有群;而其群之多数人之性情、嗜好、言语、习惯,常以累月经年,不知不觉,相演相嬗,成为一种之风俗","有人心然后有风俗"②。一国有一国之风俗,一个民族有一个民族之风俗,某个地域有某个地域之风俗。"百里不同风,千里不同俗。"古人说,因自然环境不同而形成之习尚

①马克思:《马克思恩格斯选集》第1卷,人民出版社,1956年版,第255页。
②张亮采:《中国风俗史》,商务印书馆,1935年版,第1页。

谓之"风",由社会环境相殊而形成之风尚叫做"俗"。实际上,风俗之形成,是自然和社会环境同时交互陶冶于人类的结果。历代相沿成风,群居相习成俗,"风"和"俗"是融为一体的。因此,我们可以这样理解:风俗,是一个民族在共同的生产实践和社会交往中,自觉地逐渐形成一种错综复杂的社会精神现象,它是社会观念形态的表现。风俗作为民族的物质文化和精神文化,是一种不自觉的信仰意识,一种社会心理和传统意识,它反映了一个民族对自然、社会以及人与人之间关系的一些共同观点和看法。它以某些方式承袭,长期因循,不仅对人们的思想、生活和行为,能产生潜移默化的作用,而且是人们自愿遵守的民间"法律",虽非具有"硬控制"性质的国家社会法律,却是具有精神制约力的"软控制"功效的无形法律。它有很强的民族性、地域性、社会性、传承性。

风俗,是时代的镜子,社会的窗口。一个国家、一个民族、一个地区的全面情况,几乎都可借助"风俗"这面时代的镜子反映出来,透过"风俗"这户社会的窗口观察清晰。因此,自古以来,我国历代治理者,都十分注重民俗的观察。"天子巡守……观民风俗"(《尚书》),"以美教化,移风俗"(《诗·周南·关雎序》)。古人将风俗对治理社会国家的重大意义,也阐述得十分精辟而充分,楼玥的《论风俗纪纲》说:"国家元气,全在风俗;风俗之本,实系纪纲";应劭的《风俗通义·序》说:"为政之要,辨风正俗";贾山的《至言》说:"风行俗成,万业之基定";郑晓的《论风俗》说:"夫世之所谓风俗者,施于朝廷,通于天下,贯于人心,关乎气运,不可一旦而无焉者。"

在我国古代,不仅对风俗的社会意义和政治作用有明确的论述,而且在历代的方志或笔记之类的书籍中,也对各时期不同民族和地域的民间风俗,有所记载。这些风俗资料,虽然十分不全,尚处于"叙述"性的低层次研究阶段,远远未达到"论说"性的高层次的研究,但毕竟还有。然而,如前所述,近几十年的风俗学、民俗学几乎成了一片空白。因此,在中华民族这个有五千年文明历史的国度里,至今还没有一部自己民族的风俗辞典,这是和她多姿多彩的文化风貌,很不相称的。值得庆幸的是,自从党的十一届三中全会以来,在党中央的领导下,团结全国民族在建设高度物质文明的同时,大力提高全民族的科学文化水平,发展丰富多彩的文化生活,建设高度的社会主义精神文明。在这个前提下,民族学、民俗学、风俗学、社会学、人类学等等,在短短的几年中有了蓬勃的发展。同时,社会主义时期许多新风尚、新道德、新文化,也以崭新的面貌呈现于我们的现实生活中。党的十二届六中全会《决议》指出:"……要积极开展移风易俗的活动,提倡文明健康科学的生活方式,克服社会风俗习惯中还存在的愚昧落后的东西。"这样因势利导,变革旧风俗,创造与现代文明相适应的、将社会主义的内容与民族形式融为一体的新风尚, 使之升华为代表中华民族各兄弟民族的标志,是建设社会主义精神文明的内容之一。为了响应党的号召,促进社会主义精神文明建设;回顾中华民族绚丽多彩的民间文化,填补民族学、民俗学、风俗学方面的历史空缺,在江西教育出版社的倡议下,我们着手编纂了这部《中华民族风俗辞典》。

二

我们对《中华民族风俗辞典》的编纂,力图实现以下几个方面的编辑目的。

首先,力求新颖。《中华民族风俗辞典》(以下简称《风俗辞典》)是一部以民族风俗为体的包括中华民族 56 个兄弟民族的风俗辞典。编纂出版,无蓝图先例可供参考比较,完全是一种新的大胆尝试,带有拓荒性质。收释 56 个民族以及尚待进一步进行民族识别的人们共同体(如克木人、僜人)的风俗辞语,共计 3021 条。除选用古今中外可资借鉴的书面资料以外，也尽量采用第一手"田野作业"材料；所有词目（包括汉族），几乎都是从所搜集的资料中，自行挑拣出来的，现成词目极少。在词目的选择上，注重挑选影响度大、现实性强，富有民族特色和地方特色，并具有本民族标志的词目。在辞条的撰写上，统一按照"准确性、稳定性、知识性、可读性"的原则编写和统稿；要求事例典型、语言精练、述说生动。由于力求词目新颖、材料典型、语言生动简明，《风俗辞典》的知识性和可读性是能得到一定体现的。

在辞典体例上，我们打破"辞典只是工具书"的传统观念，将工具性与学术性有机地结合起来，建立一种新的辞典编纂体例，按民俗工程系统分类，照笔画排列索目。这就使得《风俗辞典》不仅是一部民间文化工具书，而且是一部民俗学的雏型。可以说，这是我们得以改进辞典传统编写法的一种新的尝试。也是本辞典的一个特点。

其次，力求周全。《风俗辞典》，收汇了中华民族56个民族及其支系的各方面民间风俗：天时风俗4类，人风俗4类，社会风俗5类，经济风俗5类，信仰风俗4类，审美风俗6类。包括了有形的物质风俗和无形的心态风俗的各个方面。在编撰过程中，首先要求尽量搜集"田野作业"和历史资料，辞文的内容要求做到"含义明确、内容全面、沿革清晰、现状确实"。同时，根据《风俗辞典》的特点，我们还注意从不同角度立体性地介绍一种风俗，尽可能地避免一般辞典就词释义的做法。例如，有的辞书中将夏历、阴历、农历、太阴历、太阳历、阴阳合历各列一条目，就词释义，文句重复，读者又需互参各条，方能全面了解中国历法的情况，不免费力，我们根据"农历"在风俗中的重要作用，选择这一词目，简介中国历法之构成、演变关系，说明其对风俗形成的影响，就避免了肢解、重复的缺陷。其他如诸多时令节日，均采用这种立体性的介绍法。

再次，力求科学。在《风俗辞典》的体例上，我们多方比较了世界近代著名民俗学家的分类法,最后采用了简涛同志的《民俗工程系统分析》的理论方法。英国的汤姆森、班妮女士、高梅、瑞爱得、《民俗学手册》《大英百科全书》,法国的绥皮罗、鲁·桑提夫、汪继乃波,瑞士的古蓝叶、霍夫曼,美国的克洛普,日本的柳田国男、后藤兴善,中国的江绍源、钟敬文、亚洲口头传说文化研究会议等等,都曾提出自己的分类法,各有见地,但都不尽完善。我们认为,简涛同志所拟定的《民俗工程系统》,是在近代民俗学者分类的基础上所形成的一种合乎民俗学实际的,比较可信的分类法,他把天时、人生、社会、经济、信仰、审美六类民俗事项,归为三个系统:(1)观念系统——原始信仰、迷信、俗信;(2)行为系统——岁时节令、人生礼俗、亲族、家族、社团、文学、艺术、竞技;(3)物质系统——生产、交易、衣食住行。这就更加使民俗学有了明确的体系。风俗学本是民俗学的重要组成部分,我们采用此系统编纂《风俗辞典》也就使它为传播新的民俗学观点和方法,起到一定的作用,并为社会主义的风俗学、民俗学的建立,做了一点较系统的资料准备。

"准确性、稳定性、知识性、可读性"编纂原则,也起到了保证《风俗辞典》科学性的作用。为了确保"准确性",编者常常反复校核"田野作业"和历史资料,因而校正了一些错误的传播。例如,土家族的一种民间舞蹈,汉族称它为"摆手舞",我们实地采集的资料说,土家语叫"舍巴日","舍巴"即"摆手","日"即"做",根据土家语法,汉语直译"舍巴日",即是"做摆手"。但现有的民俗书上却处处叫做"舍日巴",一查新版辞海,也叫"舍日巴",讹传盖由此起。我们本可以据自己的"田野作业"材料订正此误,但为了确保科学性,又致函当地熟悉土家族的民间文学工作者彭林绪同志,直至核实无误才定下这一条词目。再如纳西族摩梭人的一种原始型婚姻,一般书籍都通称为"阿注"婚,但作者到云南永宁纳西族地区实地考察,才知道"阿注"这一称谓是

"朋友"的意思,且系借用普米语;因不合实际,故不为摩梭人接受。纳西族摩梭人称这种特殊婚姻形式为"阿夏"婚,"阿夏"是"情侣"之意,亦有其不同形式。我们根据纳西族自己学者的调查,订正了这个误传。又如哈尼族的"小房",一般称为"姑娘房",亦不确;因为一家的未婚子女和逃婚回家的姑娘,都可以在这房屋居住。其他如将哈尼族对妇女的特定称谓"克玛",误释为对女性的泛称,"贝玛"(祭师兼民族歌手)误为"巫师","艾玛突"(主祭神树者)误为"祭龙者";将彝族的"毕摩"(祭师、经师)简单释为"巫师";将纳西族的"披毯奔丧"误写为"披毡奔丧"("毯"是摩梭人自织的毛布;"毡"是彝族的"查尔瓦");将纳西族的"喂热热"(丧舞,实由"驱鬼"演变而来),误说成是"寻找失羊之歌舞",而作为文艺起源于劳动的"典型例证";将傣族、布朗族的"阿占"(祭司),误为"巫师"……《风俗辞典》都一一校正过来。

《风俗辞典》的撰稿人,绝大多数是本民族的研究者或从事某民族研究的工作者,这也是力求科学性的一种考虑。其中蒙古族、藏族、回族、朝鲜族及拉祜族等民族的部分民族作者,还将他们撰写的辞条,请专家和本民族学者、研究工作者一一校订过。

为了确保风俗辞典目的科学性,我们还规定了选择辞目的统一原则:(1)根据民俗学、风俗学的研究范围,选择民间的风俗词目;(2)选择既有民俗的实际思想行为,又有公开流行名称的各民族的实际风俗词目;(3)两个以上名词的词目,按照民族政策,尊重民族情感,选用各族公认、流行普遍的名称为正目;(4)很多民族都有的风俗,原则上归入始有民族的条目中一并撰写,写明共同点和特殊性。这些选择原则和另外一些书写规定,都从不同的侧面,保证了《风俗辞典》的科学性。

《风俗辞典》是一部工具书,自然还原叙述性的研究工作,但它可以初步填补我国风俗学这个空白,并可能以它第一次比较系统的"田野作业"资料,为论说性的风俗学、民俗学的建立,作一块垫脚石。倘能如此,我们的目的也就达到了。

<h2 style="text-align:center">三</h2>

《风俗辞典》由西北和西南的 36 位同志共同编纂。西北的同志撰写西北、东北各民族及藏、门巴、珞巴、黎、畲、高山等 27 个兄弟民族的风俗词条,由唐祈同志主编。西南的同志撰写西南、中南、东南各兄弟民族及汉族等 29 个民族的风俗词条,由彭维金同志主编,执笔撰写词条是按民族分工的(以作者姓氏笔画为序):马承宗、马国英撰写回族词条;马自翔,东乡族;王扎西,回族、撒拉族、保安族、满族、朝鲜族、高山族、达斡尔族、畲族;维吾尔族、哈萨克族、藏族、僜人等;王思宁,傣族、独龙族;东方既晓,布朗族;左玉堂,彝族、拉祜族苦聪人;冉从恒、陈彦,毛南族、苗族、羌族;史军超,拉祜族、哈尼族;彭维金,土家族、汉族;买鸿德,回族、撒拉族、保安族;刘振基,朝鲜族、满族、畲族、裕固族、锡伯族、黎族;刘竹,布依族、侗族、仡佬族、京族;攸延春,怒族;何金江,维吾尔族、哈萨克族、塔吉克族、乌孜别克族、柯尔克孜族、塔塔尔族、俄罗斯族;李力,朝鲜族;李缵绪、白族;李志远,阿昌族;李四明,傈僳族;张雍德,佤族;和钟华,纳西族;杨万智,哈尼族;杨照辉,普米族;赵捷,德昂族、景颇族;段寿桃,白族;哈达·宝力格,蒙古族;唐景福,藏族、土族、裕固族、珞巴族、门巴族、僜人;饶芸子,基诺族;郭清祥,回族;曹继建,瑶族、壮族、仫佬族;黎尚诚,蒙古族、赫哲族、鄂伦春族、鄂温克族、达斡尔族;雷波,拉祜族;僧格,蒙古族、达斡尔族、鄂伦春族;潘朝霖,水族。

为了保证《风俗辞典》的体例和文字风格的一致性,除编委分层审改外,最后由两位主编通审定稿。

如前所述,这是一项拓荒性的工作,尽管我们力求实现上述的编辑意图和目的,但尚待研究的问题尚不少,民族风俗、世代承袭,浩如烟海,而且各民族各地区风俗习惯的趋同性、差异性等等,错综复杂,千差万别;广泛的群众性与传统的保守性往往结为两个不易分解的显著特征。这都需要进一步作认真仔细的研究。加之我们掌握的资料毕竟不够丰富完备,受到水平和客观条件的限制,《风俗辞典》尽管与读者见面了,但疏漏、不妥当乃至谬误之处,必然存在。敬祈国内外专家学者和广大读者同志,不吝赐教,以利我们进一步修订。

在编纂的过程中,我们参用了大量的调查报告、田野作业和书刊文献资料,不敢掠美,这是要慎重说明,表示谢忱的。

唐祈　彭维金

1988 年 1 月

《中华民族传统节日辞典》序

我国是一个历史悠久的多民族的文明古国。各民族民间的传统节日丰富多彩,源远流长。它们不但保存了丰厚的文化遗产,成为风俗的贮藏库;而且关系到普通人们的生活,对民族的精神、心理和信仰有着强大的凝聚力。

从各民族的节日内容和风俗习惯来看,有的大同小异,有的千差万别,呈现出极其复杂的趋同性和差异性,真所谓"百里不同风,千里不同俗"(应劭:《风俗通义·序》)。这是历史长期形成的。而节日恰是透视风俗的一扇窗口。它可以窥察到在普通人们中流传的传统信仰、风俗、仪式、礼节以及民歌、舞蹈、传说等等,并且能从中探索到珍贵的民俗文化、民间宗教、民间文艺和天文历法等文化遗产。从理论上说来,节日民俗原是在民族共同的生产实践和社会生活中形成的一种社会精神现象,是社会观念形态的表现,是一种不自觉的信仰意识,特定和社会心理和传统意识,长期积淀于自己民族精神之中,有着独特的表现形式。因此,它具有强烈的民族性、地区性、社会性和传承性。

节日民俗虽有它相对的稳固性,同时也处于不断变化和发展中。我们看到,有些古代的节日,随着历史社会的嬗递,生产和生活方式的改变,以及宗教信仰、民族交往、文化生活的变异,节日的内容和形式也随着发生变化。因此,对节日民俗的探索,不应拘囿于单一的或几个民族的范围,应当进行多元的、多层次的研究。既作共时的考察,又作历史的追溯,从比较、综合的分析中,才能对它的起源和现状得到较全面的了解。

节日民俗大体可以分为四大类别:一是民俗化的宗教性节日。宗教节日包括两类,原始宗教和近代宗教的节日,前者属于上古的自然崇拜、图腾崇拜和祖先崇拜的范畴。由于人类社会的发展,提高了对自然现象的认识,很多原始宗教教义、巫术迷信逐渐消失,只留下某些仪式和活动在民俗中传承;而后者随近代宗教的产生,如佛教、道教、伊斯兰教等,都衍生出各自具有宗教教义色彩的节日。如纪念佛祖释迦牟尼诞生的"浴佛节",傣族的"泼水节",伊斯兰教的"古尔邦节"等。这些宗教节日逐渐民俗化,流传民间。二是生产性节日,多与农、林、牧、渔和手工业等生产实践有关系,它以固定的岁时节令和地点举行活动,以表示促进生产、庆祝丰收、祭祀祈愿。汉族和各兄弟民族多有此类节日。例如藏族的"望果节"、景颇族的"新米节"、苗族的"吃新节"等。三是年节及岁时风俗。各民族普遍重视年节。例如春节,已发展为全民族性的大节日,隆重热烈,喜庆气氛浓厚。其他如藏历年、苗年、彝族年、景颇族的"目脑节"、水族的"端节"、哈尼族的"十月年"等。岁时节令以汉族、苗族较多。汉族一年中除六月无大节日外,自元旦、元宵、清明、端午、七夕、中秋、冬至直到除夕,每月都有节日。苗族也有多种节日。四是文娱性节日。例如蒙古族的"那达慕大会"、壮族和"三月三"、苗族的"踩花山"、甘肃回汉等族的"花儿会",都是各具民族文化特色的歌节、歌会。有竞技、联欢、男女青年交际的文娱性质,深为各民族人民所喜爱。以上四类节日以不同的内容和形式传承于民间,丰富人们的生活,展现出多彩的社会民俗事象,成为中华民族节日风俗文化的宝库。

关于节日民俗的资料,历代文献中均有记述。例如《十三经》《二十四史》以及地方志、野史、笔记等。尤其宋代以后,对节日民俗记载较为翔实。例如宋·孟元老《东京梦华录》、宋·陈元靖编《岁时广记》、明·杨慎编《古今风谣》等。民间口头传承的民俗资料,在各民族中贮藏丰富。但这些资料一般缺乏系统性,处于低层次的"叙述"性阶段,远未达到科学的"论说"性的高层次研究。"五四"以后,北京大学创办《民俗》周刊(1927年),我国民俗学开始萌芽。但半个多世纪以来,由于极"左"思潮和其他原因,民俗学长期处在停滞状态。节日民俗的研究更任其枯萎。在中华民族这个有着几千年文明的国度,至今没有一部自己的民族传统节日辞典,这不但和我们的文化发展很不相称,而且要使我国民俗学步入世界之林显得何其遥远。

在面临实现社会主义"四化"的新时期,为了适应文化事业的迅速发展,更为了广大读者和海外侨胞的迫切需要,四川辞书出版社提出了这个课题,我们欣然应约完成了这部《中华民族传统节日辞典》,奉献给海内外的读者。

这部辞典共收录民族传统节日词目521条,除选用古今中外可资借鉴的书面资料以外,也尽量采用第一手"田野作业"材料,大体涵盖了我国各民族节日和各个层面。在编写体例方面,试图编撰成一种新型的变体性辞典。既具有一般辞典的严谨性,又注重节日的传统风俗、历史渊源和有关传说,真实地再现各民族的节日活动。集知识性、趣味性和实用性为一体。希望它对读者了解我国节日风俗的传承,研究古代风俗文化遗产,丰富节日知识等方面,有所参照和实用效应。

这部变体性辞书,是国内出版的第一部传统节日辞典,带有拓荒性质,没有蓝图先例可供参考比较,可以说是一种新的尝试。从尝试来看,还属于叙述性的研究工作,但从它出现的意义来说,正如我在去年和文艺民俗学家彭维金副教授共同主编的《中华民族风俗辞典》(江西教育出版社,1988)的序言中所说的那样,只希望在民俗学方面作点拓荒工作,以填补这项长期的空白。现在,也许以这两部辞书第一次比较系统的资料,初步的叙述性的工作,为将来建立论说性的民俗学、风俗学,作为两块铺路的基石,也就是我们这次艰苦工作的奖赏了。

　　这部辞典内容涉及 50 多个兄弟民族,为了力求科学性,我邀约了撰稿者王扎西(藏族)、韦一心两位同志,他们是热衷于民族学、民俗学的青年研究工作者。王扎西同志也是前面提到的《风俗辞典》的编委之一。蒙古族青年女诗人葛根图娅同志为本书作了校正工作,也都是力求科学性的一种考虑。书中的不少词条,也请专家和研究工作者一一校订过。

唐 祈

1988年6月17日

《尚书·盘庚》翻译

序

　　人类历史自口述到图画,最后,产生文学记载,这期间经过一个非常悠久的年代,但是现存于信史(Historic age)以内的上古遗迹却仍极少。这里,我们不必推敲到一个往古湮没的时间里去;今天世界上所能见到最早的历史记载,无论实物或文学的,除了埃及的巴勒莫石碑(Palarmo stone)和希伯来民族的《圣经》(Bible)等之外,中国也就只有一部三千年前的《尚书》和甲骨文字刻画出了商朝一些故事。至今,我们无从确知传说中神农、皇帝、尧、舜等时代(或者从地上发现的仰韶文化和龙山文化)以前的,更悠久更远古的朝代和人物。我们都知道这些年代都静静地被时间掩埋在地下——什么时候一个重大的变化来了;这些曾经活动过的历史都掩盖上了一层荒凉的砂砾,使以后的人们轻轻忘记。所以,我拿起一个为岁月所剥蚀的化石,或一片粗糙的石器,而确实推到很远的年代的时候,我总不禁叹息着历史就是一根漫长的灰色的线,而人几乎是这线上近于无的一点,因而愈觉得人类记载之可珍贵;由于许多遗留下来的记载才慢慢地连贯起一串串历史的事迹。所以,历史工作者除了在挖掘地下实物以补上古文学亡佚之外,许多时间仍然消磨在记载的搜寻、鉴定与了解上,最后才能运用为真正的史料。

　　虽然现在考古者还没有发掘出可以确定夏王朝的遗址,但从殷墟出土的甲骨文、地下实物及其他史料,如今已能了解商王朝一些历史面貌。

商代继夏朝兴起,奴隶制社会有很高的发展。

盘庚迁殷(河南安阳)以前是商的前期,河南郑州、辉县等地已发掘出不少这一时期商的遗址,大量实物证明已进入青铜器时代,农业、畜牧、手工业等都有新的发展,大规模的奴隶和奴隶工匠从事生产劳动,奴隶主贵族掌握着知识和文化,设有巫和史,《尚书·多士》中说:"殷先人有册有典",可见商代有不少文献,可惜今多不传。

盘庚迁殷以后是商的后期,奴隶制社会有着迅速的发展,甲骨文记载着奴隶劳动生产,使农、牧业更趋繁盛,祭祀用牲畜一次多到四五百头。建筑、铸炼技术和丝织、皮革、玉石工艺都发达起来,贵族用作祭祀、婚丧、宴享时的彝器,现已出土的有重达 875 公斤、高达 1.33 米的司母戊大方鼎,气魄雄伟,造型宏大,花纹刻镂精巧深沉,反映当时社会、经济、文化已发展到相当的高度。青铜器铸造的进步与发达,更是商文化发展的一个重要标志,构成了上古史册中辉煌灿烂的青铜时代。

商王朝末年,贵族统治者残暴昏庸,腐化堕落,激起奴隶的反抗,周部族伐商,奴隶倒戈助周灭商、商亡。西周后期到春秋列国,奴隶制度衰亡,为封建制度所代替。

本文所提及的《盘庚》篇,是《尚书》内第一篇可信的文字记载,当时黄河泛滥为灾,商王盘庚主张迁都并丢弃旧有城邑,另迁移到黄河之北的安阳去,贵族臣属及民众多不愿意,盘庚为了他的统治,改变当时的社会政治情况,缓和阶级矛盾,从这些政治目的出发,因而对臣民做了三次讲演,说明自己的意见和一切政令。所以,言辞尖锐,感情激越,也是由史官所记录的君主对贵族、臣属、民众的讲演辞,全文分上中下三篇(此文中的上中下三篇是作者按照时间顺序调整后重新排定的,不是《尚书·盘庚》中原来的上中下——编选者注),上篇记未迁以前,盘庚极力呼吁水灾将来到,劝导贵族、民众迁过河去,又以在天的先王和已死的贵族民众的先祖先父,以死鬼和神灵来畏吓不愿迁徙的臣属和民众。中篇记已迁到殷,官吏和贵族流言四起,来煽动民众反对盘庚的迁徙。所以,中篇多记盘庚训诫臣属,镇压民众的辞意。下篇寥寥二百多字,大约已经安定,鼓励民众从此安定于这新邑。全文共计 1172 字,文章佶屈聱牙,古奥难读,两千年来混杂于《尚书》伪篇之中,真意模糊不辨,直到近世考证学(Criticism)的进步,甲骨文字的琢磨,和殷墟的发掘所得安阳故城遗物,无论是文法文句和周朝诰文相近似且相为衔接,甲骨文所记盘庚王名与大异商等与《盘庚》所言相合,殷墟发掘的贝玉物件足以证明《盘庚》篇的可信,而断定是二千年前商朝作品,是为尚书内首篇可信的文字载,也就是尚书第一篇真书(见陆懋德《中国上古史讲义》四十七页),史料价值当在断片的甲骨文之上,而得以真正明了当时的情形。

从《盘庚》篇我们可以看到商朝一般文化,如商人信鬼信卜重祭祀,王有朝廷,居有城邑,官有邦伯师长,师有法度,有货宝贝玉,或全城市民会议亦行于此时(如希腊古时各城邦市民会议),可见当时文化程度已高。然最足引起我们注意的是上古人民的思想和心理真相,古代有形的物质风俗和无形的心态风俗。上篇盘庚说过:"如果人民心里存有私见不迁徙,那么,死去的先王就会摈斥民众已死的先祖先父,而民众与已死的先祖先父的关系就告断绝,不能救助,必归于死亡,而盘庚自己的一切行为,也由在天的先王所主宰,这是全篇的思想中心,一切都归宿于天、神、鬼。自是上古初民的巫术(Magic)与禁术(Taboo)的遗迹而如是,当是上古心理真相与无形的心态风俗。篇中的语言很生动形象,例如盘庚要臣下服从他,就用比喻说:"若网在纲,有条而不紊,若农服田力穑,乃亦有秋。"又如:"若火之燎于原,不可向迩,其犹可扑灭?"等等,措辞生动有力。由之我们虽远隔数千年,犹可以洞悉当时神情如此。

这篇译文,原是想打开三千年来文字上的隔阂之外,能托出篇中晦涩不明的原意,但完全无遗漏,早在一般学者所引以为难的事。笔者学浅力薄,恐不及原文于万一。所幸陆懋德先生于中国上古史商朝一代,已有极清晰的论据,而《盘庚》篇考证殊多,笔者或可以就其原意顺译而下。上中下三篇所言事实,排比如此。

上　篇

原文:盘庚作,惟涉河以民迁。乃话民之弗率,诞告用亶。其有众咸造,勿亵在王庭,盘庚乃登进厥民。曰:

"明听朕言,无荒失朕命!呜呼!古我前后,罔不惟民之承保。后胥戚鲜,以不浮于天时。"

殷降大虐,先王不怀厥攸作,视民利用迁。汝曷弗念我古后之闻?承汝俾汝,惟喜康共,非汝有咎比于罚。予若吁怀兹新邑,亦惟汝故,以丕从厥志。

今予将试以汝迁,安定厥邦。汝不忧朕心之攸困,乃咸大不宣乃心,钦念以忧,动予一人。尔惟自鞠自苦,若乘舟,汝弗济,臭厥载。尔忱不属,惟胥以沈。不其或稽,自怒曷瘳?汝不谋长以思乃灾,汝诞劝忧。今其有今罔后,汝何生在上?

今予命汝一无起秽以自臭,恐人倚乃身,迂乃心。予迓续乃命于天,予岂汝威,用奉畜汝众。

予念我先神后之劳尔先,予丕克羞尔,用怀尔然。失于政,陈于兹,高后丕乃崇降罪疾,曰'曷虐朕民!'汝万民乃不生生,暨予一人猷同心,先后丕降与汝罪疾,曰:'曷不暨朕幼孙有比!'故有爽德,自上其罚汝,汝罔能迪。

古我先后既劳乃祖乃父,汝共作我畜民,汝有戕,则在乃心! 我先后绥乃祖乃父,乃祖乃父乃断弃汝,不救乃死。

兹予有乱政同位,具乃贝玉。乃祖乃父丕乃告我高后曰:'作丕刑于朕孙! '迪高后丕乃崇降弗祥。

呜呼! 今予告汝:不易! 永敬大恤,无胥绝远! 汝分猷念以相从,各设中于乃心。乃有不吉不迪,颠越不恭,暂遇奸宄,我乃劓殄灭之,无遗育,无俾易种于兹新邑。

往哉生生! 今予将试以汝迁,永建乃家。”

译文:盘庚决定将臣民迁过黄河,凡是不愿意走的,盘庚都下令召集,打算用诚意大大的作一番劝告。

于是贵族、百官和民众,都到王庭里来了,议论喧哗不已……

盘庚就升座唤百姓到庭前,说:

“大家都安静听我说话,不要疏忽了我的意思!

听啊! 我们古代先王没有一个不爱惜臣民的,可是臣民也都能对先王彼此相信相亲,所以举国都能依着天时行事,古时我们殷邦也降过大水灾,先王们都不敢留住在这里,只能舍了这些宗庙宫殿,只为了民众的生命安全迁到别处去,难道你们就没有想起过这些古先王的故事么?

我现在也要来拯救你们的灾难,以之迁动你们,也就是想使大家像古时一样再得安居乐业,并不是说现在你们有罪过,来罚你们流放,你们要明白我所以呼吁你们到新邑去,也就是为了你们的缘故,所以你们就该服从我这个既经决定的目标!

我现在决定迁你们过去,完全是为了我们的邦国安宁,可是你们不想想我的千万忧虑,大家心里反而存着不满,毫不和衷共济,不以你们虔诚的心来感动我,帮助我一个人,你们真是自找穷苦,自寻末路啊! 比如乘船,你们坐是上去了,可是永不解缆,永不想渡过去,直等到船朽败完事，你们想想这样下去，不但自己要沉溺，就是所有人也要沉沦啊！你们这样停滞不动，只知自己愤怒，就是自己白白急死又有什么办法好挽救呢？你们不作长远打算，来想想这个大灾难，你们真是使我大大的忧虑啊！你们只是过了今天就不想以后，就是上天也怎能容许你们活在地上？

现在我命令你们任何一个人，要是谁用邪恶的言语来挨近你们的身边，来摇惑你们的心，你们千万要远避这些，不要使自己沾上污秽了，使自己也一样腐臭，我这样说，正因为我要把你们的命从天上迎接下来，我哪里是用我的权力威胁，我为的是要养育我的百姓啊！

我想着我的祖先养育你们的祖先，而今我不能养育你们，使你们安身于乐土，真是我的政令不行，迟延不决，滞留在这地方，那么，先王在天上一定要降下大罪给我，说'为什么要虐待我的百姓？'如果你们万民不去自营生计，不和我一心到新邑去，先后即刻也降给你们重罪，说，'为什么不帮助我的幼孙呢？'所以，你们有亏心损德的事，先王从天上一定会重责降在你们身上，是谁也不能长命的！

我的先王，既然任用了你们的先祖先父，你们当然是我的臣民百姓，如果你们还存着毒害的意念在心里，那么我的先王却会早早的在新邑中安定了你们的先祖先父，那时候，你们的先祖先父就要和你们断绝了，再不能救你们的死罪，假若你们在位的臣属中有乱政的人，只顾贪恋财货贝玉，不顾全局，你们的先祖先父，也会告诉我的先王，说：'快作刑罚给我的子孙吧！'于是领着在天的先王，也陆续降下祸殃给你们！

啊！啊！我现在告诉过你们的，绝无改变的余地，遇见这样大的灾难，永远要敬重上者的意思；不要互相疏远啊！你们应当把不同的念头都彼此连接起来，都以一个迁移的目标放在心里啊！如果有谁为非作歹，癫狂不守法纪，或是拦路抢劫的暴徒、坏人，我一定要杀戮他，灭绝他,不使他一个劣种留于新邑!

"去吧!去吧!去找安乐的地方!我要从今迁你们过去,永建你们的家!"

中 篇

原文:盘庚迁于殷,民不适有居,率吁众感出矢言。曰:

"我王来,即爱宅于兹,重我民,无尽刘。不能胥匡以生,卜稽'其如台?'先王有服,恪谨天命,兹犹不常宁;不常厥邑,于今五邦。今不承于古,罔知天之断命,矧曰其克从先王之烈。若颠木之有由蘗,天其永我命于兹新邑,绍复先王之大业,底绥四方。"

盘庚学于民,由乃在位以常旧服,正法度。曰:"无或敢伏小人之攸箴。"王命众,悉至于庭。

王若曰:"格汝众,予告汝训汝,猷黜乃心,无傲从康。

古我先王,亦惟图任旧人共政。王播告之修,不匿厥指。王用丕钦,罔有逸言,民用丕变。今汝聒聒,起信险肤,予弗知乃所讼!非予自荒兹德,惟汝含德,不惕予一人。予若观火,予亦拙谋,作乃逸。

若网在纲,有条而不紊。若农服田,力穑乃亦有秋。汝克黜乃心,施实德于民,至于婚友,丕乃敢大言,汝有积德!乃不畏戎毒于远迩,惰农自安,不昏作劳,不服田亩,越其罔有黍稷。

汝不和吉言于百姓,惟汝自生毒。乃败祸奸宄,以自灾于厥身。乃既先恶于民,乃奉其恫,汝悔身何及!相时憸民,犹胥顾于箴言,其发有逸口,矧予制乃短长之命!汝曷弗告朕而胥动以浮言?恐沈于众,若火之燎于原,不可向迩,其犹可扑灭?则惟汝众自作弗靖,非予有咎!

迟任有言曰:'人惟求旧,器非求旧,惟新。'古我先王暨,乃祖乃父胥及逸勤,予敢动用非罚?世选尔劳,予不掩尔善。兹予大享于先王,尔祖其从与享之。作福作灾,予亦不敢动用非德。

予告汝于难,若射之有志。汝无侮老成人,无弱孤有幼。各长于厥居。勉出乃力,听予一人之作猷。

无有远迩,用罪伐厥死,用德彰厥善。邦之臧,惟汝众;邦之不臧,惟予一人有佚罚。凡尔众,其惟致告:自今至于后日,各恭尔事,齐乃位,度乃口,罚及尔身,弗可悔!"

译文:盘庚迁到殷,看见臣民不安居于这地方,于是召集了贵族,臣民们来听他们训话,说:

"我的先王祖乙,从前居于耿邦,遇水灾,不能够救百姓的性命,以致被水所淹溺。原先,也就是看重在民意上,等到最后才问卜,卜上指着:'如之奈何'! 所以,以后先王有事,都只能遵守天命而行,如果遇到了不能宁息的事,就不能常固守着一个城邑,直到现在,为水患所迁徙的已经有五个城邦啊! 如今,我们不能承续于古时的地方了! 谁说那不就是天命已经在那里断绝了呢? 那我们还能说什么发扬先王的大业吗? 所以,我们就只能像一颗腐朽的老树一样,要使它活下去只有另劈下它的枝节重新培植,正如天意要引我们从这新邑重新成长起来一样! 由之再兴起先王的大业,重新安定四方!

(盘庚觉到人民的不能安定,仍是在位的贵族,官吏在里面煽动,于是更想用旧法度来制服他们,说:"谁都不准隐藏我对小民说的话啊!")

王命令一些人。都到前庭,说:

"你们来,我劝诫你们! 我训导你们! 指斥掉你们的私心;不要傲慢地只知享乐。

古代先王,也都是愿意任用旧人来共政事,那时候只要先王的话讣告出来,谁都不会隐匿和歪曲他们的原意,所以,先王很敬重他们,官吏很少说惑乱人心的话,民众也绝少有变故,都能服从王政,现在你们却不然了,就知道妄谈是非,造出许多谣言,以至于朝野互相攻讦谗说是非不已,有时候连我都不知道你们究竟争论些什么?

这并不是我不效法先王那样的对待你们,而是你们自己抛弃我不顾,不来赞助我拥护我警惕我一人,你们想,我纵然是一把熊熊的烈火,而你们这种重重隐蔽,也要使我万丈的光焰不能升起啊!

你们对于我的政令,就要像纲系着网罟一样;自然就能有条不紊,譬如农家费尽了气力耕耘,总会有美满秋收的;如果你们能去了自己的私心真正为民众实际做了许多的事,那么,百姓,甚至于你们的亲戚朋友,谁都不说你们大大的积德!假使你们不怕你的流毒传到远近,那你总会像懒惰的农人自图苟安一时,不拿出力气来做任劳吃苦的事。这不耕耘的田亩,怎么能生长出一片好禾谷,怎么会有收获呢?

正如你们不愿迁徙的事一样,不肯出力在这新的事上面,你们不把我的善意告诉百姓,你们只知道生出许多误会的事情到最后露出丑恶的原形,以致自己找一身的灾祸,既然先和百姓结下了怨,又不敢不在最后低头,你们想想,你们是怎样连悔都悔不及啊!你们不看看一般小民,他们还都能在说话上慎重,知道了说错了有口过的,何况我操着你们的生杀大权,你们遇事不告诉我,反而乱造谣来煽惑人心,使大家落进罪恶里去,你们的罪恶易于蔓延,就像火烧在原野上,越烧越大,不可扑灭。但是你们要知道,最后我会有方法一定能扑灭的,那时候我要责罚你们,你们就再不要说是我的过咎,这原是你们自作的孽自找的罪啊!

迟任有过一句话:'用人必须先用旧人,但是器物不必用旧,应该求新的!'

古代先王。同你们的先祖先父,都共尝过甘苦,我不敢对你们轻事刑罚,如果你们能继你们先祖先父的勋劳,我绝不掩盖你们的好处，我现在大祭先王，你们的先祖先父也一同享祭，你们是福是祸，我并不敢轻于赏罚；这都由你们的先祖先父自然会来处理的！

我现在说给你们听可真不容易啊！像射弓的人必有中而后箭不虚发，我的政事，也定当如此，你们不要欺侮老年人，也不要慢待孤儿弱小，大家都应该安定在这里，拿出自己的心力，听我一个人的指挥啊！

不论亲疏远近，我都要一律用以法纪，用刑罚来定你们的罪，用赏爵来表扬你们的功，邦国的好，是你们大家的功劳，邦国的不好，是我一人执法的过失所应负责。

凡是你们大家，是我的话都要转相告诫，从今以后，各人恭行自己的职事，谁都要站在自己的位置上，并且谨慎说——等到刑罚到自己的身上不准你们后悔啊！"

下　篇

原文：盘庚既迁，奠厥攸居，乃正厥位，绥爰有众。曰：

"无戏怠，懋建大命！今予其敷心腹肾肠，历告尔百姓于朕志。罔罪尔众，尔无共怒，协比谗言予一人。古我先王，将多于前功，适于山。用降我凶德嘉绩于朕邦。今我民用荡析离居，罔有定极，尔谓朕曷震动万民以迁，肆上帝将复我高祖之德，乱越我家。朕及笃敬，恭承民命，用永地于新邑。肆予冲人，非废厥谋，吊由灵各；非敢违卜，用宏兹贲。

呜呼！邦伯、师长、百执事之人，尚皆隐哉，予其懋简相尔，念敬我众。朕不肩好货，敢恭生生。鞠人谋人之保居，叙钦。今我既羞告尔于朕志若否，罔有弗钦。无总于货宝，生生自庸。式敷民德，永肩一心。"

译文：盘庚既然迁到了亳，于是划定宅里，使百姓都有住居的地方,又召天宫来辨方向立正位,修建宗庙和朝廷。

臣民们渐渐安定下来。

盘庚又一次对臣民讲演,说:

不要懈怠啊！你们当行我的政令！

今天我要放开我心里的话,坦白地完全在你们面前说出来,老实说我现在已经不怪罪你们了,你们大家也再不要互相抱怨,附会出许多谗言来指责我！

我早就告诉过汤先王的故事,他之所以比前人更多功劳,不就是迁到山地上来,避了凶恶的水灾,使得我们邦国一再安定,如今你们不也是为水灾弄得流离失所,永没有安身定居的地方吗？你们为什么还怨我迁动万民跋涉到这里来呢？

我知道上帝将从今天复兴我高祖的大德了，他们在天上也得福了,不使我在遇见什么灾难和试探;我将诚心敬意,把你们的生命从天上再度迎接下来,这新邑可以使我们永远生活下去了。

我虽然是年轻当政,我也并不是不采纳大家的意见,我只想到最好的决定,谁也不敢违背龟卜,因为灵龟是最能指出我们凶吉的。可是啊！邦伯师长百执事们,你们哪里占卜过啊？我当时那样勉力支持着我自己,我也就为的是敬念我的百姓啊！

我绝不贪恋往日的货宝,我是敢和大家一同再事经营的！

最后,我还要郑重地告诉你们,凡是能事养育,能安居做事的,都将得到我的敬爱。否则,我绝无敬重之理！

凡是臣属百官们,不要聚集财贷,不要以百姓的生计财产占有私有的东西！从今以后,我要实行的就是开明的政事,我更希望的是所有的人永远结成一条心！

附　记

　　这篇论文，原是由历史学家陆懋德教授（北师大历史系主任）多年前给我出的题目让我写的。他是上古史家，经他考证，认为《尚书·盘庚》是中国古史第一篇可信的文字记载，由于佶屈聱牙，古奥难懂，对于一般读者不易读懂，而又确实是一篇值得理解的古史篇章，20世纪40年代在西北联大时，我花了一年多的时光，查阅资料，钩沉古籍，逐字逐句加以考证，把它翻译为今天的口语，后又几经修改，时断时续，算是我学习历史的一点札记。

　　这篇论文，经陆懋德先生细心阅读，给了我很多教益。由于后来我从事文学创作和教学，行止不定，一直珍藏于书箧之中。光阴如白驹过隙。多少年过去，当我再回到北京，先生已谢世了。这篇译文，历经十年浩劫，居然幸存下来。为了缅怀先生，也为了留下过去学习史学的一页，现在依原稿发表出来，献给读者，并求得专家和读者指正。

1987年2月27日深夜3时

（原载《西北民族学院学报》，1987年第3期）

附录

唐祈先生主要著述目录

一、论　文

《新年试笔:向 1949 跨步》,《中外影艺》,1949 年第 1 期。

《〈60 年的变迁〉的创作——记一个关于〈60 年的变迁〉的座谈会》,《文艺报》,1956 年第 21 期。

《厉慧良的艺术才能》,《中国戏剧》,1957 年第 10 期。

《白桦的长诗〈鹰群〉》,《文艺报》,1957 年第 14 期。

《一组出色的抒情诗》,《文艺报》,1956 年第 18 期。

《公刘近年的抒情诗》,《文艺报》,1980 年第 12 期。

《新诗的希望》,《社会科学杂志》,1981 年第 1 期。

《郭沫若——五四诗坛的霹雳手》,《河北师院学报》,1982 年第 3 期。

《论中国新诗的发展及其传统》,《西北民族大学学报》,1984 年第 3 期。

《李大钊诗歌泛论——纪念李大钊同志诞生九十五周年》,《河北学刊》,1984 年第 5 期。

《短篇为什么不短》,《人民文学》,1956 年第 10 期。

《关于叙事诗》,《诗刊》,1982 年第 12 期。

《西部诗歌的开拓精神——评新疆三诗人》,《诗刊》,1984 年第 9 期。

《论邵燕祥诗歌创作——〈当代诗歌论〉一节》,《西北民族大学学报》,1982 年第 4 期。

《森林绿笺映诗美——读柴德森反映林区生产的诗》,《河北学刊》,1984 年第 10 期。

《现代派杰出的诗人穆旦——纪念诗人逝世十周年》,《诗刊》,1987 年第 2 期。

二、著 作

《诗第一册》,星群出版社,1948 年 5 月。

《唐祈诗选》,人民文学出版社,1990 年 7 月。

《九叶集》合著,江苏人民出版社,1981 年 7 月。

《八叶集》合著,香港三联书店,1984 年 11 月。

《中国新诗名篇鉴赏辞典 》(主编),四川辞书出版社,1990 年 12 月。

《中华民族传统节日辞典》(主编), 四川辞书出版社,1990 年 9 月。

《中华民族风俗辞典》(主编),江西教育出版社 1988 年 5 月。

《陇上学人文存》已出版书目

第四辑

《刘天怡卷》赵　伟编选　　　《韩学本卷》孔　敏编选
《吴小美卷》魏韶华编选　　　《初世宾卷》李勇锋编选
《张鸿勋卷》伏俊琏编选　　　《陈　涌卷》郭国昌编选
《柯　杨卷》马步升编选　　　《赵荫棠卷》周玉秀编选
《多识·洛桑图丹琼排卷》杨士宏编选
《才旦夏茸卷》杨士宏编选

第五辑

《丁汉儒卷》虎有泽编选　　　《王步贵卷》孔　敏编选
《杨子明卷》史玉成编选　　　《尤炳圻卷》李晓卫编选
《张文熊卷》李敬国编选　　　《李　恭卷》莫　超编选
《郑汝中卷》马　德编选　　　《陶景侃卷》颜华东　闫晓勇编选
《张学军卷》李朝东编选　　　《刘光华卷》郝树声　侯宗辉编选

第六辑

《胡大浚卷》王志鹏编选　　　《李国香卷》艾买提编选
《孙克恒卷》孙　强编选　　　《范汉森卷》李君才　刘银军编选
《唐　祈卷》郭国昌编选　　　《林家英卷》杨许波　庆振轩编选
《霍旭东卷》丁宏武编选　　　《张孟伦卷》汪受宽　赵梅春编选
《李定仁卷》李瑾瑜编选　　　《赛仓·罗桑华丹卷》丹　曲编选